地理科学专业综合改革
研究与实践
——以河北师范大学为例

葛京凤　梁彦庆　冯忠江　王建栋　李　灿　编著

科学出版社

北　京

内 容 简 介

　　全书分为上、下两篇，上篇为理论探讨，共五章，分别叙述了地理科学专业综合改革问题引论、人才培养方案的制定与优化、内容和策略，以及地理科学专业综合改革的人才培养映射。下篇为专题研究，共八章，首先对高等学校课堂教学的品性、问题及改革对策进行了介绍，然后对地理科学专业综合改革的理念创新和内涵发展、师资队伍建设与优化、教学模式研究与实践、网络课程建设、实践教学改革、地理科学专业综合改革的监控与评价和地理科学专业综合改革管理系统的构建等专题进行了研究。

　　本书适用于高等院校地理科学专业建设，同时对高等院校其他专业建设也有重要参考价值。

图书在版编目(CIP)数据

地理科学专业综合改革研究与实践：以河北师范大学为例 / 葛京风等编著.
—北京：科学出版社，2018.9
ISBN 978-7-03-058593-6

Ⅰ. ①地… Ⅱ. ①葛… Ⅲ. ①地理科学-教学改革-研究-高等学校
Ⅳ. ①K90

中国版本图书馆 CIP 数据核字(2018)第 195677 号

责任编辑：文 杨 程雷星／责任校对：樊雅琼
责任印制：吴兆东／封面设计：迷底书装

科 学 出 版 社 出版
北京东黄城根北街 16 号
邮政编码：100717
http://www.sciencep.com

北京厚诚则铭印刷科技有限公司 印刷
科学出版社发行 各地新华书店经销

＊

2018 年 9 月第 一 版 开本：787×1092 1/16
2019 年 8 月第二次印刷 印张：10 3/4
字数：255 000
定价：49.00 元
(如有印装质量问题，我社负责调换)

前　言

2008 年 9 月，河北省教育厅颁发了冀教高【2008】41 号文件，批准河北师范大学资源与环境科学学院为河北省本科教育创新高地，其中地理科学专业为其特色品牌专业。2009 年 9 月，该专业又被教育部、财政部批准为高等学校地理科学特色专业，在此基础上，2012 年 9 月地理科学专业被教育部、财政部批准为高等学校地理科学专业综合改革试点。这是教育部、财政部实施"高等学校本科教学质量与教学改革工程"的建设项目。高等学校地理科学专业综合改革试点建设，是优化专业结构、提高教学质量、培养创新人才、办出教学水平和特色的重要措施。

地理科学专业综合改革是指在办学定位、办学观念、课程改革、教学改革、师资队伍、培养模式、培养目标、办学条件和培养质量等方面进行建设，以期形成较高的办学水平和鲜明的专业特点，人才培养质量高于其他专业或其他学校同类专业水平。全书重点论述了地理科学专业综合改革的内容和策略，并对 24 个专业综合改革专题进行了系统的研究。这对高等学校进行专业综合改革，提升办学能力有重要意义。

地理科学专业综合改革试点建设是高等学校提高竞争力和持续发展的重要战略手段，也是新时期高等学校深化教学改革，全面贯彻落实"质量工程"，提高人才培养质量的重要切入点和落脚点。本书编写的宗旨就是为了提高教学质量，培养高素质人才。其目的就是要与高校教师一起学习、理解专业综合改革的观念、内容和策略，与教师一起分享我们的观念和经验，一起思考需要实践和解决的问题。本书在促进高校开展专业综合改革，建设办学水平高、影响力大、竞争力强、深受社会欢迎的专业方面具有重要的引领、推动作用，不但有利于促进高校教学基本建设，而且有助于提高办学实力，更好地适应社会经济发展对人才的需求。

全书共十三章，既有理论探讨，又有专题研究，其重点在第三章地理科学专业综合改革的内容和第四章地理科学专业综合改革的策略。作者紧紧抓住地理科学专业综合改革这个主旨，广泛汲取近年来在专业综合改革方面的研究成果和经验，运用新的课程观念，精心编纂，力求使本书具有指导性、科学性、实用性、可持续性、示范性等特点。

本书是集体智慧的成果，各章节作者为：王建栋（第一章和第二章）；葛京凤（第三～五章）；李灿（第六章和第七章）；梁彦庆（第八～十章）；冯忠江（第十一～十三章）。全书由葛京凤负责统稿定稿。本书得到了教育部高等学校地理科学专业综合改革试点项目的资助。在编写过程中得到了河北省教育厅、河北师范大学教务处、河北师范大学资源与环境科学学院全体师生的支持与帮助，在此深表谢意！对参加综合改革项目建设并做出贡献的张军海、赵元杰、商彦蕊、南月省、孙桂平、王健、胡引翠、王丽艳、袁金国、丁疆辉、常春平、石晓丽、张鉴达表示由衷的感谢！由于作者水平所限，疏漏之处难免，敬请读者和同行批评指正。

编　者

2018 年 6 月

目　录

上篇　理论探讨

下篇　专题研究

上篇　理论探讨

第一章 地理科学专业综合改革问题引论

第一节 地理科学专业简介

河北师范大学地理科学专业创设于 1952 年，经过半个多世纪的教学和科研积淀，现已形成 5 个特色研究方向，涵盖自然地理学、人文地理学、地图学与地理信息系统等二级学科。花粉现代过程与环境演变方向系统开展花粉散布、沉积、埋藏、花粉-植被-气候定量关系等花粉现代过程与环境演变研究，是我国该领域的北方研究中心之一，研究成果被国际著名学者 Schettler、Richardson、Brooks 等引用或评述，在国际学术界产生了较大影响；信息经济地理方向率先揭示了信息通信技术对区域可持续发展的动力作用、信息流对人流的时间与空间形态导引过程、电子时代网站的区位规律，是国内该领域研究的主要开拓者；土地利用/覆被变化与土地评价方向，重点开展土地利用/覆被变化及其水文水资源效应、生态效应和环境效应研究，以鲜明的区域特色在国内同领域占有重要地位；生物多样性与生态修复方向开辟了用红柳沙包沉积纹层进行干旱区生态环境演化研究的新领域，受到国内外学术界的关注；地理信息可视化与定量遥感方向重点开展斜角坐标系、曲轴坐标系等图形可视化的数学基础与展现形式研究，实现了地理事物"大信息量、高表现力、可视化"表达，在国内同行中独树一帜。

地理科学专业本科教学实行大类培养模式，共设置 76 门课程，其中通识平台课程 11 门，大类平台课程 4 门，学科平台课程 3 门，专业必修课程 10 门，专业选修课程 16 门，实践教学课程 13 门，教师教育模块课程 19 门。学科拥有综合自然地理学、地图学、地理信息系统和中国经济地理等省级精品课 4 门，出版教材 10 部，发表教学论文 20 余篇，获省教学成果二等奖两项。

地理科学专业分别于 1984 年、1986 年、2000 年获得人文地理学、自然地理学、地图学与地理信息系统硕士学位授予权，2005 年获得地理学一级学科硕士授权点。从 1998 年起，与兰州大学、中国科学院地质与地球物理研究所联合培养博士生，2011 年破格申报成功，获得河北省唯一的地理学一级学科博士点。目前与加拿大英属哥伦比亚大学、英国纽卡斯尔大学、赫尔大学等国外研究机构建立了稳定的合作关系。

地理科学专业基础条件优越。拥有地理学博士后科研流动站，河北省环境演变与生态建设省级重点实验室，自然地理学省级、校级重点学科等学科发展平台，建有地理科学省级实验教学示范中心、孢粉分析、环境化学分析室、遥感与测量等 9 个基础实验室。专业实验室总面积达到 2600m^2，拥有仪器设备 2100 余台（件），仪器设备总值 1546 万元。其中 10 万元以上大型仪器设备主要有氢氧同位素分析仪、粒度粒形分析仪、瞬变电磁勘探仪、DVB-S 卫星接收处理系统、磁盘阵列、双频 GPS 接收机、高端生物显微镜、植物冠层分析系统、遥感摄影测量系统和 ArcGIS、ERDAS 等国际最先进的遥感与地理信息系统处理软件；建立有雾灵山、驼梁、昌黎自然保护区、秦皇岛柳江盆地等野外实习基地，具备了从事地理学科学研究与人才培养的平台。

第二节　地理科学专业综合改革的内涵和目标

地理科学专业综合改革试点建设是高等学校在高等教育大众化下提高竞争力和持续发展的重要战略手段，也是新时期高校深化教学改革，全面贯彻落实"质量工程"，提高人才培养质量的重要切入点和落脚点。在高校开展特色专业的建设，以特色专业彰显水平，以特色专业证明质量，以特色专业显示活力，建设办学水平较高、影响力较大、竞争力较强、深受社会欢迎的专业，不但有利于促进高校教学基本建设，而且有助于提高学校办学实力，更好地适应经济发展对人才的需求。河北师范大学资源与环境科学学院（简称资环学院）在地理科学专业综合改革试点建设中，对地理科学专业综合改革试点建设的理念、建设内容、建设策略和评估与监控进行了探究。

一、地理科学专业综合改革的内涵

地理科学专业综合改革是指高等学校在教学改革和专业建设中，充分体现办学定位，在办学理念、教学改革、人才培养目标、师资队伍、课程体系、教学条件和培养质量等方面进行建设，以期具备较高的办学水平和鲜明的办学特色，人才培养质量明显优于其他专业或其他学校同类专业，并获得社会广泛认同，有较高的声誉。

地理科学专业综合改革试点建设，本质上是一种管理学上的"差异化经营战略"。借鉴这一理论，地理科学专业综合改革应是专业的某一方面（或某些方面）不仅要与众不同，还要优于自身的其他方面和其他院校该专业的相同方面。

开展地理科学专业综合改革试点建设，旨在促进高等学校人才培养工作与社会需求的紧密联系，优化专业结构与布局，形成有效的专业建设机制，引导学校结合自身实际，科学准确定位，发挥办学优势，推进教学改革，强化实践教学，满足经济社会发展对多样化、多类型和紧缺人才的需求。

二、地理科学专业综合改革的目标

地理科学专业综合改革试点建设目标就是建成办学特色突出、师资队伍强盛，教师专业化水平高，人才培养质量高、教学基础设施配套的专业。坚持开放式办学理念，立足河北、面向全国，以为经济建设和基础教育培养合格人才为宗旨，建立多层次、多领域相结合的地理科学教学体系，提高人才培养的质量、效益和人才竞争力，提升专业建设的整体水平，培养"宽知识，厚基础，强能力，高素质"的创新型应用人才。

具体目标：

（1）培养和引进高层次创新人才，建设一支团队意识和协作精神较强，职称、学历、年龄和学缘结构更加合理，教学科研能力强，掌握教育教学规律的专业教师队伍。

（2）以凸显教师教育特色为重点，通过优化和创新课程体系，完善教材和实践基地建设，重视基础理论教学，强化实践教学，推动教学方法改革和教学手段创新，探索和实践具有扎实专业基础、较强创新意识和实践动手能力、较高从教技能的新型地理教师的培养模式，提高教学质量，使专业特色更加鲜明。

（3）加强基础设施建设，加速仪器设备的更新和配套，进一步改善教学与科研条件，创新教学管理体制和机制，完善各项教学管理制度，构建运行高效、监控有力、反馈及时的教学质量保证体系。

（4）使教学基础设施建设、师资队伍建设、教学科研、人才培养模式和管理改革与创新等方面取得明显进展，争取在短时间内达到教育部地理科学专业综合改革试点建设点的各项指标要求，建成省内一流、国内领先、教师教育特色鲜明的复合型地理科学专业人才培养基地，提高在国内的知名度和影响力，在同类院校教育改革中起到引领示范作用。

总之，地理科学特色专业的建设目标：一是以凸显教师教育特色为重点，通过优化和创新课程体系，完善教材和实践基地建设，强化教师教育的课程和技能，使专业特色更加鲜明。二是建设一支团队意识和协作意识较强、结构合理、教学和科研能力强、具有创新精神的教学创新团队。三是加强基础设施建设，加速仪器设备的更新和配套。四是建成省内一流、国内领先、教师教育特色鲜明的创新型地理教育人才培养基地，在国内有较高知名度和影响力，在同类院校教育改革中起到引领示范作用。

第三节　地理科学专业综合改革的原则

一、突出特色

地理科学专业综合改革试点建设要遵循教育教学规律，以突出特色为核心，以强化优势为根本，充分体现学校的办学特色和区域经济社会发展特色。

二、改革创新

地理科学专业综合改革试点建设要坚持改革创新原则，不改革创新，就等于在原基础上的重复，特色专业就没有生命力，就不能持续发展。在地理科学专业综合改革试点建设中，科学研究和教学研究是非常重要的内容。通过科学研究，不断追踪专业发展的前沿，寻找专业发展的新增长点，形成稳定的研究方向，促进专业的创新和发展。通过教学研究，教师不仅要知道教什么，怎么教，还要知道为什么这样教。在教学研究中最根本的任务就是改变传统被动接受式的教学方式，而应创新和采用发现性教学方式或方法。方式、方法的创新总是以理论创新为前提，因此，要努力进行理论和方法的创新，提出新的理论和方法，促进人才培养质量的提高，并通过地理科学专业综合改革试点建设，大力提高教师队伍的创新能力，特别是要提高其学术研究的原创性水平。

三、讲求实效

地理科学专业综合改革试点建设必须讲求实际效果，注重投入与产出双向增长。国家对地理科学专业综合改革试点建设进行重点投入，采取经费投入的非均衡方式，就是要建设一流的专业。然而，在投入大量人力、物力和财力的同时，地理科学专业综合改革试点建设应讲求实效。要建立有效的管理和检查监督机制，实现各种资源优化配置，合理开发，督促和检查地理科学专业综合改革试点建设阶段性目标和成效，以及经费的使用情况等。

四、示范带动

地理科学专业综合改革试点建设要加强专业建设的成果与经验的总结，并积极宣传推广建设成果，充分发挥示范和带头作用。

五、差异发展

差异发展，就是学校或学院应根据专业办学历史、现有条件的发展潜能，集中力量重点发展专业的某一特色，并和其他高校的同一专业保持一定的差异性。学校或学院应在经费、人才和硬件条件有限的情况下，专业建设不搞平均主义，优先发展特色专业，并将保持特色、强化特色、创新特色作为学校或学院专业建设工作的突破口，带动相关专业的建设和发展，达到扶强带弱的目的，提升整体水平。

第二章　地理科学专业综合改革人才培养
方案的制定与优化

　　人才培养方案的制定与优化是地理科学专业综合改革试点建设的核心内容，也是地理科学专业综合改革试点建设的重点和难点。制定与优化人才培养方案，要根据社会对各类人才的需求，明确人才培养的目标定位，体现先进的教育教学观念，建立吸收用人部门参与方案研究制定的有效机制，发挥教学研究在人才培养中的协调作用。

　　教高司函【2008】208 号文件《关于加强"质量工程"本科特色专业建设的指导性意见》中指出"人才培养方案应包括实现教育目标所需要的课程体系、教学内容、教学方式、实践教学环节等基本内容"。地理科学专业综合改革试点建设要以培养满足经济社会发展所需人才为出发点，科学制定与优化人才培养方案，并通过制定配套的师资队伍建设机制和教学管理制度，为落实人才培养方案提供保障。

　　根据文件精神，河北师大资环学院对地理科学专业建设制定了切实可行的人才培养方案。建设方案的总体思路是：以培养和造就适应基础教育需求的地理素养复合人才为宗旨，以师资队伍建设和教学资源建设（课程体系、教学内容、教学方法等）为主要内容，以学生各项实践技能和能力的培养为突破口，整体设计、分步实施、发挥优势、突出特色，落实和加强人才培养实践各环节中的各项工作，努力提高本科教学水平和人才培养质量，真正达到具有创新精神和教师教育实践能力的地理教师培养规格。

第一节　师资队伍建设

　　人才是专业发展的核心，应进一步调整优化师资队伍的学缘、学历、职称和年龄结构。加大引进高学历专业毕业生的力度，非本校毕业的教师比例从目前的 56.3% 提高到 68.7%；具有博士学位的教师占教师队伍的比例从 37.5% 提高到 46.9%；本专业现具有高级职称的教师所占比例已达 81.2%，从梯队建设的角度考虑此比例不应再大幅提高；为实现学术梯队建设的年轻化，35 岁以下教师所占比例从目前的 25.0% 提高到 37.5%。

　　通过改革教师培养和使用机制，加强教师队伍建设，完善专业教师相关领域的学习交流以及相关领域人员到地理科学专业内兼职授课的制度和机制，建立教师培养交流和深造的常规机制，形成一支了解课程前沿、教学经验丰富、热爱地理教学工作的高水平教学队伍。

　　师资队伍建设的重点是加快提高两个比例：提高拔尖人才的比例，创造有利于拔尖人才成长的环境条件，力争实现国家级有突出贡献专家、省管优秀专家的突破，增加国家和省级政府特贴专家和省级有突出贡献专家人数，增加校级学术带头人和省、校两级中青年骨干教师人数；提高博士学位人员比例，通过培养和引进两条渠道，鼓励中青年教师攻读定向或在职博士，35 岁以下青年教师攻读博士学位人数逐步达到 60% 以上，具有博士学位的教师达到 15 人以上。

第二节　人才培养模式改革

一、教育教学理念改革

改革传统教学理念，树立现代教育观、教学观、课程观、学生观、质量观、知识观和评价观。教学质量和师资培养质量是高等师范院校的生命线。为此，地理科学专业的核心理念就是为了每一位学生的成才，课程的价值取向是一切着眼于未来的优秀中学地理教师。地理科学专业教育的主旋律是培养师范生自主创新精神和实践能力，让课堂教学充满创新活力，一切着眼于学生的创新素质培养，张扬个性，放飞学生的思维和想象，营造充满磁性的课堂环境。

基本理念是：强调课程和教学的整合，课程要回归生活、回归社会，运用建构主义教学理念，倡导自主学习、合作学习和探究学习，让学生参与教学，转变教师角色，改革评价方式。

树立教师教育专业化理念：一是具备教师教育专业所必需的地理专业知识；二是加强教师的教学技能训练；三是培养高尚的职业道德，使教师具有敬业爱生、乐于奉献的精神；四是学会地理教育科研，使地理教师有一定的地理教育科研能力。

二、调整课程结构，加强教育科学和教学实习课程

地理科学专业课程结构由原来的公共课、地理专业课和教育学三大系列调整为普通教育课程模块、地理专业课程模块、地理教育课程模块、地理教育技能模块和教学教育实践课程模块。对各模块课程结构的调整，则是增加课程门类，加大地理教育课程和教学教育实践课程的比重。

普通教育课程模块主要有政治思想、外语、体育、人文科学、自然科学、综合素质和伦理等课程。

地理专业课程模块主要包含地理专业基础知识、地理专业主干课程和若干地理专业选修课。

地理教育课程模块主要由教育学、心理学、地理教学论、中学地理教材研究和地理新课程的基本理念及教学设计等课程构成。

地理教育技能模块主要由现代教育技术、多媒体计算机辅助教学、课件制作、地理新课程教学技能等课程构成。

教学教育实践课程模块由地理学科教学实习和顶岗实习、地理教育调查等课程构成。

地理科学专业的课程设置加强了地理教育学科课程、地理教育技能课程和教学教育实践课程，突出示范性，可体现地理教师教育的特色。

课程设置围绕教师教育特点，融知识传授、能力培养、素质教育于一体，与课内外实践相结合，对培养中学地理教师起到保证作用。

三、教学内容与课程体系改革

坚持以育人为本，以本科教学为基础，以教学质量为生命线，按照厚基础、重特色、强

素质、创精品的人才培养模式要求，积极探索专业课程设置。

在已有4门省级精品课程、两项省级教学成果奖的基础上，着力进行教育理念、教学模式改革，针对特色品牌专业建设制定新的课程建设规划，将在未来3年内分期分批建设所有专业主干课和具有特色的专业选修课。

四、教学方法与手段改革

教学方法与手段改革是教学改革的重要内容之一。在课堂教学方法改革方面，应采用启发式、讨论式、研究式等教学方式；在实验教学方法改革方面，开设的设计性、综合性实验课程应占总实验课门数的90%以上；在教学现代化手段改革方面，80%以上的专业必修课均应采用多媒体教学课件上课。

结合地理科学的专业特点，应突出培养学生的实际操作能力，增加学生的实际操作时间，提高其实际操作能力。为学生提供网上教学资源，鼓励学生进行网络学习，拓宽其知识面。

根据专业发展的需要和特点，进一步加大教师将自己的科研成果向教学转化的力度。从三年级开始，组织学生选导师、立项、进实验室，参与教师的科研工作，使80%以上的学生有机会参加从构思、立项、计划、实验、口头报告、书面报告到总结提炼和科技论文编写的科研全过程，进而强化其创新意识和综合能力的培养。

第三章　地理科学专业综合改革的内容

地理科学专业综合改革试点建设要有全局性和系统性。地理科学专业综合改革试点建设中重点建设的领域是：高等学校人才培养理念和地理科学专业综合改革试点建设理念；教师队伍建设、教学内容和课程体系改革；教学方式和人才培养模式；地理科学专业综合改革试点建设支持系统；地理科学专业综合改革试点建设管理方式。

第一节　创新高等学校人才培养理念

高等学校的人才培养理念相当滞后，仍然采用传统的教育教学理念指导教学行为，已经严重地阻碍了人才培养质量的提高。尤其是在人才培养方向上存在偏差，其主要表现是高等学校人才培养与社会需求脱节。社会渴求的人才，高等学校毕业生却难以胜任，社会不得不对毕业生进行再培训；社会渴求创新人才，毕业生却不敢创新，不能创业，不会创造。这种尴尬局面的形成当然不能完全归咎于高等学校，但高等学校却可以也应该通过自身内部办学定位的调整、人才培养理念的创新来缓解这种供需矛盾。

敢创新、能创业、会创造的高素质专门人才是高等学校人才培养的目标。地理科学专业综合改革试点建设首先要在人才培养基本理念的创新方面进行大胆改革和探索。其中最重要的方面就是必须以社会需求为导向，创新高等学校人才培养理念，更加强调教学过程中的知识创新，更加强调培养学生的创新精神、创新能力、实践能力和自主学习能力。

在地理科学专业综合改革试点建设中，为了培养学生的创新精神和实践能力，提高中华民族的国际竞争力，作者在教育教学实践中总结升华并提出高等学校人才培养理念。

理念一：高等学校人才培养的核心理念就是为了每一位学生的发展和成才。

高等学校要以学生发展为本。学生是学习的主体，创新教学以学生发展为出发点和归宿。学生发展为本，一是一切从学生的身心规律和特点出发，实施因材施教，致力于创造适应学生的教育模式，使每一位学生都能受到充分的教育；二是坚持发展的观点，根据学生的个性和特点，使学生形成发展性动力和创造性学力，让每一位学生都能生动活泼、充分地发展，最大限度地开发学生的潜能，培养学生的创新精神和实践能力，使每一位学生扬长避短，人人成才。

目前，高等学校有培养人才、科学研究和社会服务三大任务，这三大任务并不是平等和并列的，培养人才是高等学校的核心任务。

在这三大任务中，培养人才是纲，而科学研究和社会服务是高等学校延伸出去的任务。如果高等学校一味强调科学研究和社会服务，那就是研究院而不是高等学校，高等学校就没有存在的理由。

"为了每一位学生的发展和成才"为高等学校人才培养的核心理念，是因为：①高等学校为社会培养人才是其存在的根本原因和永恒的价值，没有人才培养，就不存在高等学校；②培养人才也是高等学校自身可持续高水平发展的需要。

　　理念二：高等学校人才培养的主线是培养学生的创新精神、创新能力和实践能力。

　　21世纪是知识创新和应用的知识经济时代，科学技术迅猛发展，国际竞争日趋激烈，国力强弱取决于劳动者的素质。在信息化社会里，陈述性知识的学习已经不再那么重要，而知识的全球化使创新精神、创新能力和实践能力成为影响整个民族素质的基本因素。培养学生的创新精神、创新能力和实践能力，是人的个性发展价值的需求，即创新与实践可以使人的个性得到充分的张扬。创新与实践的最终目的，是使学生的人格得到完善和塑造，使学生获得生命的全部意义。因此，高等学校的人才培养要一切着眼于培养学生的创新素质，把培养学生的创新精神、创新能力和实践能力作为人才培养的主线。

　　为此，高等学校在教育教学中，一要张扬个性，因为个性是创新的前提；二要改变教学方式，倡导自主学习、合作学习和探究性学习，因为这些发现性教学方式有利于培养学生的创新精神和实践能力；三要营造一个充满生命力的课堂，给学生以自尊，给学生以自信，尊重学生差异；四要放飞学生的思维和想象，用问题打开学生的智慧，在放飞思维和想象中寻找创新；五要把知识、能力、创新水乳交融，要在感受和理解知识发生和发展的过程中培养创新，要宁可只讲一点知识，也要把创新凸现出来，要使知识、能力、创新三者融于教学目标之中。这样才能创设一个充满创新活力的课堂。

　　理念三：高等学校教学改革的核心任务是转变学生的学习方式，倡导探究、自主、合作的学习方式。

　　目前，高校的教学方式没有得到根本的改变，普遍采用传统的被动接受式教学方式，这种教学方式有一定弊端。中国人的智商不比外国人低，中国的教育也有其长处，如学生的基础知识比较扎实，但中国的学生往往是赢在起点，输在终点，创新精神和实践能力较差，追其根源在于陈旧僵化的教学方式。因此，改革教学方式是高校教学改革的核心任务。

　　要培养大学生的创新精神和实践能力，就必须改变传统的教学方式，而且要进行革命性地改革。当方式、方法成为阻碍人才培养质量的提高，而且长期得不到根本改变的问题时，方式、方法问题就不再是简单的教学手段、技艺的问题，而是涉及教育观念、管理体制、政策环境、人才培养责任意识等一系列与高等学校人才培养相关的问题。因此，高等学校教学改革必须把转变教学方式作为核心任务，必须从培养创新型人才、建设创新型国家的战略高度来认识教学方式的转变，从提升人才培养质量、提高中华民族国际竞争力的高度来对待教学方式的转变。

　　传统接受式教学方式的特点是"被动性、依赖性、统一性、虚拟性、认同性"。现代教学方式主要有自主学习、合作学习、探究性学习、研究性学习等，其特点是"主动性、独立性、独特性、体验性和问题性"。这与传统的教学方式有本质的不同，是以培养学生创新精神和实践能力为主的。因此，高等学校要倡导现代教学方式，并在教学实践中创设能够培养学生创新精神和实践能力的教学模式和方法。

　　理念四：教学内容要回归生活、回归社会，紧密联系学科前沿。

　　教学内容要回归生活、回归社会，这是时代所提出的要求，是教学内容改革的核心问题。教学内容由理性的、抽象的科学世界回归到人的直观的、形象的生活世界，回归到社会是教学理念的一大飞跃。

　　学生只要对学习内容产生极大的兴趣，就会越学越想学，越学越爱学。教学内容回归生活，紧密联系五彩缤纷的生活实际和生活经历，联系多种多样的生活现象和问题，解决生活中的问题，就会使枯燥无味的理论知识生活化，就会激发学生的学习兴趣和探究欲望。

教学内容回归社会是指教学内容要反映社会和科技发展水平及前沿。学生生活在社会之中，并最终走向社会。教学内容回归社会，联系复杂多样的社会实际，让他们了解社会的发展现状，了解科学技术发展及学科前沿对其现在和将来都是极其重要的。因为社会和生活实践是人的生命存在的背景，是人生价值得以实现的基础。学生首先接触的是社会和生活实践，而不是科学实践。教学内容只有回归生活世界和社会，才能关注学生的体验和感受，才能激发学生的学习兴趣，才能改变学生的生存状态、生活方式，提升他们的生活质量。

理念五：学生参与课堂教学是高等学校课堂教学根本的存在方式。

教学是教师促进学生主体生成的活动，是学生知识和能力的生成过程，是促进学生自我建构、自我生成和自我发展的活动，是学生自己的实践活动。

在课堂教学中，参与有积极参与和有效参与两种，二者缺一不可，真正地参与是积极参与与有效参与的和谐统一。积极参与是情感问题，解决的是学习态度问题，主要表现为学生学习情绪饱满、交流频繁、参与面广，积极参与是学生学习的前提；有效参与是认知问题，解决的是会不会学和能不能创新的问题，主要表现为学生独立学习时间多，思维活跃起来，掌握了学习方法，表现机会充分，创新能力得到培养，有效参与是学生学习的保证。在教学中教师要把握好二者之间的关系，既不要偏废，也不可相互替代。教学过程既是认知过程又是情感过程，积极参与和有效参与的和谐统一使情感和认知相伴相随、相辅相成，从而使学生达到乐学、会学、学会。

学生参与课堂教学不是一种教学方式和方法，而是一种教学理念。理念是人们经过长期的理性思考及实践所形成的思想观念、理性追求和哲学信仰，是付诸行动前的一种信念。将学生参与课堂教学定位于高等学校的一种教学理念，是人们对高等学校教学的理性认识、理性追求及哲学信仰，是一种具有相对稳定性和延续性的认识，这种定位对高等学校教学系统的再认识和教学改革有重要的理论指导意义。

理念六：高等学校的教学特点是学术性、探究性、创新性、民主性和自学性。

（1）学术性。高等教育是一种按学科、专业进行的分科教育，与中学教育不同。学术性主要体现在四个方面：一是向学生介绍本课程的发展趋势和前沿；二是向学生介绍相关领域的不同理论和观点，并进行点评表明自己的观点和看法；三是向学生介绍自己所教课程相关领域的最新研究成果；四是课程要讲出问题性。问题性包括两方面：一方面是教师根据教学内容提出一些前人没有或很少研究的学术性问题，师生共同研究探讨，以培养学生的创新能力；另一方面是鼓励学生提出问题。高等学校的教学不能满足于学生对教材知识的掌握，要鼓励学生对教材内容提出问题，要有教材问题意识。在教学中，教师和学生都提不出问题，这是不成功的课。问题性的要求：一是教师要深钻教材，具有提出学术性问题的能力；二是提出的问题要有深入研究的价值，能够激发学生的兴趣，引起学生讨论和思考；三是问题的设置要结合教学内容；四是教师要介绍相关的参考书和资料，并对问题的解决途径、方法、手段给予指导。

（2）探究性。探究性教学就是以学生的发展为根本指导思想，以探索研究为主线。在教学中创设一种类似科学研究的情境，在教师指导下，通过学生自主、独立地发现问题，以及实验、操作、调查、搜集与处理信息、表达与交流等探究活动，获取知识技能。

探究性教学的目的在于培养学生的创新精神和实践能力,因此,知识与技能的获得不是靠教师的强制灌输与培养,而是在教师指导下,由学生通过主动探索、主动思考、亲身体验而获得。探究性教学实质上是将科学领域的探究引入课堂,使学生通过类似科学家的探究过程,主动去获取知识,领悟科学的思想观念,领悟科学家研究自然界所用的方法,形成科学概念,从而发展学生的科学探究能力和培养其探索未知世界的科学态度。

探究性教学的特点主要是探究性与主体性、开放性与交互性、过程性与能动性、多样性与广泛性、问题性与实践性、发展性与参与性。探究性教学是培养学生创新精神和实践能力的需要。

探究性教学的一般操作程序是:创设情境,提出问题;自主探究,积极质疑;合作研讨,深化提高;论文反馈,系统总结;应用迁移,拓展延伸。

实施探究性教学,教师首先要转变观念,树立现代教学观和学生观,要激励创新,充分发挥教师的主导作用和学生的主体地位。

(3)创新性。高等学校创新课堂的灵魂就是创新。在教学中,教师不能仅满足重复再现前人的知识,要用教材教,但不要只教教材,要创新教材内容,激发学生创造性思维和批判精神,鼓励学生质疑、辩论、敢想、敢说,提高学生创新素质是高等学校课堂创新教学的主要内容。教师要激励全体学生主动收集信息,提出问题,使他们在对旧知识的重组和对新知识的认识与应用过程中去探究、发现和创新。要采取多种形式和途径训练学生的创新思维,让课堂成为学生创新思维活动的空间。

(4)民主性。学术民主和学术自由是高等学校教学的基本观念和精髓。教学民主性的要求:一是营造宽松、民主、和谐的课堂教学氛围,鼓励学生质疑问难;二是鼓励学生持有不同的观点和发现,开放学生的思维,提倡发现多样化;三是尊重学生的人格和独特的感受、理解和思考;四是教师是学习活动的参与者,与学生平等地参与教学,在教学过程中,强调交流互动,进行师生之间、生生之间的动态信息交流,师生成为学习共同体;五是教师能激发学生的学习兴趣和课堂教学参与意识。

(5)自学性。自学性,就是学生的自主学习。高等教育的基本要求之一就是培养学生的自主学习能力,使学生学会学习。自主学习是学生在学习过程中自我决定、自我选择、自我调控、自我评价、发展自身主体性的过程,其特点是能动性、独立性和异步性。自学性的要求:一是教师是自学活动的组织者,即组织学生在自学中发现、寻找、搜集和利用学习资源,组织学生营造积极心理氛围,给学生提供自学的空间和时间;二是教师是自学活动的引导者,即引导学生设计恰当的学习活动,教给学生学习方法,培养学生的自学能力,引导学生在自学中真正理解和掌握基本知识和基本技能,引导学生对学科知识的感觉和体验,引导学生提出有研究价值的学术性问题;三是教师是自学活动的参与者,即在观察、倾听和交流中成为学生的参与者,教师与学生一起分享情感和认识,与学生一起寻找真理。

学生自主学习是创新教学对学生主体地位的确认,对学生主体性表现的支持。学生自主学习的能力是学生生命系统存在和发展的保证。对学生个体来说,自主学习能力与其生命一样重要。因此,教师在教学中要培养每一位学生对自然的好奇心和创造力,培养他们探究的欲望及其成功的内在愉悦感,促进他们自主学习。要努力创设学生主体创新的条件,精心设计学生独立思考的学习内容和问题,帮助学生制定学习目标和选择学习方法,在鼓励学生质疑、问难的过程中培养学生的挑战性、好奇心和自信心,从而促进学生的自主学习和自我发展。

理念七：高等学校要真正落实以学生为中心的教育理念，这是关乎高等学校办学理念、培养什么人、大学精神及高等学校未来发展战略的重大问题。

在教学过程中是以教师为中心还是以学生为中心，是传统教育观念和现代教育理念的分水岭。坚持以学生为中心的教育理念，旨在培养能够自由全面发展的人，是一种从教育意义上真正对人生命意义的尊重，是真正地从根基上认识高等教育，是学校对学生大爱、真正以学生为本的体现，是培养创新精神、多样化人才的根本途径。因此，以学生为中心的教育理念，实则是从更深层次上认识教育，是关乎高等学校办学理念、培养什么人、大学精神及高等学校未来发展的重大问题。

高等学校要真正落实以学生为中心的教育理念，在教学过程中就要以学生为中心来开展教学活动；在组织教学过程中就要重视学生的主体地位，充分发挥学生的主观能动性，充分挖掘学生的潜能，引导学生从接受式学习转向发现式学习。

落实以学生为中心的教育理念，在教学过程中，教师的主要职责就是：引导、帮助、启智。引导，即用理论引领，拓宽学生的视野和思路，适时点拨讲解。引导学生主动地学习，引导学生发现新知识、提出新问题和解决新问题，引导学生发现、寻找、搜集和利用学习资源，引导学生设计恰当的学习活动，引导学生感受、体验学科知识，指导学生应用所学知识参加科学研究实践。帮助，即帮助学生解决学习中的困难，帮助学生寻找、确定学习方法，帮助学生搭建一个攀登知识的脚手架。启智，即启发学生的智力，开启学生的心智，开启学生的经验和体验。

理念八：在讲授知识时，教师要营造知识创新环境，处理好讲授知识与培养创新能力的关系。

合理的知识结构和能力结构是创新的基础。知识结构和能力结构是不可分割的，能力结构只有在合理的知识结构中才具有潜在的创新功能。高校教师在人才培养中的作用主要体现在对学生良好的影响上，不在于给学生灌输了多少知识，而在于教师对知识的态度、对知识的尊重、对知识的热爱和对学生产生的影响。因此，在讲授知识时，教师要营造知识创新环境。一要告诉学生这个领域有什么知识；二要告诉学生这些知识是如何创造出来的；三要让学生知道这些知识是如何被应用的；四要让学生知道这些知识对学生将来会有什么影响；五要告诉学生这个领域还可能发现什么知识。这就是在讲授知识时营造的知识创新环境的核心内容。在这样的知识创新环境下，学生对知识就会有热情，对知识世界就会有强烈的好奇心，创新精神和创新能力就可能随之产生。

同时，宽松、自由、和谐的环境也是创新的土壤。高等学校应有浓厚的学术氛围，倡导学术自由，实行百花齐放、百家争鸣，培养学生的批判性思维，给师生创造宽松的环境，使师生有用武之地。所以，在处理讲授知识与创新能力培养的关系时，高等学校教师更应重视学生创新精神和创新能力的培养，高度重视知识创新环境的培育。

理念九：高等学校人才培养水平的根本标准就是促进人的全面发展和适应社会需求。

把衡量人才培养水平的根本标准定位于促进人的全面发展和适应社会需求，追根溯源，是马克思主义关于人的全面发展学说，是马克思主义教育思想的精髓，也是新中国成立特别是改革开放以来党的教育方针的基本内容。回顾党的十九大报告、宪法、改革开放以来的教育法律法规，其在坚持教育为社会主义现代化建设服务、为人民服务、使受教育者德智体美全面发展等方面，都有着丰富的论述，既一以贯之，又与时俱进，成为促进人的全面发展的主要方针。

教育必须坚持适应现代化建设需要的价值取向，这是党在开创中国特色社会主义理论体系过程中，逐渐确认科学技术是第一生产力、人才资源是第一资源、优先发展教育等重要战略思想的集中反映。教育不仅要满足人民群众日益增长的教育文化需要，更要主动适应国家经济社会发展的多样化需要，这一理念已深深融入教育改革的战略政策之中。衡量人才培养的水平，很大程度上要看受教育者能否适应社会主义建设各项事业的实际需要，是否学有所成，学有所用。

把促进人的全面发展和适应社会需求作为衡量人才培养水平的根本标准，是新时期的教育特色，是高等教育质量不断提升的客观要求。在高等教育进入大众化阶段后，人才培养衡量标准就会进一步拓宽，评判的尺度就会从学校内部延伸到外部。任何学校特别是高等学校都不可能自我封闭地培养人才，也不可能自成体系地衡量人才培养水平，从而必然引发教育观念的更新和质量标准的调整。

新时期，高质量的教育就是培养好德智体美全面发展的社会主义建设者和接班人。高质量的高等教育就是要造就出信念执着、品德优良、知识丰富、本领过硬的高素质人才，这直接关系我国建设教育强国、人才强国和人力资源强国的整体进程。为此要牢固树立和不断完善科学的人才培养衡量标准，努力推动高等学校走内涵式发展道路，促进教育事业可持续发展。

第二节 创新地理科学专业综合改革理念

专业建设理念是地理科学专业综合改革试点建设的指导思想，影响着专业建设的方向、进程和成效。地理科学专业综合改革试点建设是一项涉及多方面的教学改革工程，在地理科学专业综合改革试点建设中，除了坚持前面阐述的高等学校教育教学理念外，还必须在专业建设理念上进行创新，转变传统的专业建设观念，创新现代专业建设理念，以适应社会经济发展对人才培养的需要。

传统的专业建设观念：一是思想上，对专业建设问题认识不够深刻；二是受苏联高等学校教学模式的影响，长期以来，我国高等教育一直实行专业教育模式，即根据计划经济各行业、部门的需要，打破学科的内在联系，设置口径很窄的专业，按专业培养人才，强调专业对口，致使学生画地为牢，知识结构不完整，这种狭窄的专业领域必然会影响学生创新能力的发展，只能培养工匠式的人才，很难培养创新人才；三是重专业外延发展，轻专业内涵建设的倾向严重；四是重物轻人，未能建立起一支高水平的师资队伍等。这些观念已不适应社会经济发展对人才培养的需求。

因此，必须转变传统专业建设观念，树立现代专业建设理念：一是要深刻认识专业建设问题，要用全局的、整体的、系统的观点来看待专业建设问题，要制定一个长远的、系统的专业建设发展规划；二是要树立促进人的全面发展和成才是高等学校专业建设的本质要求的理念，要进行文理渗透，大量增加选修课程，要培养"宽知识、厚基础、强能力、高素质"，一专多能、适应性强、综合素质高的创新型应用人才；三是开展科学研究，促进科学发展是专业建设的一项重要职能；四是满足社会经济发展的高层需求是专业建设的根本出发点；五是促进社会经济发展是进行专业建设的终极目的；六是社会需求的日益丰富和层次的不断提高是推动专业建设发展的根本动力；七是专业建设的价值取向应尽快向高层次、高水平、综合型转变；八是加强师资队伍建设，这是专业建设的关键和核心。要切实把人才作为一切办学资源中最重要的资源，充分尊重人的劳动价值，积极创造条件满足人的物质和精神需求，想方设法调动人的积极性，千方百计发挥人的作用和潜能。在人才引进上，不要过分注重物质的诱惑，轻视事业的吸引。在人才使用上，不要片面强调成果产出，忽视多方面需求。在专业建设上，不要只重视实验设备等物质条件的改善，更要重视教师劳动价值的物化；满足社会经济发展对人才的需求是高等学校专业建设的根本出发点。

地理科学专业综合改革试点建设，就是要建设高水平的专业示范基地。专业示范基地要具有辐射作用，通过教学和科研的改革，创造成功的经验，为其他院校起示范带头作用。

在国内外开展学术交流与合作，利用广泛的条件和社会环境提高其社会声誉。

第三节　地理科学专业综合改革带头人的选拔与培养

地理科学专业综合改革试点建设带头人，是指具有高尚的职业道德和严谨正派的学风，学术造诣深厚，立足教学，锐意教学改革创新，在某一学科形成学科前沿领域，有突出特色的学科研究方向和教学建设基础，取得了创造性的、具有突出学术水平的教学和科研成果，并且善于组织和带领教学创新团队进行地理科学专业综合改革试点建设的人才。地理科学专业综合改革试点建设拥有高水平的带头人，无论是在教学创新团队建设、课程建设、教学改革创新、教学管理等方面都会有很大的起色，这个专业发展的广度和深度也将不断扩展。

特色专业带头人的选拔，一是制定严格的选拔标准；二是坚持公平、公正的原则。特色专业带头人既是科学研究的佼佼者，又是教学工作和教学改革创新的排头兵，应高标准要求，择优扶植。

特色专业带头人的培养是高校提高人才培养质量的关键。对特色专业带头人的培养，一是科学规划，重点培养；二是以科学研究和教学研究项目带动特色专业带头人的发展；三是进行学院内部培养和校外学习培训；四是培养中青年拔尖人才成为地理科学专业综合改革试点建设带头人。

按照特色专业带头人的选择和培养要求，资环学院选拔了国家地理科学专业综合改革试点建设带头人，并进行了培训。地理科学国家级特色专业带头人是葛京凤教授，资源环境与城乡规划管理国家级特色专业带头人是张军海教授。他们是国家级地理科学专业综合改革试点建设的领导者和组织者，领导建设教学创新团队，带领团队不断提高科学研究和教学研究水平，促进国家级特色专业健康发展。

第四节　教学创新团队建设

教学创新团队是地理科学专业综合改革试点建设的发力点，是特色专业建设的动力系统。什么是教学创新团队？根据教育部对高校教学团队的要求，结合河北师范大学资源与环境科学学院国家级地理科学专业综合改革试点建设，作者认为，高校教学创新团队是以系列专业或课程建设为载体，以现代教育、教学理念为指导，立足于教学改革与创新，具有共同价值观和明确奋斗目标，由教学水平高、学术造诣深的带头人负责，组成结构合理、优势互补、团结协作、锐意教学改革、经常开展教学研究，具有生命力的教师群体。

教学创新团队建设是地理科学专业综合改革试点建设的核心，是地理科学专业综合改革试点建设的保证，没有高水平的教学团队就无法建设高水平的特色专业。因此，地理科学专业综合改革试点建设要狠抓教学创新团队建设，在人才引进上向特色专业倾斜，在人员配备上向特色专业靠拢，在人才培养上向特色专业侧重，并着重解决好目前高校普遍存在的教师单兵作战和重科研轻教学的问题，努力构建以专业建设或课程组等组织形式的、结构合理的、教学和科研水平较高的、具有教学改革创新精神的教学创新团队。

资环学院在特色专业教学创新团队建设中具体抓了四方面工作：一是创新教学方式，构建了"教师教育'5+3'人才培养模式""导学研创新教学模式""自探共研课堂教学模式"等，使教学和科研相互结合、互相促进，提高了教学研究水平；二是对青年教师进行培训，尽快提升青年教师的教学水平，确保教学质量；三是充分发挥教师的作用，聘请学术造诣较深、教学经验丰富、教学效果突出的老教师参加教学工作，并对青年教师进行培训；四是对教学创新团队进行师德建设，学院制定了师德师风要求，为地理科学专业综合改革试点建设和人才培养工作的可持续发展奠定了坚实的基础。

第五节　课程建设与改革

特色专业的课程建设要加强课程体系、教学内容、教材、教学方法和手段等方面的改革与建设。

一、课程体系改革

课程体系的构建必须与人才培养目标相适应，要合理确定基础课程与专业课程、必修课程与选修课程、理论教学与实践教学的比例，形成结构合理、特色鲜明的课程体系。新的课程体系要符合人才培养方案的整体要求，能够保证教学内容的系统性和先进性，能够体现出注重对学生能力的培养。

二、教学内容改革

教学内容的改革要深入研究社会对人才知识、能力素质结构的要求及行业、专业发展的需要，积极开发反映社会需求和专业发展的新课程；要将行业和专业发展形成的新知识、新成果、新技术引入教学内容；要深入开发课程资源，丰富教学内容，紧密联系实际，使课程回归社会、回归生活。

三、教材建设

教材建设要反映教学内容改革的成果，教材建设的内容：一是选用高质量教材，要瞄准本专业的国际先进水平，引进、消化和使用国际优秀教材，要与国际主流教材接轨，拓展学生视野，增强竞争力；二是根据专业特色，编写新教材；三是建设精品课程，要借助国家和省"质量工程"建设有利时机，根据特色专业的需要，建设一批具有专业特色、先进、适用的精品课程；四是建设教材、教学参考资料和教学课件三位一体的立体教材。

四、创新人才培养模式

时任教育部副部长陈小娅指出：教师职业是实践性很强的职业，因此，师范大学改革要深入推进教师教育模式的改革创新，要从宏观政策的创新到学校具体教育教学方式的改革、学科的调整等方面，来推动师范生质量和结构问题的解决。根据高等师范院校的规模不断扩大及综合化的趋势，教师培养在一定程度上受到了弱化的状况，为了强化教师的职业知识与教育教学技能的培养，培养高素质、创新型的教师，在地理科学专业综合改革试点建设中，本书提出了教师教育"5+3"培养模式。

五、教学方式改革

教学方式的改革是地理科学专业综合改革试点建设的核心任务。地理科学专业综合改革试点建设的核心环节是课程的实施，而课程实施的根本途径是课堂教学。要培养创新型人才，就必须改革传统教学方式，倡导现代教学方式，并创设能够培养学生创新精神和实践能力的教学模式和方法。资环学院在地理科学专业综合改革试点建设中，创设了"导学研教学创新模式""自探共研课堂教学模式""建构式多元互动课堂教学模式""探究式教学模式"等，并在教学实践中得到运用，营造了生命课堂，受到学生普遍好评。"构建教学研创新型教学模式，深化综合自然地理学课程建设"论文，获第四届河北省教学成果二等奖，河北师范大学第七届校级教学成果一等奖。

六、教学手段的改革

教学手段的改革，一是推广和使用现代信息工具，实现网络课程与课堂教学的整合；二是正确运用多媒体计算机技术。目前高校教学中多媒体计算机技术大多运用不当，屏幕上多是文字，形成课本文字的"搬家"，使"机灌"代替了"人灌"。多媒体计算机的这种方式的运用，不能激发学生的学习兴趣，既不利于其思维开发，又不利于交流，影响了课堂教学质量。多媒体计算机在教学中有重要功能，主要是化静为动、化抽象为具体、化难为易、化复杂为简单，突出重点、解决难点、创设情境，搭建一个师生交往的平台。因此，教师应根据教学内容科学地制作课件或创设情境，以激发学生的兴趣，提高教学质量。

第六节　实践教学建设与改革

实践教学建设与改革是地理科学专业综合改革试点建设的重要内容之一。

实践教学建设与改革：一是加强实验室建设，提高实验室整体建设水平，加大实验室向学生的开放力度，让学生参与课题研究；二是积极开展社会实践活动，利用教育实习、社会实践、科研训练、毕业论文等形式，构建教学研结合的教学模式，保证学生的实践教学活动时间累计不少于半年；三是积极与社会、学校、行业等单位共建实践教学基地，增加学生与社会接触的机会；四是改革实践教学的内容和方法；五是创新野外实践教学模式。

第七节　教学管理制度与改革

地理科学专业综合改革试点建设要求相应的教学管理制度的改革配套，高校要改变那种对各专业整齐划一的教学管理方式，对特色专业要赋予院、专业更大的专业建设和教学管理自主权，使其有权利保持专业特色。

资环学院的教学管理制度改革，主要在综合改革试点建设的评价与监控体系构建、建设质量的跟踪监控等方面进行了一些尝试，效果很明显。

第四章　地理科学专业综合改革的策略

第一节　现代教育理念指导和依托科研策略

一、现代教育理念指导策略

理念指导行为，有什么教学理念，就有什么教学行为。地理科学专业综合改革试点建设除了遵循前面阐述的高等学校教育教学理念外，还要树立现代教育教学理念：一是树立现代教学观。现代教学观认为，教学是以教师为主导，学生为主体对课程内容开发、生成、转化、建构与提升的创造过程，交往互动是教学过程的实质。教师的角色是课堂教学的组织者、引导者、参与者和促进者。二是树立现代课程观。现代课程观认为，课程不仅是知识，同时也是经验、体验、过程和活动，课程是由教师、学生、教材和环境四个要素构成的生态系统。三是树立现代学生观。现代学生观认为，在教学中，教师不能再把学生看作是消极的知识接受的容器，而应把学生看作是知识的积极建构者，拥有无限的创造潜能，是期待点燃的火把，是有不同兴趣爱好、不同经验背景的主体。这样教师才能改变以往单向信息传递的教学模式。四是树立现代学习观。现代学习观认为，学生不仅在课堂上与师、与生、与教材的互动中进行"学中做"，更要在实践活动、探究互动、合作互动、综合互动中进行"做中学"。因此，现代学习观倡导自主学习、合作学习和探究性学习。教师必须不断地学习现代教育理念，才能做到与时俱进，才能以新的教学理念指导教学行为，才能转变教学方式，创新教学模式和激发课堂活力，才能有效地培养学生的创新精神、科学思维能力和实践能力。

二、依托科研和教育科研先导策略

地理科学专业综合改革试点建设的载体是科学研究，地理科学专业综合改革试点建设一定要依托科学研究，因为科学研究是地理科学专业综合改革试点建设的前提和拉动力，主要表现在以下几方面。

一是科学研究是提高教师整体水平的有效途径，是形成学术梯队的重要手段。教学、科研、进修都是教师水平提高的有效途径，而科研是最根本的途径。一项调查表明，98%的学者认为活跃的研究兴趣对于成为优秀的教师至关重要。统计显示，越是科研成果多的学校，师资水平也越高。从这个意义上说，科学研究是提高教师水平的重要途径。

二是科学研究有利于提高学校、学院和专业的知名度。良好的声誉和知名度对地理科学专业综合改革试点建设至关重要，有了良好的声誉和知名度就能吸引一流人才，就能争取一流的教学和科研项目，就能争取到更多的经费支持，从而形成地理科学专业综合改革试点建设的良性循环。

三是科学研究有利于特色专业教学内容的改革与更新，促进新学科的诞生，是培养高质量人才的保障。特色专业由多门学科构成，各学科都是在前人通过科学研究取得成果的基础上总结成理论体系而逐步形成的。随着社会发展和科学研究的进步，科研成果大量涌现，新的学科也不断产生。另外，在科学研究中，课题本身就来自社会生产和教学等方面的需要，在研究中同社会生产和教育紧密结合，研究成果直接运用于教学，丰富了教学内容。

四是科学研究的创收可增加地理科学专业综合改革试点建设的资金，改善办学条件，提高知名度。

因此，地理科学专业综合改革试点建设要对接国家要求，适应特色专业发展的需求，积极进行科学研究，大力培育和扩大科学研究的影响力，要用实力说话。要走科研成果集成道路，抓准优势领域，在专业、人才、财力等方面集中力量，积极承担国家和省部级科学研究任务，创造一批具有宏观显示度的科学研究成果。要组建强大的科学研究和教学研究创新团队，着力解决科学研究和教学研究队伍整合难、人才引进难、资源共享难的问题，探索建立和完善以科学研究团队及教学研究团队为核心的组织管理模式和校际合作模式，以提高科学研究的活动效率。

在资环学院地理科学专业综合改革试点建设中，教学创新团队积极承担科学研究和教学研究课题，并取得了丰硕成果。

在依托科学研究中，教育科研是先导。因为教育科研是推动地理科学专业综合改革试点建设高质量科学发展的有力武器。"工欲善其事，必先利其器"。对地理科学专业综合改革试点建设而言，教育科研就是那块不误砍柴工的磨刀石。地理科学专业综合改革试点建设委员会充分认识到教育科研在地理科学专业综合改革试点建设中的重要地位，狠抓教育科研，以教育科研为先导，培养了教育科研骨干力量，展开行动研究，找准地理科学专业综合改革试点建设中的关键研究问题，积极进行教育科研，取得了丰硕成果。如教育科研骨干梁彦庆老师等撰写了"高师地理导学研教学模式的研究与实践"，并把研究成果广泛运用于地理科学专业综合改革试点建设的教学实践中，深受学生欢迎，保证了地理科学专业综合改革试点建设的高质量和科学性。

第二节　教师队伍优化策略

一、教师高原建设策略

建设教师高原，提升教师水平是地理科学专业综合改革试点建设的根本保证。地理科学专业综合改革试点建设的根基在于教学创新团队建设，只有建设一支一流的高水平的教学创新团队，才能建成一流的特色专业。而一流的教学创新团队，不仅表现为其特色专业带头人，还表现为带头人所扎根的基础主体的教学创新团队，即教师高原应具有一定的高度。教师高原的高度和水平不仅直接决定着整个教学创新团队的水平和影响力，也直接影响着带头人诞生的根基，并制约着带头人的作用和水平。只有高水平教师达到一定集中程度，形成一个整体水平出类拔萃的教师高原，才能不断地孕育和支撑带头人，并形成名师荟萃、百家争鸣的杰出教学创新团队群体。只有在一直具有影响力的高水平教学创新团队中，才能产生出备受赞誉的名师和带头人。因此，在地理科学专业综合改革试点建设中，不仅要重视带头人的选拔和培养，更要注重教学创新团队的建设和提高。只有建构起海拔较高的教师高原才可能使地理科学专业综合改革试点建设达到巅峰。

为此，资环学院在特色专业的建设中，首先把工作重点放在建设一流的教学创新团队上，制定了各种鼓励科研与创新的奖励制度，面向全国广纳人才，聘请了地学院士做学术报告，厅局总工和高级技术人员做兼职教授，鼓励教师进修读博，培养学科和学术带头人，培养青年骨干教师和带头人，引进一批年轻有为的优秀博士毕业生，由于有了这样一支高水平的教学创新团队，地理科学专业综合改革试点建设水平迅速得到了提升。

二、教师梯队建设策略

建设特色专业，必须有一支高水平的教师队伍。地理科学专业综合改革试点建设的关键是在特色专业各领域建设高水平的专业梯队。没有高水平的专业梯队，也就没有地理科学专业综合改革试点建设的可持续发展，继而也就无法实施"科教兴国"战略。抓好专业梯队建设，一要特别重视专业带头人的遴选和培养。二要重视后续专业带头人的培养。三要造就合理的专业梯队结构。专业梯队结构可分为内部结构和外部结构，内部结构包括学历学位结构、职称结构、年龄结构、知识结构、能力结构和学缘结构，外部结构包括研究方向设置、专业发展主流、物质条件基础等。四要抓好地理科学专业综合改革试点建设的思想作风和工作作风的建设。这样才能建设一个结构合理、团结协作、富有活力和创新开拓精神的专业梯队，地理科学专业综合改革试点建设的广度和深度才能不断发展。

第三节　开展教学研究策略

一、院本教学研究策略

院本教学研究（简称院本教研）策略就是以现代教学理念为指导，以促进学生的发展和成才为宗旨，教师依托学院的资源优势和特色，研究和解决实际问题，总结和提升教学经验，形成民主、开放、高效的教学研究机制。教师是院本教研的主体；院本教研是在教学情境中生成的教学研究，它不同于专业研究，而是基于学院，为了学院发展的实践性教学研究；研究的对象是教学中亟待解决的问题，是教师的教学问题；专业人员参与、同伴互助贯穿于整个研究过程。

二、课程资源开发策略

现代课程资源是指一切具有教学价值和课程意义的可能形成课程的资源。它是由教师、教材、学生和环境四个要素构成的良性生态系统，包括教师知识、教材知识、学生已有知识、社会生活中的知识和师生互动生成的知识等五个方面。

课程资源的开发通过对教材进行二次开发、最大限度地开发教师的教育价值、开发学生课程资源、开发生活中的课程资源、开发教学活动本身的课程资源等五种途径来实现。

三、教学反思策略

教学反思就是教师借助于行动研究，不断探索和解决自己在教学实践中产生的问题，对教学经验进行回顾与重新认识（包括思考、评价、整改等）的教学活动过程。教学反思以教师学会"教学"和学生学会"学习"为目标。教学反思既能提高教师的教学水平，又能解决教学中的实际问题；既能促进教师的专业发展，又能促进学生的身心健康发展。

第四节　学院环境支持策略

对于地理科学专业综合改革试点建设而言，教学手段、教学设施等物质条件是学院环境中进行教学必要的手段和载体，然而，以学院文化、课堂文化为代表的精神部分和高素质的教师队伍是学院环境中对地理科学专业综合改革试点建设最重要的支持要素。

一、学院文化

学院文化主要指学院的价值观念、院风、教风、学风、传统、行为方式、学术氛围等无形文化，集中表现在办学理念、教风学风、教师文化、学生文化、管理文化和观念文化。因此，要营造以先进办学理念为标志的学院文化，支持地理科学专业综合改革试点建设有效发展。

办学理念是学院的灵魂，是学院师生认同、遵守的行为准则，是学院价值观念的直接体现。包括办院宗旨、院风、院训等各个方面，其核心是培养什么样的人。在地理科学专业综合改革试点建设中，资环学院提出了"院以我荣，我以院兴"的院训，从而对内形成凝聚力和向心力，对外形成核心竞争力和品牌。

地理科学专业综合改革试点建设，优良的教风和学风是关键。在地理科学专业综合改革试点建设中，资环学院把教风和学风建设作为重要内容，以党风带教风，以教风促学风，把加强和改进师德建设作为一项工程来抓。地理科学专业综合改革试点建设中的党员教师占80%以上，党员教师在师德建设中的模范带头作用是形成优良教风的保证。学院对教师提出了师德要求，制定了教师礼仪规范，倡导党员和教师进宿舍、进学生心灵、贴近学生、贴近教学，和学生一起制定创建和谐课堂方案，开展创建和谐课堂等系列活动。党风带动了教风，广大教师敬业爱生、严谨治学，把教书育人落到实处，形成了教师育人、教学相长的良好氛围。教风促进了学风，学生形成了积极乐观、勤奋好学、自律自强的优良学风。学生党员在学风建设中发挥了重要作用，积极组织开展创设和谐课堂活动，学生自己组织、自己管理，自主学习习惯和自我发展能力不断增强。

教师文化集中体现在教师的精神和职业道德。教师应当具有崇高的师德与师魂，与时俱进。为此，学院对教师进行了先进的教学理念培训，提出了教师礼仪要求，努力把地理科学专业综合改革试点建设的要求贯穿于教学思想和教学的各个环节，激发教师建设特色专业的潜能。

学生文化是在教师指导下由学生自己创造而形成的。在教师引导帮助下，学生充分发挥学习的主动性和创造性，成立了学生互助小组，开展了学生互帮活动，养成了"我能创新，我能发展，我能成才"的创新品质。

管理文化是指学院的管理观念和行为方式。学院实施激发人的创新能力的管理文化，实施以教师为本和以学生为本的人本管理。以教师为本就是指学院管理应努力为教师服好务，创造条件，不断为教师树立新的奋斗目标，用目标激励、精神激励、物质激励等办法来激发教师的积极性和潜能，并不断引导其向前发展。以学生为本就是指学院管理应当以适应学生身心发展规律来进行教育教学，根据学生的知能结构设置课程，规划进度；根据学生的知能现状选择教学方法，以调动学生的学习兴趣；根据学生的个性进行教学。课堂教学管理是学院管理中的重中之重，课堂教学要以学生为主体，通过课堂教学培养学生的创新精神和实践能力。

二、课堂文化

课堂是教学的主要场所。课堂文化是在长期的课堂教学活动中形成的，并为师生所自觉遵守的课堂精神、教学理念和教学行为。现代课堂文化既是课堂的重要养分，更对地理科学专业综合改革试点建设具有支持意义。

反思传统的课堂，唯师是从，缺乏关注和研究，单向传输等缺点仍普遍存在。地理科学专业综合改革试点建设要求的课堂教学文化是民主、对话、开放、互动、质疑、参与为特征的课堂文化。为此，资环学院的地理科学专业综合改革试点建设中开展了创设和谐课堂活动，制定了和谐课堂的创设方案，营造了民主、平等、交流、参与的和谐课堂氛围，使传统沉闷的课堂变为具有生命力的课堂，激发了学生的学习潜能，培养了适应社会经济发展需要的具有创新精神的一代新人。

三、教师队伍

教育大业，教师为本。建立一支高素质的教师队伍是保证地理科学专业综合改革试点建设成功的关键。因此，必须优化教师素质结构，培养教师崇高的职业道德，做到关爱学生、爱岗敬业、教书育人、为人师表、终身学习；要树立先进的教育理念，以人为本，树立全面发展的人才观；要培养教师的创新意识。这样教师才能创新教学方法，指导学生自主学习、探究学习和合作学习，激发学生的求知欲和创新意识，使学生尽早跨入创造性思维阶段，达到地理科学专业综合改革试点建设的目标。

第五节　科学管理策略

一、改革教学管理策略

地理科学专业综合改革试点建设是一项综合性很强的工作，涉及很多部门，需要各方面通力合作，而且工作难度大，不易见成效，工作复杂，难以考核。这也是我国特色专业存在问题和误区的根本原因。所以，要改变这一状况，就必须加强领导、统一管理、合理分工、密切配合，进行地理科学专业综合改革试点建设的管理改革。

第一，改革组织管理机制，成立地理科学专业综合改革试点建设委员会。

资环学院根据实际情况，成立了由院长负责、各系主任和教师参加的地理科学专业综合改革试点建设委员会，聘请了教学经验丰富的退休教师做顾问。地理科学专业综合改革试点建设委员会统一领导地理科学专业综合改革试点建设工作，其具体任务：一是制定特色专业近期和长期的建设规划；二是制定统一的促进地理科学专业综合改革试点建设的有关规定并负责督促落实；三是定期对地理科学专业综合改革试点建设情况进行分析、调查、评估和总结。地理科学专业综合改革试点建设委员会下设办公室，负责日常事务的管理和试点建设委员会交给的其他工作。办公室独立建制，不挂靠任何部门，这样才可以统筹管理，负责起综合改革试点建设的协调工作，从而有效地推进地理科学专业综合改革试点建设工作的开展。

第二，改革管理模式，实行项目建设管理模式。

项目建设管理模式是指以项目管理为对象，由项目负责人全面负责，以师资队伍建设为核心，各负其责、分工合作、强调监控，系统全面地进行地理科学专业综合改革试点建设的管理模式。

项目建设管理模式，以项目为管理对象。地理科学专业综合改革试点建设包括培养目标、师资队伍、人才培养、教学研究、科学研究、课程建设、教材建设、条件建设和管理水平等多项内容，涉及多个职能部门。实施项目管理，以各个建设项目为管理对象，明确各项目负责人，其管理对象单一，建设主体明确，责、权、利相互制衡与统一，使地理科学专业综合改革试点建设工作处于一种良好的管理体制中，有力地促进了特色专业的建设和发展。

传统的方案建设管理模式常常存在专业建设方案脱离自身实际、在建设过程中缺乏良好的运行机制等问题。项目建设管理模式有其独特的优越性，一是有利于突出重点；二是有利于分层管理；三是有利于加强经常性的建设和日常性的监控。其特点是以人为本，以项目为管理对象，强调科学性与客观公正性。

二、教师人本管理策略

教师是支撑一所高等学校发展的中坚力量，是促建一所高等学校形成品牌的关键。在科学认识教师在高等学校中的专业地位、主体地位、学术地位和社会地位的基础上，对教师的管理尤其重要。高等学校要树立"以教师发展为本"的管理理念，为教师创造有利于其发展的硬环境和软环境。

对教师的管理要实行制度约束和人性管理相结合，为教师创造轻松愉快的工作环境，激发教师的潜能。要尊重教师的权利和利益，确保管理信息公开化，增强教师的责任感与使命感；要营造有利于教师发展的氛围，增强教师的归属感和认同感；要形成教师普遍认同的价值观，要注重情感关怀，以情感情，增强凝聚力；要突出以人为本的管理理念，通过人本管理，激发潜能，促进教师专业发展。

三、跟踪监控评价策略

建立激励与约束并举的跟踪监控评价体系，是地理科学专业综合改革试点建设健康发展的重要策略。

在地理科学专业综合改革试点建设过程中，学校和学院要对地理科学专业综合改革试点建设情况进行监控，以保证地理科学专业综合改革试点建设保持动态适应。

应重视对建设项目的科学评价，项目评价要做到校内评价和校外评价相结合。校内评价包括学校评价、学院评价、教师评价和学生评价等；校外评价包括毕业生评价、用人单位评价、社会公众评价等。通过对评价结果的分析查漏补缺，保证项目建设健康持续地推进。

第五章　地理科学专业综合改革的人才培养映射

教师通过对现代教育理念和地理科学专业综合改革试点建设理念的学习和创新，提高了自身现代教育教学理论水平和教学能力，体现出特色专业的培养目标，使专业建设体现了创新性。资环学院在科学研究和人才培养方面均取得了不俗的成绩。

第一节　地理科学专业综合改革的硕果——科学研究

近三年来，在学校、学院各级领导的关怀和支持下，经过教学创新团队的通力合作和奋发努力，地理科学专业综合改革试点建设取得了显著科学研究成就。几年来，学院主持各类研究课题 300 余项、主持国家级课题 30 项、省部级课题 28 项，主要包括：科技部重大基础研究前期研究专项 1 项，中国科学院战略性先导科技专项子课题 1 项，国家社会科学基金 1 项，国家自然科学基金面上项目 27 项，省级自然科学基金 19 项，省社会科学基金 4 项，省科技厅项目 4 项，国家重点实验室开放项目 1 项，百万元以上应用研究项目 30 项。到账经费 1.46 亿元，大量应用性成果被省政府及相关部门采用，铸就了本学科在河北省可持续发展中不可替代的地位。近五年出版专著、教材 21 部；共发表核心期刊学术论文 350 篇，其中 SCI 检索 20 篇，JCR-1 区论文 2 篇，二类核心期刊 24 篇，三类核心期刊 105 篇；获省部级科技成果奖励 6 项，其中河北省自然科学二等奖 1 项、三等奖 1 项；获国家发明专利两项、实用新型专利 3 项、国家计算机软件著作权登记证书 4 项。

地理科学专业综合改革试点建设在带头人的选拔与培养、师资队伍建设、人才培养、课程建设、教材建设、教学及教学研究、教学方式方法、科学研究、教学条件和教学管理等方面都取得了丰硕成果。

第二节　地理科学专业综合改革的映射——人才培养

21 世纪我国培养的人才应当是德、智、体、美、劳全面发展，适应社会经济发展需要的复合型创新人才，能够在复杂多元、快速多变的社会里正确识别选择和富有个性及主体精神的创新性人才。这是地理科学专业综合改革试点建设的主要内容和追求的目标。

没有一流的专业，就没有一流的学校。没有一流的专业和学校，就难以培养一流的人才。因此，地理科学专业综合改革试点建设既可促进人才培养，也可成为人才的依托。高等学校应当牢固树立质量意识，深刻认识到质量是高等学校的生命线。没有高质量的学校，就是没有竞争力和生命力的学校，也谈不上培养高素质的人才。地理科学专业综合改革试点建设是高等学校建设一项非常重要的内容，其建设水平的重要指标之一是人才培养的数量和质量。质量意识主要体现在学生的全面发展和创新能力及实践能力的提高上。《中华人民共和国高等教育法》第三十一条指出："高等学校应当以培养人才为中心，开展教学科学研究和社会服务，保证教育教学质量达到国家规定的标准"。地理科学专业综合改革试点建设的映射，就是培养更多的、高质量的社会急需的高素质专门创新人才。

几年来，学院为河北省乃至全国培养了大批地理学专门人才，是河北省高中以上地理师资的摇篮和河北省国土资源与环境管理、地理信息技术等高层次人才培养基地。培养的大量毕业生许多已成为各行业的中坚力量，给学院带来了良好的声誉。

一、学生自学能力和教学质量显著提高

在地理科学专业综合改革试点建设中，由于教师树立了现代教育理念，转变了教学方式，采用了自主学习、探究式学习、合作学习和导学研创新教学模式等发现性教学策略，学生的自主学习能力、探究能力和合作学习能力显著提高。

自主学习是在教师指导下的自主学习，是自我监控下的学习，是一种高品质的学习。在自主学习中，学习目的自我确定，学习方法自我选择，学习过程自我调整，学习结果自我反馈。由于学生明确了学习目的，所以唤起了学生的主动性和积极性；由于教师教给了学生学习方法，学生学会了学习，因此培养了学生学习的独立性；自主学习培养学生的学习习惯，所以调动了学生学习的自觉性。

在探究式学习中，问题是学习的起点，能否发现和提出对学生具有挑战性和吸引力、研究价值高的问题对探究式学习至关重要。教师要引导学生发现问题、提出问题、解决问题，这可以提高学生的问题意识和收集信息及处理信息的能力，培养学生的探究意识。

通过发现式现代教学方式，在教学中学生的主体意识增强了，自学能力、探究能力和教学质量显著提高。

二、一专多能，综合素质高，受到社会赞誉

多年来，地理科学专业的毕业生已遍布全省各个重点中学及多个省份、多个行业，其中获得"特级教师"光荣称号近20人，厅级及其以上领导10余人，中学校长及其以上领导近50人，有显著成就的企业家10余人。近3年毕业生就业率在全校名列前茅，地理科学专业、地理信息系统专业毕业生就业率分别达到92.8%、94.3%。学生熟练地掌握了资源环境科学领域的基础理论和基本技能，不仅能够胜任中学地理教学工作，使河北师范大学成为河北省最具实力的中学地理师资培养摇篮，而且能够从事国土资源调查与制图、城乡规划、地理信息系统、IT行业、房地产经营与管理、区域规划与管理等规划设计与经营管理工作，还能运用地理信息系统（GIS）、全球导航卫星系统（GNSS）、遥感（RS）（简称3S）等专业技术手段解决经济建设中的实际问题。学生信息反馈制度不断完善，对学生的反馈信息已从校内延伸到校外。通过对毕业生进行跟踪调查，不论是工作态度，还是业务能力，其社会评价俱佳。

三、学生的创新素质显著提高，科研成果丰硕

培养学生创新精神和实践能力，是人的个性发展价值的需求。在教学中，为了突出培养学生的创新素质，教师在教学中把培养学生的创新精神和实践能力作为主线，构建了"导学研创新教学模式"，让学生参与教师科研项目，或在教师指导下学生独立进行科学研究，使学生在"学中研""研中学"，使教学和科研良性互动、互补，从而在教学研究和科学研究

取得了丰硕成果。例如，①武菁等同学的"河北省农村垃圾处理现状及处理模式探讨"项目和陈龙同学的"潮汐应力与全球地震发震时间关系研究及固体潮时钟法的提出"项目分获第十一届"挑战杯"全国大学生课外学术科技作品竞赛二等奖和三等奖。②胡引翠副教授指导本科生设计开发的"遥感影像处理系统"获得"SuperMap 杯"第六届全国高校 GIS 大赛遥感组一等奖。③李木子和郝文静同学在河北省旅游局主办的第三届河北省"承德移动杯未来导游之星"大赛荣中获"优秀未来导游之星"荣誉称号。

四、学生的施教能力显著增强

新课程要求教师具备本体性知识、条件性知识、实践性知识和文化知识。教师教育"5+3"人才培养模式，前 5 个学期，学生学习了地理学科专业知识，已经具备了地理教学所需要的自然地理、人文地理及区域地理等本体性知识。后 3 个学期集中学习教育学、心理学、地理教学论等体现教师教育特色的课程和开展地理教学技能的训练活动，以及参加教育见习和教育实习等活动，学生已初步具备了地理教学的条件性知识和丰富的实践知识，增强了施教能力，学生的教学能力普遍提高，在教育实习中受到实习学校师生好评。

下篇 专题研究

第六章　高等学校课堂教学的品性、问题及改革对策

课堂教学是高等学校的中心工作，课堂教学质量直接关系人才培养的质量，关系培养目标能否实现。近年来，虽然高等学校教学改革轰轰烈烈，但课堂教学改革却冷冷清清，其原因是"改的不教，教的不改"。正确认识课堂教学品性，客观分析课堂教学存在的问题，并提出解决问题的具体对策，才能攻破课堂教学改革这一难关，实现课堂教学改革的重大突破。

第一节　课堂教学的品性

一、创新性

知识的传承和创新是高等学校的重要任务。高等学校课堂教学应该是一个充满反思和批判色彩的思辨过程，是一种发现问题和提出问题的精神。因此，高等学校课堂教学不仅要传承知识，更要注重创新知识。发现问题和提出问题是高等学校课堂教学的特质。从本质上说，高等学校课堂教学不仅是重现、复制和传承原有知识，更重要的是知识的创新，体现师生、生生在互动教学中的创新与创造。长期以来，在功利主义教育观念的影响下，教师很容易忽略高等学校课堂教学这一特质。

二、生命性

关怀生命是高等学校课堂教学的价值取向，生命意义是高等学校课堂教学改革的本质特征。由于高等学校的课堂教学是融知识、能力、道德、生命于一体的具有生命意义的教学活动，而学生是生命的个体，是学习的主人，因此，在课堂教学中，不论是知识与能力、还是道德与精神，都要服务、服从于生命活动，即要让学生生命意义得到充分发展，使生命活力得到张扬和发展。所以，教师在与学生平等交流、互动的教学活动中，要不断激发学生探究、反思的积极性，让生命意义充盈在教师和学生的精神世界，高等学校的课堂教学才能彰显师生生命的价值和意义。

三、学术性

高等学校教学要体现学术性品性，教师就必须进行教学学术研究，即教师不仅要重视科研学术，更要强调教学学术。教学学术与科研学术一样，也要经过课题选择、资料准备、制定方案和课题的实施，并对研究成果公开、交流、反思与评价。教师要从备课、导言、教学过程、结尾、课后反思等各教学环节，体现教学学术性，以教学学术理论指导教学实际。教学学术理论来源于教学实践经验的总结，将教学实践经验进行优化提升、系统发展，就形成规范的教学学术文本。因此，教师要不断积累教学经验，不断生成新的教学知识，不断提高驾驭教学的能力，强调教学学术性，才能不断迈向教学卓越的成长过程。

四、参与性

高等学校教学是教师促进学生主体自我建构、自我生成和自我发展的活动，是学生自己的实践活动。因此，高等学校的教学离不开学生的主体参与，即学生情感和认知活动的全面参与，否则学生就无法进行自我建构。因此，学生参与课堂教学是高等学校课堂教学的根本存在形式。如果学生不参与教学，就不叫教学，就是报告。

高等学校学生主体参与教学的特征是生成性、合作性、开放性、主动性和民主性，这集中反映了学生参与课堂教学的实质和品性。

教学过程既是认知过程，又是情感过程，积极参与和有效参与的和谐统一，就使情感和认知相伴相随，从而使学生达到乐学、会学、学会。

五、自主性

自主性就是自主性学习，它既是一种教育思想、教学品性，又是一种学习方式。就学习方式来说，自主性学习还有许多具体的学习方式，如自主学习、合作学习、探究性学习和综合性学习等。

1. 自主学习

自主学习也叫主体性学习，即在教师指导下，学生自我监控的学习，这是一种高品质的学习。课堂上的自主学习学生要做到：学习目标自我确定，学习方法自我选择，学习过程自我调控，学习材料自我选择，学习结果自我反馈。

自主学习的品性：一是主动性，这是自主学习的基本品性；二是独立性，这是自主学习的核心品性；三是体验性，这是自主学习的重要品性；四是内省性，这是自主学习的最佳品性。

自主学习的目标主要是培养学生自主学习的自信和情趣，使学生树立积极主动、独立思考的学习态度，提高学生的自学能力，使其形成自主学习的良好习惯和品性，促进学生自主发展。

2. 合作学习

合作学习就是在课堂教学中，把学生分成若干个学习小组，为了完成共同的学习任务，进行和谐互助的学习方法。合作学习的目标是强化学生的合作意识，培养学生的交流互助能力，让学生学会交往、学会参与、学会倾听，实行优势互补。教师要精心设计合作学习的内容，要合理分组、规范操作、明确任务、整合形式、组织交流、引导深化。要让学生做到"三自"和"三有"，即学生自己提出问题，自己分析问题，自己解决问题；并在合作学习的过程中要有所争论、有所发现、有所创新。

合作学习的品性是：诚实求真、和睦相处，和谐互助、博采众长，求同存异、共同发展。

3. 探究性学习

探究性学习是指学生在学科领域或现实社会中选择研究课题，在教学中创设一种类似科学研究的情境。通过学生的探索研究活动，使学生获得知识，并培养其创新能力、探究精神和实践能力。

探究性学习可分为课内探究和课外探究。课内探究多采用对资料、数据的检索分析和处理，课外探究则注重调查、实验、实测等资料数据收集处理。当然也有课内外相结合的探究性学习。无论是课内和课外的探究性学习，一般的探究步骤是：提出问题、形成假设、搜集资料、分析资料、验证假设、得出结论、交流成果。

在探究性学习中，教师不是通过系统地、有计划地讲授，直接告诉学生知识的结论，而是创造一种特定的学习情境，让学生从问题情境中提出问题，并进行探索研究去解决问题和领悟问题。因此，探究性学习具有主动性、建构性、问题性、过程性、开放性、体验性和实践性等特点。

4. 综合性学习

综合性学习是指将学科内或学科间的相关知识，综合起来解决实际问题的一种学习方式。综合性学习有鲜明的层次性，本着由易到难的原则，可分为学科内综合、文科综合或理科综合和实践活动综合。其中实践活动综合，既可以贯穿于整个教学活动中，又可集中进行综合实践活动。

综合性学习的特点：一是多种知识结构的组合；二是多种思维方式的组合；三是多种学习方式的组合。综合性学习的目标，主要是掌握知识的综合应用能力，培养学生的创新精神和实践能力。

第二节　高等学校课堂教学存在的问题

一、教学理念滞后

高等学校教学理念相当滞后，仍然采用传统的教学理念指导教学行为，已经严重阻碍了人才培养质量的提高。传统教学理念把教学看作是一种特殊的认识活动。它是以哲学的认识论为基础的，这种认识论的理论框架就是"主体-客体"，其内涵就是把人的认识关系结构限定在一定的主体和单一的条件之内，把认识活动及其发展过程视为在这二者之间不停地循环反复。这种教学理念忽视了学生主体的存在及它们之间的认知交往关系。在这一理论指导下，往往形成教师是主体、学生是客体的观念，将教学活动单纯地理解为知识的授受活动。在这种接受式的教学活动中，教师是教学活动的中心，学生是被动的接受者，整个教学过程就是师讲生听，强调灌输，教学成为教师对学生进行的控制和训练。这种教学理论虽然能传授系统的知识，但严重地抹杀了学生的主体性，不能充分地培养学生的创新精神、创新能力和实践能力，不符合社会经济对人才培养目标的要求。

二、教学内容粗浅

长期以来，高等学校课堂教学内容基本上就是教材文本的再现和简单地复制，教材内容成了金科玉律，教学变成了教教材。这直接导致了课堂教学内容的粗浅。一是只见表层，就是教师把教学内容的重心放在了教材的表层内容，即是什么、怎么样，使学生停留在对教材的粗浅认识水平上，缺乏对教材所蕴含的深层内容的理解和对教材智力价值的开发。二是零散，即教学内容零散、琐碎而缺乏整合。教师重视局部具体内容，对教材的整体了解很肤浅，主要关注的是教材的具体事实和概念原理，而对事实、概念、原理背后的深层次的知识获得的过程与方法、情感态度与价值观等内容关注很少，只关注是什么，不关注为什么。教学内容的粗浅基本上代表了目前高等学校教师对教材的理解范式，而且比较稳定和顽固，已成为教师的习惯行为模式。

三、教学目标低层

我国高等学校的教学目标，在知识维度方面重视知识的传授，侧重于事实性知识和概念性知识，忽视了更有助于培养学生能力的程序性知识；在认知过程维度方面，过于强调记忆，忽视了培养学生的思维判断能力、运用所学知识解决实际问题的能力，以及质疑能力和创新能力等高级认知能力，也忽视了对学生的情感、态度和价值观的培养。教学目标的低层次，导致了教学效果的低水平。

四、教学方式单一

目前，高等学校课堂教学基本采用讲授法。讲授法具有在短时间内向学生讲授系统知识的优点，因此在课堂教学中不可缺。然而，各种教学方法都有缺点和局限，都有一定的适用范围和条件。教师只有根据教学内容、教学目标、学生情况和教师自身特点等因素，科学地选择适当的教学方法，才能更好地提高课堂教学效果。但现实却是讲授法基本上垄断了高等学校课堂。长期以来，在这种单一的讲授法控制之下，高等学校的课堂教学已经形成了教师讲、学生听的模式，课堂教学就是教师把知识信息单向传递给学生的过程，教师成了知识的"传输器"，学生则成了被动的"接收器"。这种教学忽视了学生的主体参与，教师和学生没有情感和知识的交流，课堂教学只有预设，没有生成，是教师独自完成课堂教学的过程。这就导致了课堂教学内容的机械、呆板，课堂气氛沉默、无生命力，学生的思维活动和个性受到严重的束缚。对于教师来说，教师长期采用一种教学方式进行教学不利于教师的专业成长，教师长期束缚在一种教学方式的框架内，就会扼杀教师的个性，不利于教师对教学方式的创新，更容易形成教师的职业倦怠。

五、学生主体缺失

课堂教学过程是学生主体通过教学活动，在教师的指导下凭借自己原有的认知结构对新知识进行分析和处理的过程，是学生自我建构与发展的过程。这种过程需要通过学生主体的参与来实现，只有自主地、积极地参与课堂教学活动，学生才能真正成为课堂的主体，成为知识的探索者与发现者，才能实现自主性与创造性的发展。然而，目前高等学校的课堂教学仍然以教师为中心，教师并没有树立学生主体意识，教师只知传授知识，不给学生发挥主体和参与教学的机会，学生被动地接受，学生参与课堂教学的潜能被压抑，从而导致"教"和"学"脱节，有教无学，造成学生主体的严重缺失。

六、教学情感淡漠

课堂教学，既包含认知的成分，也包含情感的成分，知、情、意、行是相互联系、相互渗透的。教师是课堂教学师生情感互动的主导者，教师的情感影响学生的情感，是促进师生间认知、情感、意志、人格等相互作用、相互渗透的内在动力。然而在课堂教学中，教师只是用冷淡的面孔和平淡的语言传授知识，有的教师看着屏幕讲，眼睛不看学生，教师讲得口干舌燥，学生听得昏昏欲睡，从而导致教师与学生之间缺乏情感交流、课堂气氛刻板单调，教育教学效果不佳，最严重的直接后果就是导致学生厌课，教师厌教。

七、教学媒体滥用

多媒体是一个辅助教学手段，然而一些教师对多媒体的功能知之甚少，在课堂教学中主辅颠倒，把多媒体这种辅助教学手段当作主体，教师和学生在课堂教学中整节课完全受控于多媒体，造成了多媒体的滥用，其主要问题：一是多媒体呈现的内容多是一些文字的"堆砌"，妨碍了学生对教学内容的消化。在教学中，教师往往将书本上的知识点或以往的板书内容，制作成一个 PPT，以文字的形式像拉洋片一样，简单地呈现在屏幕上。教师像播音员一样看着屏幕说，成为高等学校课堂教学的"卡拉 OK 现象"，是典型的照屏宣课，PPT 就是"骗骗你"。这导致学生既没有兴趣听课，又没有时间对知识进行联系和对比，因而使学生的认识活动受阻。二是多媒体呈现的"简短性"，割裂了学生对教材内容的前后联系。多媒体翻页式的内容呈现，而且输入的信息速度太快，信息过多过滥，重点不突出，造成很多无效信息的泛滥，使学生目不暇接、耳不暇闻，听与记顾此失彼，没有思考、分析和整合知识的时间，导致学生思维的不连贯，影响其对学习内容的理解。三是课件制作选题不当，教学内容课件化。多媒体的功能是化抽象为具体、化静为动、化复杂为简单、化难为易、突出重点、解决难点和创设情景，使学生易于接受和理解。所以，对于那些内容抽象、过程多杂，难以理解、难以用口头表达，使用传统方法难以奏效的内容，教师可以制作课件，彰显多媒体的优越性。然而，教师把教材内容文字全部课件化，不管需要不需要、合适不合适，整堂课从头到尾都用多媒体，会导致以辅代主，失去了教师对教学应有的控制，并妨碍学生对问题的深入思考。

第三节　解决课堂教学问题的对策

一、转变观念

理念指导行为，有什么教学理念，就有什么教学行为。高等学校教师要树立现代教学理念：一是树立现代教学观。现代教学观认为，教学是以教师为主导、学生为主体对课程内容开发、生成、转化、建构与提升的创造过程，交往互动是教学过程的实质。教师的角色不是知识的灌输者，而是课堂教学的组织者、引导者、参与者和促进者。二是树立现代课程观。现代课程观认为，课程不仅是知识，同时也是经验、体验、过程和活动。课程是由教师、学生、教材和环境四个要素构成的良性生态系统。教师是用教材教，而不是教教材。三是树立现代学生观。现代学生观认为，在课堂教学中，教师不能把学生看作是被动的知识接收器，而应把学生看作是知识的积极建构者，拥有无限的创造潜能，是期待点燃的火花，是有不同个性的学习主体。要认识到学生有能力参与到课堂教学中，与教师共同完成教学任务，实现教学目标。四是树立现代教学过程观。高等学校的教学特点主要是探究性。因此，教学过程不能只是单一的知识传授或程式化的技能训练过程，而应该是师生交往互动、相互沟通、彼此启发、共同探究的过程，以求不断激发、丰富和提升生命质量与价值。

二、确立教材深度理解范式，提升课堂教学深度

　　长期以来，教师对教材的理解，习惯于就教材理解教材，本能地将表层、细节的知识和技能视为最有价值的教学内容，常常倾向于用单一的视角进行思维。这种对教材的表层理解范式，只见外表，不见内核；关注具体，忽视本体；重视局部，轻视整体。教师要转变这种教材表层理解范式，确立教材深度理解范式。教材深度理解范式的主要内容：一是准确分析教材内容的价值。任何教材内容都蕴含着特定的价值，包括科学价值、生活价值、社会价值和发展价值。其中，教师要特别重视教材内容的生活价值和对学生未来的发展价值进行分析和理解。二是深入挖掘教材蕴含的思想方法。教材内容一般包括知识、技能和思想方法三个要素。其中，思想方法是指对教材知识和技能起关键作用的那些基本思想、基本观念和方法，如地理教材中的人地关系、可持续发展观念和地理空间分析方法，物理教材中的变量控制法和等效替代法等。教材的思想方法是教材知识内容的组织和转换的线索和依据，是联结教材知识和技能的纽带，并很大程度上决定着学生知识储存量和能力发展状况。总之，教材的思想方法是教材的灵魂，要真正提升课堂教学深度，就要以教材的思想方法这一精髓和灵魂组织教学内容，把教学内容从粗浅的知识、技能教学提升到深层次的教学水平上来。三是掌握教材的深层结构。教材的结构分为两个层次，即处于表层的基本概念、原理的表层结构和处于深层的智能结构、思维方式、研究方法、学习方法及知识组织方式等深层结构。但长期以来，教师只重视教材的表层结构，而忽视或很少研究教材的深层结构。这就造成了教师将表层知识结构作为教学的核心，极大地制约了学生的创新思维、创新能力、分析解决问题的能力和综合素养的培养和发展。四是教师要树立现代教材意识，深刻挖掘课程资源。教材仅是一个范例，是师生对话的话题，如果教师机械地依靠教材，其视野和认识只能被束缚在教材的框架之内。教师要用教材教，但不仅教教材，也要对教材进行二次开发，要站在课程高度去理解和把握教材，深入广泛地开发课程资源。

三、制定高层认知能力目标，培养学生的创新精神

　　培养学生的创新精神、创新能力和实践能力，是高等学校课堂教学的主旋律，也是高等学校人才培养的根本目的。高等学校的教育目标不能仅停留在学生对知识的记忆和技能的训练上，而应该把理解、分析、思辨、质疑、评价、应用和创新等高层认知能力，以及程序性知识和反省认知知识等知识类型作为教学目标。落实这一目标，教师在课堂教学中要营造一个知识创新环境，其内容：一是这个领域有什么知识；二是这些知识是怎样创造出来的；三是这些知识是怎样被人类应用的；四是这些知识有什么智力价值；五是这些知识对学生未来有什么影响；六是这个领域还能发现什么知识或这些知识还有何发展。因此，教师在进行教学设计时，要把教的创造性留给自己。首先要创设问题情境，激发学生的兴趣和探究欲望，引导学生自主探究和体验知识的发生、发展、应用及创新的过程。其次要还原原来的科学思维活动，鼓励学生质疑、释疑、评判和发表独立见解，培养学生的创新精神、创新能力和实践能力。这就是高层教学目标设计的精髓。

四、创新教学方式，培养创新型人才

　　教学方式本身对培养创新型人才的功能是教学内容不能代替的，如果不能转变传统教学

方式或创新教学方式，仅仅增减或调整教学内容，培养创新型人才的目标就难以实现。因为创新型人才的素质主要包括创新思维、创新意识、批判意识、创新能力和创新方法等。显然，传统的满堂灌、一言堂的接受式教学方式，因其被动性、单向性、封闭性，不利于培养学生的独立思考、质疑精神、实践能力、科学方法等，难以实现创新型人才培养目标。因此，教师要创新教学方式，采用多种方式进行教学。

教学有法，教无定法。教师要根据教学内容、学生情况和自身特点合理选择教学方式，如探究式、互动式、案例式、启发式、自主式、合作式等发现性教学方式。这些发现性教学方式的共同特点：一是在教学思想上以培养学生的创新精神、创新能力和实践能力为基本价值取向，始终把培养学生独立思考、大胆思索、别出心裁、标新立异，积极提出自己的独特见解、新思路、新方法等习惯和能力放在教学第一位。二是在教学目标上以培养学生善于继承、勇于批判、精于发展为目标，由富有创造力的教师在开放的环境中，创设师生交往互动、共创共生，充满生命的教学。三是在教学内容上强调加强基础、拓宽口径，增强应用性。确立了用教材教，但不教教材的现代教材观，认为一切有利于培养学生的创新精神、创新能力和实践能力及创新个性，造就创新型人才的知识都是创新性教学的教学内容。四是在教学过程中强化学生的主体意识，激发学生的学习积极性，使学生积极主动地参与教学，营造快乐、和谐而又充满智慧与生命激情的课堂教学氛围，从而有效地激励鼓舞学生以创新的姿态进行探究性学习，从而培养学生的创新精神和创新能力，并实现师生共同发展。

五、学生参与教学，突显主体地位

教学活动的主体是学生，课堂教学过程是学生主体自我建构、自我生成和自我发展的过程，这个过程需要通过学生的参与来实现。只有学生自觉地、积极地参与课堂教学，才是真正以学生为主体的课堂。学生主体参与是课堂教学实施的核心，是学生主体地位最基本的表现形式。学生主体参与课堂教学集中体现了现代教学理念：活动、民主、自由。参与包括积极参与和有效参与两方面，二者缺一不可。积极参与是情感问题，旨在培养学生良好的情感、态度与人际关系。主要表现为学生情绪饱满、交往频繁和参与面广。有效参与是认知问题，旨在开发学生智力，培养学生的创新精神、创新能力和实践能力。主要表现为学生自主学习的时间多，思维活跃起来，获得了学习策略和方法，表现的机会充分，创新能力得到了培养。要让学生积极参与教学，教师就要做到四个转变：一是从以教师为中心的被动接受式教学，转变为以学生为中心的主体参与式教学；二是从单纯的知识学习，转变为知识、能力、方法、态度、情感等方面学习；三是从以死记硬背为主的机械学习，转变为以深刻理解、自我建构意义的学习；四是从侧重基础的学习，转变为基础学习、发展型学习、创新型学习相结合的学习。为此，教师在教学中要转变教学方式，积极应用自主学习、合作学习、探究性学习、互动式学习等教学方式。

六、把知识课堂转化为情感课堂

没有情感的教育是苍白的教育，没有引起师生情感共鸣的教育是不成功的教育。如果教师用冰冷的语言传递硬邦邦的知识，课堂就会死气沉沉。课堂教学就是师生情感和信息的沟通，因此，教师要重视情感教学。情感教学的功能：一是利于营造良好的课堂氛围；二是利于师生关系的融洽，增强感染性；三是利于促进学生对知识的掌握和智能的发展；四是利于增强学生的自信心，促进学生人格健全发展。因此，教师要重视以情施教，把知识课堂转化为情感课堂，这就要做到：一是教师必须把爱心放在第一位，即爱学生、爱职业。正是这种爱，可以激发自己的激情。二是对教学内容要深刻理解，寓情于教。教学内容是情感的源泉，因为知识蕴含着丰富的情感，它既凝结了人类认识过程所体现出的情感，又记载和描绘了大千世界的深邃奇妙和绚丽多彩。只有领悟了知识，才能寓情于教，才能感受知识的生命、领悟知识的美。如果知识不熟，看着屏幕或讲稿讲课，就没有情感。三是教师要有激情，即讲课要全神贯注，精神饱满，情绪高涨。四是要眼对眼地讲，心对心地碰撞，即教师讲课眼睛要看着全体学生的眼睛，要从学生的目光中接受各种信号，同学生一起分享快乐和分担忧愁，从而有的放矢地进行教学。

七、科学设计和制作课件，正确运用多媒体教学

教师对多媒体的运用，不但有利于学生的学习，而且有利于促进教学内容、教学方法和教学组织形式的转变和教学质量的提高。计算机多媒体不用不行，滥用也不行。要正确地利用多媒体辅助教学手段更好地为教学服务，教师要做到：一是课件设计要坚持科学性和艺术性相结合的原则。科学性是指课件设计和制作要体现先进的教学理念，符合学生的认知规律。课件应突出教学重点、解决难点、深入浅出、创设情境。艺术性是指制作的课件画面清晰精美，色彩和谐逼真，声音动画效果得当，构思巧妙，能够调动学生的积极性。二是课件的设计和制作要充分体现学生的主体性和创造性。教学过程就是一种提出问题、分析问题和解决问题的持续不断的活动，因此，教师要为学生创设独立思考的空间。这就要求教师在应用多媒体辅助教学时，要善于通过多媒体教学系统引导学生思考、讨论、回答问题等，使课件的设计和制作体现学生主体，而不是让学生被动地跟着课件走。三是控制多媒体课件的运用频度。多媒体的运用，教师都要有一个目标，就是为了解决难点、突出重点、创设情境、激发思维，或是为了挖掘教材中的情境语言点、为了活化教材，使学生有一个充分的接受和发挥的空间。因此，一节课运用 3~5 个课件就够了，而且用时开机，不用关机。不要一开到底，且都是文字，把"人灌"变为"机灌"。

第七章　地理科学专业综合改革的理念创新和内涵发展

第一节　地理科学专业综合改革的理念创新

专业综合改革是高等学校在高等教育大众化背景下提高竞争力和持续发展的重要战略手段，也是新时期高校深化教学改革，全面贯彻落实"质量工程"，提高人才培养质量的重要切入点和落脚点。专业综合改革试点建设的内涵发展是一个系统工程，是专业综合改革试点建设的核心。确定以培养学生创新精神、创新能力和实践能力为目标的专业综合改革试点建设内涵及发展，不但有利于促进高校教学基本建设，而且有助于提高办学实力，更好地适应经济发展对人才的需求。河北师范大学资源与环境科学学院在专业综合改革试点建设中，对专业综合改革试点建设的理念、建设内涵进行了探究。

专业综合改革试点建设必须以先进的专业综合改革试点建设理念为前提，因为专业综合改革试点建设理念是专业综合改革试点建设的指导思想，影响着专业综合改革试点建设的方向、过程和效果。传统的专业综合改革试点建设理念已经不适应时代的发展和人才培养目标的要求，因此必须更新传统的专业建设理念，大胆改革创新，拓宽专业口径，不断提高自主创新能力，以培养一专多能综合性创新型人才。为此提出以下专业综合改革试点建设理念。

1. 明确专业综合改革试点建设定位是专业综合改革试点建设的方向

专业综合改革试点建设的定位是一个由内而外的过程，要充分了解本专业在国内、省内和学校所处的位置，以及与其他学校相比有哪些优势和特色，从而准确地把握专业综合改革试点建设的方向。专业综合改革试点建设的定位最主要的还是人才培养定位、学术水平定位和社会服务定位。人才培养定位，是指专业要明确自己主要培养哪个层次的人才（博士、硕士、本科、专科）；学术水平定位，是指专业对自己学术发展水平的定位，是以教学为主，还是教学科研并重；社会服务定位，是指专业对自己服务社会的地理区域定位，是主要为地方社会服务、经济建设和文化教育事业服务，还是主要为行业或全国服务。专业综合改革试点建设定位要根据人才需求现状和发展趋势，充分发挥自己的教学资源优势。

2. 重点突出，特色鲜明是专业综合改革试点建设的核心理念

要建设重点突出、特色鲜明的专业综合改革试点建设，首先要确定专业发展的优先领域，明确专业的主攻方向，突出核心，形成集群优势；其次要打破平均发展的观念，根据"有所为，有所不为"的方针，集中人力、物力、财力，重点投资、重点建设，要建出成效，创造一流，使其真正成为具有代表性的专业综合改革试点建设。

3. 促进学生的全面发展是专业综合改革试点建设的本质要求

传统的专业建设理念比较强调专业的实用性和职业的针对性，培养目标比较单一。现在，创新型人才培养目标的要求、人的发展状况和社会对人才的需求也呈现出多层次和多样化的特征。在新形势下，高等学校单一的人才培养目标就不合时宜了。专业综合改革试点建设要

想满足人的发展需要并与社会对人才的需求相适应，就必须根据自己的专业基础、办学条件和师资状况，把培养创新人才、研究型人才和高级专业人才作为培养目标。而这些人才应具有较高程度的全面发展水平，只有这样，才会有较强的创新能力和发展潜力，才可能为社会做出较大的贡献。因此，专业综合改革试点建设必须把促进人的全面发展作为专业建设的本质要求。

4. 以特色课程为落脚点，是推动专业综合改革试点建设和人才培养的有效举措

专业综合改革试点建设的成效最终体现在专业综合改革试点建设的人才培养上，因此，在专业综合改革试点建设人才培养中实施有特色的专业理论教学与实践教学课程体系是最终落脚点。为了妥善解决人才培养中的共性与特色问题，专业综合改革试点建设要不断探究宽口径、有特色的课程体系，即既有专业课程和通识课程，又有特色课程，使专业综合改革试点建设既体现宽口径，又突出特色，并注重将专业特色贯穿于人才培养的各个环节，不断完善专业综合改革试点建设课程体系。

5. 社会对综合性、创新型人才的需求和层次的不断提高是专业综合改革试点建设的根本动力

社会对人才的需求和层次的提高制约着专业综合改革试点建设目标。对专业综合改革试点建设来说社会需求是第一作用力，是根本的动力。随着社会经济的发展，社会将向高等学校提出更多、更高的要求。为适应这种社会发展的趋势，高等学校专业综合改革试点建设的任务：一是人才培养；二是科学研究；三是服务社会，最终促进社会发展。高等学校要重视综合性、创新型人才的培养，要以本科教学为基础，加大高层次人才培养力度，以应对知识经济的挑战。

6. 建设一流的专业教师队伍，是专业综合改革试点建设的核心和质量的根本保证

教师是专业综合改革试点建设的主力军。建设一流的专业综合改革试点教师队伍，就必须坚持以人为本的办学理念。以人为本就必须努力营造尊师重教的环境，领导要树立依靠教师办学的理念，鼓励教师积极参加学校的各项改革活动，虚心听取教师的意见，充分调动教师的积极性，突出教师在各项工作中的主体地位，关心教师的生活，帮助教师解决工作生活等方面的困难。

以人为本要建立公平公正的竞争机制，鼓励优秀人才冒尖，要改革传统的以行政管理为主的管理模式，实行行政管理和学术管理并重的管理模式，健全各种委员会，充分发挥教师在各方面工作中的重要作用。

要高度重视专业综合改革试点建设带头人对教师队伍的管理作用和科研活动的整合作用，要建立合理的梯队结构并对教师和带头人不断进行培养。

第二节　专业综合改革的内涵发展

专业综合改革试点建设是指高等学校在教学改革和专业建设中，充分体现办学定位，在办学理念、教学改革、人才培养目标、师资队伍、课程体系、教学条件和培养质量等方面具备较高的办学水平和鲜明的办学特色。其本质上是一种管理学上的差异化经营战略。其建设内涵很广，是一个系统工程，主要包括以下内容。

一、创新高等学校人才培养理念

高等学校的人才培养理念，仍然采用传统的教育教学理念指导教学行为，已经严重地阻碍了人才培养质量的提高。尤其是在人才培养面向上存在偏差，其主要表现是高等学校人才培养与社会需求脱节。社会渴求的人才，高等学校毕业生却难以顺利胜任，社会不得不对毕业生进行再培训；社会渴求创新人才，毕业生却不敢创新，不能创业，不会创造。这种尴尬局面的造成当然不能完全归咎于高等学校，但高等学校却可以也应该通过自身内部办学定位的调整、人才培养理念的创新来缓解这种供需矛盾。因此，在专业综合改革试点建设中首先对高等学校人才培养理念进行探讨，提出高等学校人才培养理念：一是高等学校人才培养的核心理念就是为了每一位学生的发展和成才；二是高等学校人才培养的主线是培养学生的思维能力、创新能力和实践能力；三是高等学校教学改革的核心任务是转变学习方式，倡导探究、自主、合作学习方式；四是教学内容要回归生活、回归社会，紧密联系学科前沿；五是学生参与课堂教学是高等学校课堂教学根本的存在方式；六是高等学校的教学特点是学术性、探究性、创新性、民主性和自学性；七是高等学校人才培养水平和根本标准就是促进人的全面发展和适应社会需求。

二、专业综合改革试点带头人的选拔与培养

专业综合改革试点建设带头人，是指具有高尚的职业道德和严谨正派的学风，学术造诣深厚，立足教学，锐意教学改革创新，在某一学科形成学科前沿领域，有突出特色的学科研究方向和教学建设基础，取得了创造性的、具有突出学术水平的教学和科研成果，并且善于组织和带领教学创新团队进行专业综合改革试点建设的人才。专业综合改革试点建设拥有高水平的带头人，在教学创新团队建设、课程建设、教学改革创新、教学管理等方面都会有很大的起色，这个专业发展的广度和深度也将不断扩展。专业综合改革试点建设带头人的作用：一是在学术和教学改革中起指导作用，能站在专业和教学改革前沿及时准确地指明研究的主攻方向；二是在教学创新团队建设和承担的教学科研工作中起规划、组织领导作用，并使教学创新团队成为结构合理，能最大限度发挥效能的教学群体。

专业综合改革试点建设带头人的选拔，一是要制定严格的选拔标准；二是坚持公平、公正的原则。专业综合改革试点建设带头人既是科学研究的佼佼者，又是教学工作和教学改革创新的排头兵，应高标准要求，择优扶植。

专业综合改革试点建设带头人的培养是高校提高人才培养质量的关键。对专业综合改革试点建设带头人的培养，一是科学规划，重点培养；二是以科学研究和教学研究项目带动专业综合改革试点建设带头人的发展；三是进行学院内部培养和校外学习培训；四是培养中青年拔尖人才成为专业综合改革试点建设带头人，带领团队不断提高科学研究和教学研究水平，促进国家级专业综合改革试点建设健康发展。

三、凝练特色

专业综合改革试点建设要凝练好特色，一要做到人有我特，即无论在专业综合改革试点建设，还是在特色人才培养方面，都必须结合自己的教育传统，以专业综合改革试点建设平台为依托，寻找能与自身特色相联系的突破点，实现特色发展。另外，要深度挖掘专业综合

改革试点建设潜力，建设好硕士点、博士点，不断积累学术成果，建立促进专业综合改革试点建设发展的稳定增长点。只有做到人有我特，巩固、强化自己的特色，才能提升专业的教育科研质量。二要做到人有我强。既要建设专业综合改革试点建设体系，更要占领专业综合改革试点建设制高点，形成强势专业。专业综合改革试点建设强势的主要表现：一是要有这一领域标志性的学术领军人物，这样才能为专业综合改革试点建设提供内在动力；二是要有自成一派的学术理论和人才培养理论体系，这样才能开创、支撑专业综合改革试点建设的学术和特色人才培养天地；三是要有达到国内或国际一流水平的学术成果，以国际化视野看待专业综合改革试点建设，力争推出在全国、甚至国际范围内处于领先地位的系统性学术成果和特色人才培养成就。

资环学院在地理科学国家级专业综合改革试点建设中，既突出了铸魂励教，为基础教育服务和强化教学实践创新能力的特色，又保持了地理科学特色人才培养的强势。在专业综合改革试点建设中，既突出了强化应用、重视素质的特色，又显示了特色人才的培养强势。

四、教学创新团队建设

教学创新团队是专业综合改革试点建设的发力点，是专业综合改革试点建设的动力系统。什么是教学创新团队？根据教育部对高校教学团队的要求，结合河北师范大学资源与环境科学学院国家级专业综合改革试点建设，作者认为，高校教学创新团队是以系列专业或课程建设为载体，以现代教育、教学理念为指导，立足于教学改革与创新，具有共同价值观和明确奋斗目标，由教学水平高、学术造诣深的带头人负责，组成结构合理、优势互补、团结协作、锐意教学改革、经常开展教学研究，具有生命力的教师群体。

教学创新团队的内涵主要有以下几方面：在教学思想上，要以人为本，开发学生的创新潜能，加强学生创新精神、创新能力和实践能力的培养，其目的在于帮助学生实现创新学习；在教学目标上，要融传授知识、培养能力、提高素质为一体，注重学生综合素质的全面提高，使学生善于继承，勇于批判，精于发展；在教学内容上，要加强基础性、前沿性、学术性和问题性，要广泛深入地开发由教材、教师、学生、环境四个要素构成的课程资源；在教学方法上，要改变传统的接受式教学方式，采用探究性学习、自主学习、合作学习、问题学习、课题学习等发现性教学方式，以强化学生的主体地位，培养学生的创新精神和实践能力；在教学管理上，要正确认识和处理统一要求与个性发展的关系，实行因材施教和差异教学，注重学生的个性发展和兴趣培养，将创造性人格的培养贯穿始终。

五、课程建设与改革

1. 课程体系改革

课程体系的构建必须与人才培养目标相适应，要彰显专业特色，要合理确定基础课程与专业课程、必修课程与选修课程、理论教学与实践教学的比例，形成结构合理、特色鲜明的课程体系。资环学院地理科学国家级专业综合改革试点建设的课程体系由原来的公共课、地理专业课和教育学三大系列调整为五个模块结构，即普通教育课程模块、地理专业课程模块、地理教育课程模块、地理教育技能模块和教学教育实践课程模块。对各模块课程结构的调整，则是增加课程的门类，加大地理教育课程和教学教育实践课程的比重。

为了体现教师教育特色，资环学院专业综合改革试点建设教学创新团队，自编了教材，增开了"中学地理教材研究"、"地理新课程的基本理念及教学设计"和"地理教学艺术"等凸显教师教育特色的课程，优化了课程体系，突出了专业特色。

2. 教学内容改革

教学内容的改革要深入研究社会对人才知识、能力素质结构的要求及行业、专业发展的需要，积极开发反映社会需求和专业发展的新课程；要将行业和专业发展形成的新知识、新成果、新技术引入教学内容；要深入开发课程资源，丰富教学内容，紧密联系实际，使课程回归社会、回归生活。

3. 教材建设

教材建设要反映教学内容改革的成果，资环学院在地理科学国家级专业综合改革试点建设中，根据专业特色，结合教学实际和经验，教材建设的内容主要有：一是对原有的《综合自然地理学》教材进行了重新编写，由科学出版社出版了更体现教师教育特色的新教材；二是建设了4门省级精品课程；三是编写了实习指导书和教学参考资料，制作了科学实用的教学课件，建立了立体化教材。

六、创新人才培养模式

时任教育部副部长陈小娅指出：教师职业是实践性很强的职业，因此，师范大学改革要深入推进教师教育模式的改革创新，要从宏观政策的创新到学校具体教育教学方式的改革、学科的调整等方面，来推动师范生质量和结构问题的解决。根据高等师范院校的规模不断扩大及综合化的趋势，教师培养在一定程度上受到了弱化的状况，为了强化教师的职业知识与教育教学技能的培养，培养高素质、创新型的教师，在地理科学专业综合改革试点建设中，本书提出了教师教育"5+3"人才培养模式，并在实践中取得了良好效果。

七、教学方式改革

教学方式的改革是专业综合改革试点建设的核心任务。专业综合改革试点建设的核心环节是课程的实施，而课程实施的根本途径是课堂教学。要培养创新型人才，就必须改革传统教学方式，倡导现代教学方式，并创设能够培养学生创新精神和实践能力的教学模式和方法。资环学院在专业综合改革试点建设中，创设了"导学研教学创新模式"和"自探共研教学模式"，在教学实践中，营造了生命课堂，受到学生普遍好评。"构建教学研创新型教学模式，深化综合自然地理学课程建设"论文，获第四届河北省教学成果二等奖，河北师范大学第七届校级教学成果一等奖。

八、教学手段的改革

教学手段的改革，一是推广和使用现代信息工具，实现网络课程与课堂教学的整合；二是正确运用多媒体计算机技术。目前高校教学中多媒体计算机技术大多运用不当，形成课本文字的"搬家"，使"机灌"代替了"人灌"。多媒体计算机的这种方式的运用，不能激发学生的学习兴趣，既不利于其思维开发，又不利于交流，影响了课堂教学质量。多媒体计算机在教学中有重要功能，主要是化静为动、化抽象为具体、化难为易、化复杂为简单，突出重点、解决难点、创设情境，搭建一个师生交往的平台。因此，教学创新团队应根据教学内容科学地制作课件或创设情境，以激发学生的兴趣，提高教学质量。

九、实践教学建设与改革

实践教学建设与改革是专业综合改革试点建设的重要内容之一。要改革创新实验教学内容和实验教学方法，建立基础实验、综合性实验、创新性实验、研究性实验等多种实验构成的实践教学体系。构建以课题研究带动实践教学的模式，将研究成果和科学思维融入实践教学，培养学生创新精神和实践能力。

实践教学建设内容：一是加强实验室建设，提高实验室整体建设水平，加大实验室向学生的开放力度，让学生参与课题研究；二是积极开展社会实践活动，利用教育实习、社会实践、科研训练、毕业论文等形式，构建教学研结合的教学模式，保证学生的实践教学活动时间累计不少于半年；三是积极与社会、学校、行业等单位共建实践教学基地，增加学生与社会接触的机会；四是改革实践教学的内容和方法；五是创新野外实践教学模式。

资环学院在专业综合改革试点建设实践教学中，建立了秦皇岛、雾灵山、驼梁等实践教学基地，改革了实践教学内容和方法，例如，自然地理实践教学内容的设计，改变了传统的地理科学实践教学注重观察和操作内容单一的现状，强调地理科学实践教学内容的综合性，提出了地理科学实践教学内容：一是地理科学基本概念和基本原理的印证；二是地理科学专业技能素质的培养，除注重观察和动手操作外，还要注重培养学生的科学思维、综合素质的培养；三是地理思想道德素质教育，培养学生良好的行为习惯，树立正确的世界观、环境观、人地观，并自觉地指导和规范自己的行为。

资环学院在专业综合改革试点建设野外实习教学中，改变了传统的野外实习一般采用教师定点讲解、学生记、编写实习报告的模式，构建了"学生主体自探共研野外实践教学模式"，即在野外实习中采取以小组为单位，通过教师告诉观察路线和观察点，提出问题，让学生主动探究、观测，并找出证据，现场讨论、研究，并对典型现象进行剖析、归纳和总结。这种模式既培养了学生的观察力、描述力、归纳综合、分析推理能力，又培养了学生的科学思维方法、创新精神、创新能力和实践能力。

十、教学管理制度与改革

教学管理制度的改革，一是构建专业综合改革试点建设的评价与监控体系。建立学校、学院、教师、学生、社会（用人单位）共同参与的考核评价机制。监控的内容包括：专业综合改革试点建设是否按照方案进行，是否达到预期目标，社会知名度和美誉是否得到提高，专业综合改革试点建设中的教学资源分配和利用情况是否合理。对专业综合改革试点建设和运行中出现的问题，监控部门要加以分析，找出问题的原因，督促尽快改正。二是建立鼓励教师积极投身教学的政策措施。要从制度层面上吸引和保证高水平教师从事教学工作。三是建立学生参与课题研究的长效机制，形成教学、科研和社会实践的有机结合的人才培养模式。

资环学院在专业综合改革试点建设教学管理制度改革中，成立了以院长为组长的"地理科学专业综合改革试点建设质量跟踪监控委员会"。鼓励教师积极参与教学和教学研究工作，构建导学研教学创新模式，让学生参与教师的课题研究和社会实践，培养了学生的创新精神和实践能力。

第八章　师资队伍建设与优化

第一节　高校院级教学创新团队建设研究

高校院级教学创新团队建设在实施质量工程、提高教学质量中起着重要作用，是促进高校教学改革、提高人才培养质量和提升教师队伍整体素质的重要举措。河北师范大学资源与环境科学学院在地理科学国家级专业综合改革试点建设中，为了创新专业综合改革试点建设，推动教学改革，建立了教学创新团队，并把教学创新团队建设作为重中之重。教学创新团队建设，应该成为高等学校教育研究的重要课题。

一、教学创新团队内涵及建设意义

（一）教学创新团队的内涵

根据教育部对高校教学团队的要求，结合河北师范大学资源与环境科学学院国家级专业综合改革试点建设，作者认为，高校院级教学创新团队是以系列专业或课程建设为载体，以现代教育、教学理念为指导，立足于教学改革与创新，具有共同价值观和明确奋斗目标，由教学水平高、学术造诣深的带头人负责，组成结构合理、优势互补、团结协作、锐意教学改革、经常开展教学研究，具有生命力的教师群体。

教学团队很普遍，但教学创新团队却很少。教学创新团队新就新在"创新"二字，创新是教学创新团队的灵魂，其创新的内涵主要有以下几方面。

在教学思想上，要将先进的教育教学理论和教学方式运用到教育教学过程中，要以学生的发展和成才为根本。教学要以学生为中心，以教师为主导，以问题为主轴，以参与为本质，始终把培养学生的独立思考、大胆思索、标新立异、别出心裁，积极提出自己的新思想、新观点、新设计、新意图、新方法等习惯和能力放在第一位，帮助学生实现创新学习，以培养学生的创新意识、创新精神和创新能力。

在教学目标上，要创新高等学校人才培养理念，以培养学生创新意识、创新精神和创新能力为目标，以培养学生创新素质为基本价值取向。教学中要融传授知识、培养能力、提高素质为一体，注重学生综合素质的全面提高，智力和非智力协调发展，使学生善于继承，勇于批判，精于发展。

在教学内容上，要加强基础性、前沿性、学术性和问题性，要拓宽口径，增强适应性。要根据人才培养目标，构建新的教学内容和课程体系。要广泛深入开发课程资源。课程资源是由教材、教师、学生、环境四个要素构成的，要树立教材不等于教科书，教学内容大于教材内容的观念。一切有利于培养学生创新意识、创新思维、创新能力、创新实践及创新个性，造就创新型人才的知识都属于创新教学内容。

在教学方式上，要强化生本理念，发挥学生的主体作用。改变以教师为中心，过于强调死记硬背接受式教学方式，实施践行自主学习、合作学习、探究式学习和案例教学等发现式教学方式，并根据人才培养目标和学生心智特点，运用现代教学理念，积极创新教学模式，以营造快乐、和谐而又充满智慧与生命激情的教学氛围，有效地激发、唤醒、鼓舞学生以创新姿态进行创新性学习，从而培养学生的创新意识、创新精神和创新能力。

在教学管理上，要正确认识和处理统一要求与个性发展的关系，实行因材施教和差异教学，注重学生的个性发展和兴趣培养，将创造性人格的培养贯穿始终；要在现实条件的基础上，吸收个性化教育管理的思想，既有统一的组织纪律性，又力求使个体的闪光点得到保护、培养和提升。

（二）教学创新团队建设的意义

1. 有利于开展教学研究，促进教学改革

高等学校的教学理念和教学方式严重滞后，在教学中普遍采用传统的以教师为中心，师讲生听，满堂灌接受式的教学方式，这种教学方式严重影响了人才培养质量。但由于种种原因，高等学校的教学改革没有受到应有的重视，进展缓慢。教学创新团队为教学改革创新搭建了一个平台。在团队里，大家立足高校教学研究和创新，积极进行教师培训，促进教学观念的转变，进行教学改革创新，有利于践行现代教学理念，促进教学改革。

2. 有利于克服传统基层教学组织形式的弊端，提高人才培养质量

传统基层教学组织形式的特点是以每学科独立课程为基础，或一人一科，或多人一科。即使多人一科，也是各自为政。这种基层教学组织形式，无论是组织管理和运行机制，都明显滞后于教学改革的需要，无法适应高等教育发展的需要，已成为提高教学质量的体制性障碍。

院级教学创新团队建设正是创新高校基层教学组织、整合教学资源、推进教学改革的有效形式。教学创新团队把不同的学术背景、不同的知识结构、不同的教学经验、不同的思维方式、不同的教学风格、不同的教学智慧的教师凝聚在一起，利用差异这个学习资源，共同进行教学研究，有效地促进了专业综合改革试点建设和提高了人才培养质量。

3. 有利于促进教师专业发展

在新形势下，学生的需求越来越多元化，教学内容不断更新加深，教学手段和方式不断创新，这就需要高校的教师及时转变自己的教学观念，树立教师专业发展思想。教师的专业发展是一个终身学习的过程，是一个不断解决问题的过程，是一个教师的学术水平、教学能力、专业知识、职业态度和知识结构不断完善、不断成熟、不断提升、不断创新的过程。教师的专业发展空间是无限的，其专业发展内涵也是多层面、多领域的。然而，现行高校教师专业发展仅凭个人学习和探索是远远不够的，它需要教学创新团队来实现教师的资源共享和创新交流。教学创新团队就是教师专业快速发展与创新的"旺火炉"。在这里，新教师进行合格教师的培养，合格教师进行优秀教师的培养，优秀教师进行骨干教师的培养，骨干教师可塑造成名师。团队成员在团队带头人的指导下，改革创新，取长补短，分工协作，从整体上提高综合能力，促进教师专业发展。

4. 符合我国高等教育本科教学发展趋势和要求

高等教育本科教学"质量工程"强调加强教学团队建设，其目的就是改革创新，提高人

才培养质量。但目前有的高校教学团队建设完全是按照申报国家级或省级教学团队的组织形式，随意组合一个临时"优秀教学团队"，而在实际工作中忽视教学团队的内涵建设，不进行培训，这种做法会导致教学团队建设的名不副实。

学院是高校教学体系中的基层单位，直接执行人才培养任务。把院级教学创新团队的建设作为基层教学组织形式，利于促进高校教学改革、课程建设、教学科研、课程资源开发及教学模式和方法的改革，这样才能真正务实地提高高等学校教师队伍的整体素质和人才培养质量，符合高等教育对本科教学的要求。

5. 促进教师整体素质的提高，提升人才培养质量

教学创新团队是教师培训和素质提升的有效方式。在教学创新团队建设中，通过对教师现代教学观念、教学方式、教学研究的培训，团队成员学习现代教学理念，交流践行现代教学理念和实施现代教学方式的经验和体会，大家共同研讨，既知道教什么，又知道怎么教和为什么这么教。既提高了教育理论水平，又提高了教学能力，有效地促进了教师整体素质的提高。这种以教学创新团队为基础对学生进行综合培养，有效地整合了教师的集体力量，使学生既学会，又会学，既继承，又发展，培养了学生的创新精神和实践能力，提升了人才培养质量。

二、教学创新团队建设目标和特点

（一）教学创新团队建设目标

1. 以创新教学模式，推进教学改革为目标

教学创新团队建设的首要目标就是立足于教学改革创新，开展教学研究，进行教学改革。要改变传统的以教师为中心，师讲生听、死记硬背、机械训练的接受式教学现状，创新教学模式，实施自主学习、合作学习、探究性学习和研究性学习等发现性教学策略。发挥教学创新团队在教学改革中的示范带头作用，以推进高校的教学改革，提高人才培养质量，并在校、省、国家级的精品课程建设、专业综合改革试点建设中发挥作用。

2. 以开展教学研究，提高教学水平为目标

高校职称评定上重科研轻教学等种种原因，多数教师把主要精力用于科研上，教学还主要体现为教师个体无组织的活动，缺乏产生教学大师及合作进行教学研究的氛围。教学创新团队的建设，重点是对有学术造诣、热心教学改革的中青年骨干教师进行培养，或以他们为核心，组成由教学改革带头人、教学骨干构成的教学创新团队，开展教学研究，鼓励和引导教师在教学改革方面进行合作、创新，这样既锤炼了团队带头人，又整合了来自其他教师的经验和智慧等教学资源，从而促进教师教学水平的提高。

3. 以创新专业综合改革试点建设为核心目标

教学创新团队应贯彻"质量工程"的基本理念，把提高所承担的专业综合改革试点建设和精品课程建设质量作为核心目标。将学院专业建设、课程建设、教材建设和教学实践基地建设等教学基本建设项目作为基本目标，并在教学改革各项目建设中充分发挥重要作用。

（二）教学创新团队的特点

1. 明确的教学改革目标

教学创新团队具有共同的价值观和奋斗目标，因为只有在团队内部形成了共同愿望，团队成员才能整合力量，增强凝聚力。教学创新团队的总目标就是积极进行教学研究和改革；长期目标就是提高团队教学水平和人才培养质量，进行专业建设、课程建设和实验基地的建设；近期目标就是创新高等学校人才培养理念，改变教学方式，改革课程体系和教学内容，创新教学设计，以创设具有生命力的课堂。

2. 鲜明的教学创新团队精神

教学创新团队重在创新。教学团队不同于教研室或研究所等组织机构，它是为了实现教学创新而构成的教学研究群体。所以，在这个团队中，每个成员都应积极学习现代教学理念，锐意改革，具有较强的教学创新意识。这就意味着教师能不断地探索以改进自己的工作，不断尝试新的教学方式。教学创新团队要学会教学创新，因为只有具有创新意识和创新能力的教师，才可能培养具有创新意识和创新能力的学生。

3. 合理的结构性

院级教学创新团队带头人应是本专业的知名专家，不仅具有较高的科学研究水平和教学研究水平，而且有较强的教学改革创新精神。教学创新团队要具备合理的梯队结构，团队成员在年龄、职称、知识结构、学缘结构上要科学合理。要充分发挥名师的传、帮、带作用，实现团队成员之间的知识技能互补、分工协作和良好的沟通。

4. 教学成果的突出性

丰硕的教学成果是衡量教学创新团队教学创新水平的重要指标，它反映了团队成员的教学水平、教学效果、教学创新及人才培养质量等方面的成效。

因此，团队成员在教学中应取得院级、校级、国家级的标志性成果，如创新教学模式，获得教学成果奖，并在专业综合改革试点建设、精品课程建设、实验教学示范中心、教材建设等方面取得优秀成果。

三、教学创新团队建设的内容

（一）创新高等学校人才培养理念

为了培养学生的创新精神和实践能力，提高中华民族的国际竞争力，作者在教育教学实践中总结提出了高等学校人才培养理念。

理念一：高等学校人才培养的核心理念就是为了每一位学生的发展和成才。

理念二：高等学校人才培养的主线是培养学生的创性精神、创新能力和实践能力。

理念三：高等学校教学改革的核心任务是转变学生的学习方式，倡导探究、自主、合作的学习方式。

理念四：教学内容要回归生活、回归社会，紧密联系学科前沿。

理念五：学生参与课堂教学是高等学校课堂教学根本的存在方式。

理念六：高等学校的教学特点是学术性、探究性、创新性、民主性和自学性。

（二）团队组织架构建设

1. 选拔和培养团队带头人

团队带头人在教学创新团队中起核心作用，应为长期在该领域内从事教学工作和研究工作，成绩突出、品德高尚、治学严谨、学术造诣深、教学能力强、善于教书育人，具有创新学术思想、团结协作和改革创新精神的人。资环学院教学创新团队遴选了省级教学名师，在科学研究和教学研究中取得了丰硕成果、教学水平高、学术造诣深的院长和副院长分别为国家级专业综合改革试点建设地理科学专业和资源环境与城乡规划管理专业教学创新团队的带头人，并对带头人不断进行培养。通过带头人自主研修现代教育教学理论，实施依托科学研究、教育科研先导策略进行专业综合改革试点建设，既提高了现代教育理论水平和教学能力，又提高了专业综合改革试点建设质量。

2. 合理的团队结构

团队成员要以系列课程或专业综合改革试点建设为平台，形成老中青搭配、知识和职称结构合理的梯队结构。团队成员在教学技能、教学经验和研究能力等方面要有一定差别，以实现优势互补，共同发展。培养青年教师是建设教学创新团队建设的重要任务，因此，在团队成员之间要建立沟通与合作机制，形成团队成员之间相互对话、讨论、观摩，实现知识、经验、教学资源的共享。

3. 培养团队精神

团队精神是团队成员为了团队的共同价值观和建设目标而相互协作、共同奋斗的一种责任感，它是团队的灵魂与特质。教学创新团队的团队精神：一是对教学改革与创新的目标与核心价值观的认同感；二是对团队的共同目标有高度的责任感；三是树立善于合作的意识；四是具有奉献精神，互相尊重、互相帮助，共同发展。

（三）课程改革和创新

1. 专业综合改革试点建设

专业综合改革试点建设是教学创新团队建设的首要任务。教学创新团队将专业综合改革试点建设、学科建设、精品课程建设作为教学创新团队建设和发展的平台，负责国家级、省级和学校专业综合改革试点建设、精品课程的申报、建设和验收工作。

2. 教学改革与创新

积极开展教学研究，要创新高校教学理念，创新教学内容和方法。对教学方式、人才培养模式、教学质量标准、教学内容和方法及教学评价等方面进行学术研究；创新教学模式和方法，促进人才培养质量的提高；积极申报教学改革项目，教学改革立项项目建设也是教学创新团队建设的重要内容，要高度重视；组织团队成员积极参加教学研讨会，撰写教学研究论文。

3. 课程建设

课程建设是教学创新团队建设的重要任务，要以人才培养目标为依据，整合课程资源，构建课程体系，推进教材建设；对教学内容、教学方式和教学手段进行改革；在争取国家级、省级、校级专业综合改革试点建设、精品课程、优质课程、双语课程及网络课程等方面加大建设力度。

4. 实践教学基地建设

实践教学基地是本科生校内外实习和社会实践的重要场所，对培养大学生的自主创新精神和实践能力有积极作用。要继续加强原有校内外实践教学基地的建设，改革实践教学内容的设计，变传统的以观测和动手操作为主的实习内容设计为注重从培养学生综合素质角度出发，不仅训练学生的观测能力和动手操作能力，还应强化分析能力、专业素养，特别是科学思维能力的训练和提高。

（四）保障体系建设

教学创新团队是一种教学组织形式的创新，其发展要有一定保障体系：一是学校和学院要重视教学创新团队的建设，要将教学创新团队置于基层教学管理组织的核心地位，并给予自主建设权；二是评价机制建设，即建立基于团队成员个体与团队整体绩效的评价体系，制定对团队整体进行评价的标准；三是激励与约束机制建设，即构建责、权、利相结合的激励约束机制，学院要根据教学创新团队目标的实现程度和团队个体在目标实现中所做出的不同贡献，做出对个体或整体的奖励或约束，以促进教学创新团队的健康发展。

四、教学创新团队建设策略

（一）理论指导策略

理念指导行为，有什么教学理念，就有什么教学行为。教学创新团队除了遵循前面阐述的创新高等学校教育教学理念外，还要树立现代教育观。

一是树立现代教学观。现代教学观认为，教学是以教师为主导，学生为主体，对课程内容进行开发、生成、转化、建构与提升的创造过程；是师生交往互动、共同发展的过程，交往互动是教学过程的实质。教师的角色是课堂教学的组织者、引导者、参与者和促进者。

二是树立现代课程观。现代课程观认为，课程不仅是知识，同时也是经验、体验、过程和活动，是由教师、学生、教材和环境四个要素构成的生态系统。

三是树立现代学生观。现代学生观认为，在教学中，教师不能再把学生看作是消极的知识接受的容器，而应把学生看作是知识的积极建构者，其拥有无限的创造潜能，是期待点燃的火把，是有不同兴趣爱好、不同经验背景的学习主体。这样教师才能改变以往单向信息传递的教学模式。

四是树立现代学习观。现代学习观认为，学生不仅要在课堂上与师、与生、与教材的互动中进行"学中做"，更要在实践活动、探究互动、合作互动、综合互动中进行"做中学"。因此，现代学习观倡导自主学习、合作学习和探究性学习。

教师必须不断地学习现代教育理念，才能做到与时俱进，才能以新的教学理念指导自己的教学行为；必须转变教学方式、创新教学模式和激发课堂活力，才能有效地培养学生的创新精神、科学思维能力和实践能力。

（二）院本教研策略

院本教研就是以现代教学理念为指导，以促进学生的发展和成才为宗旨，为了改进教学，教师在教学中发现问题，并依托学院的资源优势和特色，研究和解决教学中的实际问题，总结和提升教学经验，形成民主、开放、高效的教学研究机制。其特点：一是教师是院本教研的主体；二是院本教研是在教学情境中生成的教学研究，它不同于专业研究，而是基于学院、为了学院发展的实践性教学研究；三是研究的对象是教学中亟待解决的问题，是教师自己的教学问题；四是专业人员参与、同伴互助贯穿于研究过程。

资环学院教学创新团队，立足于本院，经常进行教学研究，在教学中针对教师采用传统的接受式满堂灌教学方式，使课堂沉闷不能激发学生的学习兴趣的问题，他们在专业人员的参与和同伴的协作下，运用现代教学理念，构建并实施了导学研创新教学模式和自学共探、自主创新教学模式，创设了生命课堂，提高了人才培养质量，受到了学生的广泛好评。

（三）课程资源开发策略

传统的课程资源仅指教材和教师，这是小农经济意识下的课程资源。现代课程资源指一切具有教育价值和课程意义的可能形成课程的资源，它是由教师、教材、学生和环境四个要素构成的。具体来说，现代课程资源包括五个方面：教师知识、教材知识、学生已有知识、社会生活中的知识和师生互动生成的知识。

课程资源的开发途径：一是对教材要进行二次开发，不要照本宣科；二是最大限度地开发教师的课程资源和教育价值；三是深入挖掘、开发学生的课程资源和潜能；四是开发社会、生活中的课程资源，使课程回归社会、回归生活；五是开发教学活动本身的课程资源，要从师生、生生互动中生成的知识和闪光点中开发课程资源，能从学生的错误中开发课程资源。

资环学院教学创新团队在教学中深入开发课程资源，他们不照本宣科，而是及时补充学科知识和学术前沿，将教师的和世界的先进科研成果运用于教学，使教学科研一体化，互相促进，相得益彰。教师在讲课中讲出了问题性，讲出了学术性，开发了教师和学生的课程资源，在教学中既注重预设又重视生成，创设了生命课堂。

（四）教学方式转变策略

资环学院教学创新团队，在专业综合改革试点建设中，转变教学方式，运用自主学习、合作学习、探究性学习、研究性学习等发现式教学方式，体现了以学生为本、以活动为内容、以参与为本质、以发展为目标的现代教学特点。教学团队还创新了教学模式和人才培养模式，受到学生的普遍好评。教学方式转变的意义就是赋予学生自主学习的能力、与人合作的能力、自主决策的能力、收集处理信息的能力、解决实际问题的能力，以培养学生的自主创新精神、科学思维能力和实践能力，提高人才培养质量。

（五）教学反思策略

教学反思就是教师借助于行动研究，不断探索和解决自己在教学实践中产生的问题，对教学经验进行回顾与重新认识，以至产生新的更趋合理的教学活动过程。教学反思以解决教学中的问题为基本点，以教师"学会教学"和学生"学会学习"为目标。

教学反思是教师成熟的标志，对教师的发展具有十分重要的意义：既能提高教师的教学水平，又能解决教学中的实际问题；既能促进教师的专业发展，又能促进学生的身心健康发展。

资环学院教学创新团队，把教学反思看成是自我发展的有效途径。在院本教研中，他们自觉地进行教学反思，有的写日志和教学案例，有的写体会和教学后记，有的写教学中的问题和困惑，有的针对教学中的闪光点或某一失误进行总结。总之，教师通过教学反思，总结经验，找出问题，继续探究。

（六）教学科研一体化策略

高校教学和科研是一个矛盾的统一体，教学和科研是相辅相成、互相促进的统一体，主要体现在以下两点。

一是搞好科研是提高教学质量的基础。培养高素质的创新人才，是衡量高校教学质量最主要的标准，从根本上说，创新人才不是课堂上培养和发现的，而是在创新实践中培养和发现的。因此，教师的科学研究实践工作是教学创新的源泉，没有科研也就没有创新。将教师的科研成果运用于教学，既丰富充实了教学内容，又激发了学生的学习兴趣，培养了学生的创新精神、实践能力和科学思维能力。实践表明，国内外高校有名的教学大师都是科研工作能力强、科研成就突出的科学家。搞好科研的教师不一定能搞好教学，但不搞科研的教师，教学就缺乏学术性，就不能联系科研实际培养学生的创新精神和实践能力，搞好科研是提高教学质量的基础。

二是搞好教学是促进科研成果转化、提高科研效率和质量的重要途径。一方面，教师通过教学工作把教师科学研究得到的创新思维、创新理念、创新知识、创新方法等让广大学生去吸取、消化、传播，使其在实践中转化为生产力。另一方面，教师可促进自己将科学知识系统化，并为科研活动梳理思路，启发创新思维，催生新的科研增长点。

资环学院教学创新团队将教学科研一体化作为重要建设策略，很好地解决了高校教学和科研的矛盾。他们将科学研究和教学研究作为专业综合改革试点建设的载体，从而使团队成员在科研和教学中取得丰硕成果。

（七）科学管理策略

1. 制定规则

教学创新团队内部要制定明确的活动规则，明确活动时间、地点、内容及团队协作方式、沟通途径等。制定教学改革问题定期研讨制度、重大问题的民主协商制度、青年教师培养制度、团队自我评价制度等，要使团队的运行做到有章可循，在团队内部形成凝聚力和向心力。

2. 完善运行机制

一要强化团队带头人的责任机制；二要不断地积累和探索，不可急功近利；三要坚持开放、动态发展理念，不断学习教学改革的新理念、新方法；四要建立有效的目标激励和竞争激励制度；五要建立教学质量跟踪监控委员会，实行学生评教、领导评教、同事评教、督导组评教、自我评教和教学质量跟踪监控委员会评教的多元评教机制，为教学创新团队的可持续发展提供良好的运行机制保障。

（八）对教师以用为本，人性管理策略

1. 以用为本，激励发展

对教师的管理，高等学校要注重引才、育才、惜才和护才工作。建立以用为本，促进发展和激励进取的新机制：一是使教师树立终身教育和终身学习的理念。建立多样化的教师培

训机制，处理好学历与素质、理论与实践、短期与长期的关系，实施多层次的教师培训。二是实行聘任制。实行能上能下、择优任用的机制。强化岗位，淡化身份，建立教师岗位管理制度，形成灵活自主的教师发展模式。三是建立以爱岗敬业和锐意改革为导向的教师激励机制。四是实施发展性和激励性评价机制，充分发挥以评价促进教师发展和激励的作用。

2. 人性管理，激发潜能

对教师的管理要实行制度约束和人性管理相结合，为教师创造轻松愉快的工作环境，激发教师的潜能；要尊重教师的权利和利益，确保管理信息公开化，增强教师的责任感与使命感；要营造有利于教师发展的氛围，增强教师的归属感和认同感；要形成教师普遍认同的价值观，要注重情感关怀，以情感情，增强凝聚力；要突出以人为本的管理理念，通过人性管理，激发潜能，促进教师专业发展。

（九）跟踪评价与监控策略

建立激励与约束并举的专业综合改革试点建设评价与监控机制，是专业综合改革试点建设健康发展的重要策略。专业综合改革试点建设的评价由校内评价和校外评价两大部分构成。校内评价包括学校评价、学院评价、教师评价和学生评价等；校外评价包括毕业生评价、用人单位评价、社会公众评价等。应特别重视毕业生评价和用人单位评价。

在专业综合改革试点建设过程中，学校或学院要对专业综合改革试点建设的建设情况进行监控，以保证专业综合改革试点建设保持动态适应，学校和学院可成立专业综合改革试点建设指导委员会或监控小组。

资环学院在地理科学国家级专业综合改革试点建设中，构建了由学院领导、教师、学生、毕业生、用人单位构成的专业综合改革试点建设评价体系，成立了由学院领导、专家、教师构成的专业综合改革试点建设跟踪监控委员会，对专业综合改革试点建设起到了督促和保证作用。监控的内容：一是专业综合改革试点建设是否按照方案进行，是否达到了阶段性目标和预期目标；二是社会知名度和美誉度是否提高；三是专业综合改革试点建设中的教学资源分配和利用情况是否合理；四是对同类专业是否起到示范作用；五是对专业综合改革试点建设过程中出现的问题进行分析后，找出产生问题的原因，督促尽快改正。

教学创新团队的建设是一种创新教学组织形式。可以说，时代的发展使高校院系呼唤教学创新团队的建设，高校院系的教学改革呼唤教学创新团队建设，自主创新型大学生的成长需要教学创新团队建设。建设教学创新团队是时代交个我们的一项艰巨任务，让我们以敢为人先的精神，严肃的科学态度，务必求胜的信念，进一步探究和实践院级教学创新团队建设。

第二节　提升专业建设质量，着力青年教师培养

近年来，国家综合实力快速跃升，急需大批的优秀建设人才。随着我国高等教育跨越式的发展，高等学校教师队伍发生了历史性的变化，一大批青年教师迅速充实到高等学校教师队伍，并成为高等学校教学和科研的主力军。仅以资环学院为例，至 2016 年年底，全院共有教师 58 人，其中 45 岁以下的教师有 28 人，占总教师的比例高达 48%。在今后相当一段时

期，这一比例还将继续升高。因此，加强青年教师的培养，不仅是提升专业综合改革试点建设质量问题，更是高校全面提高人才培养质量的新课题，是关系高等学校未来发展的长远大计。

一、高校青年教师现状特点分析

近几年来，高等学校在引进青年教师时，对其学历层次和科研能力都比较重视，并提出更高的要求。资环学院规定，引进青年教师要有优秀博士学位，并从优化学缘结构方面考虑，要求具有外校学习经历的要达到 1/3，同时对本硕阶段就读的高等学校也有较高的要求。因此，青年教师都接受过专业系统的科研训练，拥有丰富的专业知识，具有创新精神和较强的科学研究能力，整体来说比较好。但是，在具有这些优势的同时，还有明显的不足。

1. 缺乏教学培养，教学能力较弱

由于青年教师学缘结构的多样化，许多青年教师并非毕业于师范大学，而是综合性大学，他们在读本科、硕士和博士期间的专业学习，没有学过教育学、心理学、学科教学论知识，即使是师范院校毕业的青年教师，在师范院校学习的也是传统的教育学、心理学、学科教学论"老三篇"，内容偏旧。因此，他们缺乏起码的师范教育理论和相应的技能训练，更缺乏现代教育教学理念的学习和指导，课堂教学活动完全是从零开始，独自摸索。高等学校的"岗前培训"，大多是例行公事地开设教育学、心理学、教学法、教师职业道德和法规等几门课程，内容陈旧、方法传统、死板、时数很短，仅仅是为了完成规定动作，从书本到书本，与师范生顶岗实习不能相提并论，很难收到理想效果。因此，他们的教学素养、教学方法、教学艺术等教学能力较弱，对教学对象、教学目标、教学内容、教学设计、课堂教学的有序把握和运作缺乏科学的组织和调控。至于课堂教学的师生平等对话、师生互动、教学相长、主体参与、课程开发、共建课堂、共创共生，就更谈不上了，可见现代教学理念何等的滞后。

2. 思想素质下降，价值取向发生变化

青年教师的整体素质是比较好的，但是，随着市场经济体制的建设和社会环境的影响，青年教师的思维方式和思想观念发生了很大的变化，许多传统的道德观念受到冲击，市场经济的负面影响所造成的社会分配不公，使片面追求物质利益、个人主义观念和功利意识思想有所抬头，致使青年教师的思想素质下降。部分青年教师的价值观发生了变化，敬业奉献的意识日益淡化，把教师工作仅仅作为一种职业和谋生的手段，不再把教师工作作为一种社会和历史的责任，更多地追求个人价值的实现和物质利益的索取。有些青年教师急功近利，重科研轻教学，没有把主要的精力和时间放在认真备课、研究教学学术和提高教学质量上，从而造成教学质量下降。

3. 心理压力较大，不利健康发展

青年教师从学生身份突然变为教师身份，对这种变化缺乏起码的实践经验，原有的期望与设想可能与现实不相符，当他们以教师的身份与社会交往时，过去的设想与行为习惯难免与客观现实的要求与限制发生矛盾，出现认同的混乱和行为趋势的不协调。青年教师在竞争环境中论资排辈，身份较低，难以脱颖而出，再加上青年教师生活压力大，困难较多，办事较难，因而心理压力较大，容易造成重业务轻政治、重理论轻实践、重个人轻集体等问题，

进而存在职业理想和现实追求的偏差，奉献精神与功利意识的反差，表现出缺乏忠诚于人民教育事业的使命感、责任心和奉献精神。个别青年教师会产生一些思想情绪，甚至贬低自己的本职工作和自身价值，工作中失去内驱力，消极应对。还有的少数青年教师过于自信、自以为是，缺乏勤奋努力、刻苦钻研的精神。因此，根据青年教师的心理特点采取相应的培训措施。

4. 重科研轻教学，投入教学精力有限

目前，各类考核评价教师的指标重科研轻教学，教师职称晋升评优主要看科研这个硬指标。这种偏颇导向，对青年教师轻视教学产生了直接的影响，导致青年教师把主要精力和时间放在科研课题和撰写论文上，而把教学视为软的、可以应付的任务，投入提升教学能力的精力和时间很少。有的青年教师科研任务少，教学任务重，工作量靠挣课时，又缺乏指导，导致不少青年教师教学工作重量轻质，再加上科研水平较低，从而使课程资源贫乏，教学内容和深度跟不上专业的发展和知识的更新，只能照本宣科，使教学能力难以提高。

二、高校青年教师培养存在的问题

1. 重知识技能，轻专业情意

教师职业比较特殊，它通过教师对学生的思想和精神施加影响从而达到教书育人的目的。因此，专业知识和技能必须通过教师的专业情意这一中介因素才能产生最佳效果。教师的专业情意是由教师的专业内容、专业理念、专业性向、专业情缘、专业修养、精神境界及教师的职业道德等情意性因素构成的，它对学生的思想和情绪情感可产生潜移默化的教育影响，而且这种影响是隐性、持久和深刻的。但是，目前高校青年教师的培养不论是学科专业能力，还是教育教学能力，都还是重知识技能层面，而对专业情意的发展和教师职业道德方面关注较少。从而导致青年教师教学情感淡漠，思想素质下降，影响教师的专业发展。

2. 重教育理论，轻教学实践

为了尽快提高青年教师的教育理论水平，在对青年教师培训中开设了一些基本教育理论课程，如高等教育学、高等教育心理学、高等教育法规等，但内容偏旧、方法单一、时间很短，走马观花地讲些枯燥的理论，过分强调知识的基础性和系统性，不能根据青年教师实践经验不足、基本技能弱、教学能力低等实际情况开设一些实践课程和教学活动，如进行微格教学、教学反思、观摩课、教学技能、说课、课件制作等。这些实践性教学课程，能更有效地提高青年教师的教学能力。

另外，在对青年教师进行教育教学理论的培训中，重视传统教育教学理论的培训，忽视了现代教学理念的培训。应该既重视传统教育教学理论的培训，又重视现代教育教学理念的培训，使青年教师树立现代教育观、教学观、课程观、学生观、学习观、质量观和评价观等。例如，树立以学生为主体、构建生命课堂和学习共同体、主体参与、教师专业素养和专业发展、课程资源开发、现代教学技能、科教融合、现代学习方式、知识的传承与创新、评价促进发展等观念。让青年教师知道，教学是以教师为主导，学生为主体对课程内容开发、生成、转化、建构与提升的创造过程，而交往互动是教学过程的实质，教学是教师的综合艺术，必须苦练基本功才能有较好的教学效果。

3. 重使用，轻培养

许多高等学校基于自身生存和发展的压力，努力扩招，导致高等学校教师数量相对不足，青年教师刚走出校门就被推向教学第一线主阵地，普遍承担着多门课程的教学任务，疲劳应付，为了完成领导指派的教学任务，只重视数量而轻视质量，机械地照本宣科，而没有精力去钻研教材的深层含义，没有充足的时间进行研修，而岗前培训时间又短，得不到有效的培养。使青年教师的教学能力和科研能力得不到有效的提高，这直接影响高等学校的教学质量。部分高等学校把关注的重点放在学科内容建设上，忽视了对青年教师的教育和培养。

有些青年教师刚刚走向工作岗位时，对未来的工作充满了热情和期待，他们朝气蓬勃、追求上进，具有很强的可塑性和接受新知识的渴望，这个时期是青年教师完成教师角色转变并快速成长的最佳时期。高等学校要紧紧抓住这个时期对青年教师进行培养教育。

4. 重形式，轻保障

有的高等学校在培训形式上比较重视青年教师的培训，但缺乏制度上的保障，没有具体的规范和持续的方法。有的高等学校虽然制定了一些青年教师培养制度和措施，但青年教师专业发展的内容和校本、院本自主培养的体系并不完善。特别是青年教师考核评价的指标体系滞后，单纯注重结果性评价，流于形式的量化考核，导致教师急功近利，习惯于"短平快"式的课题研究，片面追求短期效应而忽视长远发展，不能真正潜心于教学和高水平的科学研究。这不利于青年教师的专业成长和创新团队的建设。因此，要建立青年教师培训培养的保障机制，建立校、院（系）两级青年教师培养管理体制，制定培养管理制度，研究培养规划和内容，明确各级管理机构的工作目标和管理职责，充分发挥各级管理组织对培养的指导和监管职能。

5. 重自主研修，轻合作交流

青年教师受高等学校教师学术独斗的影响，在工作中各自为政，很少与其他教师沟通、讨论、交流与合作，处于"孤立"和"隔离"的工作状态。在教学上主要是自主研修，各自钻研教材、备课，不愿听课或被听课，不愿参加公开课，缺乏集体教研活动，这在一定程度上影响青年教师的专业发展。

合作交流，不只是与同事进行学习的验证与交流，重要的是通过合作交流实现优势互补，发展自己的个性，特别是利用合作交流进行合力攻坚，在整体突破中提升自己的能力水平。因此，青年教师要定期召开交流会，要有计划、有组织地安排青年教师教学活动，如专题教研、观摩课、说课、教学设计等，并组织青年教师交流自己的心得体会，或让老教师交流自己的经验和想法，大家互相借鉴，探讨教学中遇到的问题及解决的对策，以便提高青年教师的教育理论水平和实践能力。

三、高等学校青年教师的培养策略

1. 深入进行教师职业道德教育

对青年教师培养首先要进行教师职业道德教育，要使青年教师深刻认识到爱国守法、敬业爱生、教书育人、严谨治学、服务社会、为人师表是高等学校教师最基本的职业道德规范。爱国守法，即热爱祖国，热爱人民，拥护中国共产党的领导；遵守宪法和法律法规，依法履行教师职责，维护社会稳定和校园和谐。敬业爱生，即忠诚人民的教育事业，树立崇高的职业理想，以人才培养、科学研究、社会服务和文化传承创新为己任；恪尽职守，甘于奉献；真心关爱学生，严格要求学生，公正对待学生，做学生的良师益友；不得损害学生和学校的合法权益。教书育人，即坚持育人为本，立德树人。注重学思结合，知行合一，因材施教，教学相长，诲人不倦；尊重学生个性，促进学生全面发展；不拒绝学生的合理要求，不得从事影响教育教学工作的兼职。严谨治学，即弘扬科学精神，勇于探索，追求真理，修正错误，精益求精；实事求是，发扬民主，团结合作，协同创新；秉承学术良知，恪守学术规范；尊重他人学术成果；诚实守信，力戒浮躁；坚决抵制学术失范和学术不端行为。服务社会，即勇于承担社会责任，为国家富强、民族振兴和人类进步服务；传播优秀文化，普及科学知识；热心公益，服务大众，主动参与社会实践，自觉承担社会义务，积极提供专业服务；坚决反对滥用学术资源和学术影响。为人师表，即学为人师，行为规范；淡泊名利，志存高远；树立优良学风、教风，以高尚师德、人格魅力和学识风范教育感染学生；模范遵守社会公德，维护社会正义，引领社会风尚；言行雅正，举止文明；自尊自律，清廉从教，以身作则；自觉抵制有损教师职业声誉的行为。

2. 加强并完善青年教师岗前培训体系

当前的青年教师岗前培训多重于教育教学理论和职业道德修养等课程，对专业课程进行教学的基本技能、业务水平重视不够。岗前培训还应开设相关的学科教学论、学科教学技能、课程论、现代教育教学理念、辩证法等课程或专题学习。可聘请教学能力强、科研水平高的教师上观摩课，或指导青年教师上观摩课，或进行微格教学开展试讲活动以强化实践教学。可进行一门基础课程教学全过程的完整培训，在教学计划的制定、教学内容的开发和把握、教学方法的选择、重难点的确定与解决办法，以及备课、教学设计、教学过程、作业设置、实验设计、试题库的建立、确定评分标准等环节上精心指导。有针对性地对青年教师进行教学方法的培训和考核，合格者才能获得任课资格。同时，还要重视对青年教师进行现代教育教学理念和方法的培训。让其树立以生为本、主体参与、教学互动、传承创新等观念，并提高运用自主学习、合作学习、探究性学习等发现性教学方式的能力。

青年教师不仅要知识面广、学术水平高，还要具备较强的教学能力，能熟练地运用先进的现代教育技术和手段与教学方法组织教学。通过加强评估、制定政策、采用多种培训形式对青年教师进行非学历培训。制定并实施有利于青年教师培训的配套政策，结合培训定期检查、考核。通过必要的奖惩与指导交流，有效地提高青年教师的教学能力。

3. 建立青年教师教学能力培养机制

青年教师教学能力的提升，首先要根据青年教师的培养目标和教学管理规范，针对青年教师的特点和需求，建立科学的导向、约束和鼓励机制。根据学校人事制度和教学制度加强对青年教师的考核管理的要求，学院（系）可结合自己的实际情况和特点，建立相关的机制，使其更具针对性和可操作性。例如，资环学院在教学实践中，制定了《青年教师教学能力培养和提升方案》，构建了青年教师教学能力常态化培养机制，形成了一整套青年教师能力培养提升制度，对青年教师的岗前培训、导师配备、教学设计、专业发展、语言表达、试讲程序、实践教学、教研活动等均做出了明确的规定。这个机制，使青年教师教学能力培养提升制度化、规范化和经常化，从而帮助青年教师更好地履行教师职责，不断提升教学能力。

其次要建立教学引导鼓励机制。这是培养青年教师教学能力发展的内在动力。要引导青年教师爱岗敬业，树立正确的人生观、价值观，充分认识教学工作是教师的本职。入职后要先站稳讲台，做一名合格的教师。然后不断加强教学能力的培养，善于学习其他教师先进的教学方法和经验，分析自己的不足，并掌握和创新更好的教学方法，形成自己的教学风格。对青年教师取得的成绩，要及时表扬、奖励。激励青年教师成长，促进其教学能力提升，如备课能力、教学方法的运用能力和语言表达能力。

最后要建立走出去与请进来相结合的培养机制。对青年教师的培养不能仅有校内教师的指导，还必须有计划地组织青年教师到相关专业的知名外校进修学习，让他们走出校门，开阔视野，增长见识，也可请外校知名专家教授或优秀教师到校为青年教师作专题报告、上示范课或具体指导课堂教学。资环学院曾邀请了地学院士和知名学者做学术报告。青年教师接触各种思想、各种风格、各种课型有利于完善和提升自己的教学能力。

4. 构建青年教师教学指导体系

对青年教师的教学能力的培养，需要统筹各方面资源，协调各种力量，从多角度完善培养环节，这就必须构建有效的青年教师教学指导体系。为此，资环学院构建了教学导师、教学团队和教学督导三个环节构成的青年教师教学指导体系。

实现青年教师教学导师制。高等学校实施的"青蓝工程"，发挥了教学经验丰富的老教师的传、帮、带作用，对青年教师的培养起到了重要作用。

青年教师到校后，学院（系）要安排教学能力强的老教师作为青年教师的教学指导教师。指导教师可通过上"示范课"以及听青年教师的"常规课""汇报课"等形式，从备课、上课、说课、评课等方面，教会他们如何进行教学设计，如何选择教学方法，如何突出重点、解决难点、把握关键，如何开发课程资源，提高分析教材、处理教材、驾驭课堂、调控课堂的教学能力，并通过不断改进教学方法和教材的呈现形式，达到激发学生学习兴趣，提高课堂教学质量的目的。

定期进行教学反思。导师要使青年教师成为反思型实践者，"经验+反思=成长"，因此，进行教学反思是青年教师专业成长的必要条件。教学反思就是教师通过行动对自己的教学行为和教学理念进行反思，探究与解决自己教学中的问题，并制定解决问题的措施，从而不断提升教学能力和教学智慧。教学反思的有效方式是坚持写教学日记和教育叙事研究。指导教师可组织青年教师定期召开教学反思会，进行教学反思，也可自己进行教学反思，交流自己的经验和想法，或就青年教师教学中普遍存在的问题进行分析诊治，还可请专家进行专题讲座和分类指导，以便让青年教师不断增强理论认识和提高实践教学能力。

教学团队指导。对青年教师教学能力的培养，要充分发挥教学团队的集体指导、培养作用。可让一个青年教师讲课或说课，教学团队成员听课或评课。评课内容包括教学目标的达成、内容的组织、语言表达能力、教学方法的选择、主体的发挥、教学媒体的运用、课件的制作、重点难点的把握、课堂调控、教学技能的展示等。大家先肯定成绩，再提出改进意见，在民主平等的氛围中相互交流、切磋，使青年教师在讲课、说课中实践、锻炼，在听课评课中感悟、内化，向教学团队成员学习丰富的教学经验，提高自己的教学能力。实践证明，这种"讲、说、听、评"的形式是青年教师提升教学能力最有效、最直接的方法之一。资环学院已建立了院级教学创新团队，在青年教师教学能力提升工作中发挥了重要指导作用。

教学督导指导。建立教学督导组是促进青年教师教学能力提升的最有效的措施。教学督导组由教学水平高、师德高尚、学术造诣深的老教授组成，其对青年教师跟踪听课，及时反馈。教学督导要转变职能，由监督检查转变为指导、帮助、服务，而且重在指导。先肯定优点，再指出不足，最后提出具体的改进建议和方法，使青年教师知道教什么、怎么教和为什么这么教，帮助青年教师尽快提升教学能力和教育教学理论水平。资环学院常年聘请3位资深督导专家，每学期督导听课50人课次。有的督导在听青年教师课前和青年教师一起备课、说课，听课后一起进行教学反思，对青年教师教学能力的培养和教学质量的提高起了重要作用，受到青年教师的好评。

5. 加强对青年教师的管理和考评

健全管理机构是做好青年教师管理工作的保证。青年教师管理机构可分为校、院（系）领导组和教研室（学科）指导组三个层次。学校领导组可由相关校领导和教务处领导组成，主要研究青年教师的管理制度和考核标准，制定青年教师培养、培训方案，考评青年教师业务能力等。院（系）领导组可由相关院长和教学经验丰富、教学能力较强的老教师组成，主要任务是遵守学校领导组和院的管理制度和考核标准，并根据学校的培养、培训方案，结合学院的具体情况，制定本院青年教师培养、培训计划，安排青年教师的主要工作。教研室（学科）指导组可由教研组长、指导老师、骨干教师组成，主要任务是具体落实学校和院（系）的培养、培训计划，对青年教师的业务工作进行具体指导，负责青年教师的日常管理，积极营造有利于青年教师专业发展的氛围等。三个层次的管理机构在工作上目标一致、各有侧重，工作中互相支持、形成合力，共同促进青年教师的健康成长。

对青年教师的考评工作一般每学期进行一次，考评的内容主要包括教师职业道德、教师能力、教学学术水平等。考评的方法采用自评和他评相结合。自评，即青年教师对自己进行客观评价。他评，包括学生评价、毕业生评价、同事评价和领导评价。通过考评才能对青年教师的工作进行全面了解，并督促他们扎实工作，健康成长。

资环学院提升青年教师教学能力的实践举措，已初步取得明显成效，青年教师的教学积极性和责任心普遍提高，开展教学学术研究的氛围较浓，课堂教学能力显著提升，教学质量保持较好水平，受到学生好评，青年教师已形成重视教学、关爱学生的浓郁教书育人态势。

第三节　不断超越自我：高等学校教师专业发展的内容和途径

当今国际教育界非常重视教师的专业发展，认为这是建设一支高素质教师队伍的必由之路。随着我国经济社会的发展，在贯彻落实《国家中长期教育改革和发展规划纲要》的过程中，高等学校教师发展问题越来越受到国家和社会的重视，已成为人们关注的焦点。高等教育"质量工程"建设项目也把高校教师发展问题列为专项。近年来，我国基础教育非常重视教师专业发展，并采取了很多措施来提高教师专业化水平，这对提高教师素养和教学质量起到很好的作用。然而，我国目前对高等学校教师专业发展还不够重视，相关研究也不多。为加强高等学校教师队伍建设，本节对高等学校教师专业发展的意义、内容和途径进行了探讨。

一、高等学校教师专业发展的意蕴

（一）何谓高等学校教师专业发展

高等学校教师专业发展，就是高等学校教师不断接受新知识，增长专业能力，不断发展及提高的过程。高等学校教师专业发展，着重从教师主体出发，重视教师的自主学习和自我发展，强调教师要根据经济社会发展的需求，结合自己的职业需要，不断学习，不断提高。

（二）高等学校教师专业发展的内涵

教师是一个双专业的职业，即学科专业和教育专业。正确处理和协调双专业间的关系，是解决高等学校教师专业发展问题的关键所在。目前，在广大的高等学校教师中，具有双专业性的教师为数很少，大多数教师还只停留在单专业水平上。一方面，有些教师具有较高的学历，他们的学科专业和学术水平已达到较高的水平，但是对"怎样教"和"为什么这么教"的问题却知之甚少，难以解决教学中的问题，即对教育专业课程缺乏系统的学习。另一方面，有的高等学校教师在组织教学、课堂教学能力、突出重点解决难关方面有丰富经验，然而随着教龄的增加，教学水平提高后，其学科专业的学术功底却明显缺乏后劲，教育科研方面的弱势也明显表现出来。这反映出我国高等学校教师存在着"三多三少"现象，即"搬运工""教书匠""经济型"层面的教师多，而"专家型""研究型""创新型"的教师较少。所以，高等学校教师专业发展必然要求教师的双专业性。

二、高等学校教师专业发展的内容

高等学校教师专业发展的内容是多层面、多领域的，既包括职业道德，又包括态度情怀；既包括学科知识的积累、技能的熟练、学术水平和科学研究能力，又包括教育专业的知识、技能和教育科研能力；既包括崇高的先进教育理念，又包括以学生发展为己任、终身学习以促进专业素质的发展和创新。

（一）树立先进的现代教育理念

教师的教育理念对教师的教育态度和教育行为具有显著的影响，同时也制约着教师对于自身角色的认可。目前，高等学校的教育理念相当滞后，仍然采用传统教育理念指导教学行为，已不适应经济社会的发展对人才培养目标的需求，严重阻碍和影响了人才培养质量的提高。因此，高等学校教师专业发展，首先要更新教育观念，树立现代教育观、教学观、教师观、学生观。这四种观念共同构成了现代教育理念系统，树立现代教育理念，就需要对这四个观念进行完善和整合。现代教育观就是以培养学生的创新精神、创新能力和实践能力为主旋律，以促进人的全面发展为目的，培养创新型、综合型人才，以适应经济社会发展对人才的需求。现代教学观就是教学以教师为主导、学生为主体对课程资源深入开发、生成、转化、建构与提升的创造过程，学生参与和交往互动是教学过程的实质，教师要讲出学术性，要创造和发现新知识，要以自主、合作、探究等发现性教学方式、开放性教学内容、灵活的教学组织形式、多样的教学手段和发展性的评价观进行教学。现代教师观就是教师要转变教师的中心地位，转变角色，成为学生学习的组织者、引导者、参与者、促进者、激励者和研究者，成为课程资源的开发者和创造者。现代学生观就是教师在尊重学生的基础上，在教学中切实以学生为中心，确立学生在教学中的主体地位，不能把学生看作是消极的知识接受者，而应把学生看作是知识的积极建构者，拥有无限的创造潜能，是期待点燃的火花。

（二）具有崇高的师德修养

教育部、中国教科文卫体工会在广泛征求意见的基础上，制定了《高等学校教师职业道德规范》，其主要内容包括六部分：一是爱国守法；二是敬业爱生；三是教书育人；四是严谨治学；五是服务社会；六是为人师表。每部分内容都对教师提出了具体要求。这是高等学校教师职业道德建设指导性文件，是教师的行为准则，高等学校教师要严格执行。

对于高等学校教师职业道德规范的实施，教师要先学习，再理解，再内化，再生成，最后转变成行为。学习，就是要先学习文件，了解文件的具体要求；理解，就是通过外在的东西去把握内在的东西，即去认同并把握文件的精神实质；内化，是指把个人认可社会的价值观或行为规范，牢记在心，形成意识，内化为自己心理素质的一部分；生成，就是教师在思想观念中确定了道德规范的目标、路径和方法；行为，就是实施道德规范的具体行动。

例如，爱生，教师要先学习文件对爱生的具体要求，即关心爱护学生，严格要求学生，公正对待学生，做学生的良师益友，不得损害学生和学校的合法权益。然后去理解爱生的精神实质。爱生可以塑造人的美好心灵，可以开启学生的智慧，可以开阔学生的胸怀。爱利于德，利于智，利于体，利于美。内化，就是将自己对爱生的理解，去感悟，形成意识和心理素质，并作为自己的行为准则。生成，就是在思想上产生了爱生的目标和具体方法及路径。行为，则是在教学和工作中，将爱生的理念转化为具体的行为。

师德修养是教师的立身之本，更是一个教师教书育人的精神力量。作为一名高等学校的教师，一方面，要具有崇高的职业道德。高等学校教师的职业道德包括三个方面：爱生、自律和创新。爱生为师德之本，无爱便没有教育。一个教师应该"敬业、爱生、教书、育人"。自律就是要求教师必须以身作则，"学为人师，行为世范"，成为学生的榜样。创新则要求教师以自己的创新精神和创新能力引领学生成为创新型人才，以高等学校的文化科学创新引领社会和经济的发展。另一方面，要具有学术道德素养。从做学问、搞研究的角度看，高等学校教师的师德还表现出在治学的严谨和务实上，很多学界精英和大师，其学问的精深与其德行的造化是成正比的；从学术研究来看，今天，伴随着对高等学校教师的学术评价朝向计量化方向发展，教师要警惕学术研究中只顾数量、不计质量的短期行为和功利心态，倡导潜心学术、求真务实、打造精品、追求卓越的治学精神，将学术声誉视为生命的尊严而容不得半点玷污和亵渎。

（三）具有合理的知识结构

高等学校教师要履行好人才培养、科学研究、服务社会的职责，就必须具有合理的知识结构，主要包括以下几方面。

1. 本体性知识

本体性知识就是教师学科专业知识。这是教师从事教育教学的基础，是高等学校教师教育教学的基础，是高等学校教师成为人师的根本体现。本体性知识包括两方面：首先教师对学科专业的基础知识和相关知识有广泛而准确的理解，对该学科的发展历史和趋势有深刻理解。其次教师要有精深的学科专业知识积累。精深的学科专业知识，体现在宽、深、新三位一体的完整结构。宽，是指教师在学科专业领域有着广阔的知识面和学术视野，能洞悉学科专业及相关学科知识的更新，了解学科专业对于社会、人类发展的价值，以及在人类生活实践中的多种表现形态。深，不仅指教师掌握学科专业知识的深度，还是指教师在自己学科专业领域的研究有一定的水平，有较高的学术造诣，成为该学科领域的专家，站在学科前沿，引领学科发展。新，是指对国内外该学科研究的最新学术进展非常了解，使自己的研究始终站在时代的前列，对该学科知识不断进行创新和发展。

2. 条件性知识

条件性知识就是从事教师职业的基础条件知识。在教育教学过程中能够保证工作成功的教育学和心理学知识，主要解决"怎么教"和"为什么这么教"的问题。教育科学知识既包括教育科学基础知识，如教育与社会的政治、经济、文化，以及与人的身心发展相互作用的规律，教育的本质、目标、任务和内容，人的全面发展教育思路和观念、教育者与受教育者、德育理论、课程理论，教学的实施过程、组织形式、环节构成，教学的原则、模式、方法、手段、艺术、风格，教学的检查与评价等，也包括国内外教学改革信息和动态知识，如教育教学发展变化的历史沿革、目前状况、发展趋势，教育教学的最新成果，特别是我国课程教学改革中创新的现代先进的教育教学理念，课堂教学和学习方式的改革，课程资源的开发和利用，以及创新精神、创新能力和实践能力的培养等，还包括教育科学研究知识，如教育科学研究的过程和方法、科研课题的选择、行动研究的实施、成果的表达等。心理学知识包括认知、情感、意志和个性等普通心理学知识，也包括学生认知与品德发展的条件、特点和规律，还包括教学过程中经常应用的当代认知心理学、课程教学心理学等。这些条件性知识对于高等学校教师来说，是自身知识结构的重要组成部分，是创新教学工作的依据，是开展教学活动的基础和前提。教师具备这些知识，了解教育教学规律，掌握教学方法，形成教学所必备的技巧，既有利于使本体性知识顺利转化为学生易于理解和接受的知识，又利于激发学生兴趣，点燃学生思维的火花，培养学生的创新精神、创新能力和实践能力。一个具有丰富的条件性知识的高等学校教师，必将极大地加强自己在教学工作中的创新能力。

3. 科学文化知识

实现教育的文化功能，教师除了有深厚的本体性知识以外，还要博采众长，具有广博的科学文化知识。这个领域的知识属于广闻博见，文理渗透，体现了教师较高的文化修养和宽厚的知识积累，是教师素质和修养的综合体现。对拓展学生的精神世界，引领学生走向未来的人生之路，激发学生的求知欲，促进学生综合发展有重要意义。

4. 实践性知识

实践性知识是指教师在教育教学实际工作情境中形成的各种有关经验的整合，是教师教学经验的积累，是教师处理和解决教育教学特定情境中的具体问题的知识，也可称为教师的教育智慧和教育机智。教师在教育教学工作中，有明显的情境性。教师需在不确定的教学情境下做出适合特定情境的行为，这就需要教师机智地对待。这种教育机智只有针对学生的特点和当时的情境正确地进行，才能表现出教师的教育智慧。在这些情境中，教师所采用的知识来自个人的教学实践，具有明显的经验性。实践知识可从书本或学习材料上间接获得，但更主要的是教师在教育教学实践中，通过行动研究直接获得。例如，教学设计、教学策略和方法、师生互动、创新精神和创新能力的培养、民主和谐的师生关系、学法指导、课程资源开发、课堂调控、语言艺术、学生主体地位、激发和调动学习积极性等，这些知识既有很强的理论性，又有很强的实践性，是进行教育教学工作的重要保证。

实践性知识是教师将自己的知识与教育教学情境相结合而产生的经验和智慧，是教师教学能力的体现，是教师进行教学创新的关键。教师要把实践知识与现代教育理论结合起来，用理论指导实践，再把实践上升到理论的高度。教师要善于总结经验，把各种教育教学实践知识系统化变成自己知识结构的一部分，实践知识才有力量。

教师本体性知识是教学活动的主体，是教师从事教育教学活动的基础，解决"教什么"的问题；条件性知识对本体性知识的传授起到理论支撑和方法指导作用，解决"怎么教"和"为什么这么教"的问题；科学文化知识体现教师文化知识的广博性和深刻性，解决"怎样扩展学生的精神世界、激发求知欲、促使学生全面发展"的问题；实践性知识建立在本体性知识和条件性知识基础之上，是教师知识结构中最高层的知识，解决"怎样使课程回归社会、回归生活、创设生命课堂"的问题。

（四）综合的专业能力结构

1. 教学能力

教学能力是高等学校教师职业最基本的能力，是指教师在教学活动中，依据教育心理学理论，运用专业知识和教育教学的有关知识和经验，以及教学手段，促进学生学习，实现教学目标的能力。教学能力由各种教学技能构成。

高等学校教师的教学能力包括以下三方面。

一是普通教学能力。主要由课堂教学设计技能、讲授技能、学法指导技能、提问技能、课堂组织调控技能、教学媒体运用和课件制作技能、学科专业技能、实践教学指导技能、教学反思技能、课后评课技能等构成。

二是教学创新能力，即产生新思想、新发现和创造新事物的能力，主要有两方面内容：一方面是教学内容创新，高等学校教师不仅要传承知识，还要创造和发展新知识，这就要求教师在教学中应创设知识创新环境，即不仅要告诉学生这个领域有什么知识，还要讲这种知识是怎么创造出来的、这种知识是怎么被人类利用的、这种知识对学生将来有什么影响、这种知识还可能怎样发展等。教师还应把科研和教学相融，创新教学内容。高等学校教学和科研应当是相互依存的关系，科研的提高在很大程度上依存于教学资料和经验的积累，教学内容的创新和拓展也必须依赖于科研的强力支撑。教师应该把科研和教学有机融合，把自己的科研成果、研究课题、研究内容与教材内容、教学内容有机结合。另一方面是教学方式方法创新，高等学校的教学方式仍然以传统的接受式教学方式为主，已经严重阻碍了人才培养质量的提高。要培养创新型人才，高等学校教师就必须改革传统教学方式，创建能够培养学生创新精神、创新能力和实践能力的高等学校教学模式和方法。

三是提出学术性问题的能力。学术性是高等学校教学的主要特点之一，这就要求教师在教学中不仅要讲出学术性，还要具有提出学术性问题的能力。高等学校的教学，教师不能满足于学生对教材知识的掌握，还要对教材内容提出学术性问题，提出的问题要有深入研究的学术价值，能够激发学生的兴趣，引起学生的讨论和思考。这就需要教师深入钻研教材，要有教材问题意识，了解所教课程相关领域的最新研究成果和研究动态，以及敏锐的目光和深刻的洞察力。

2. 科学研究能力

高等学校承担人才培养、科学研究和社会服务三大职责。因此，高等学校教师要高度重视科学研究能力的培养。因为缺乏科学研究意识和研究能力低的教师，要培养创新人才、提高人才培养质量是很难想象的，也不可能对社会做出突出贡献。高等学校教师科研能力的培养主要有三个方面：一是要提高收集信息和处理信息的能力，使自己成为具有更新知识能力的专家型、智慧型、通才型教师。二是要提高科学探究能力和组织实践活动的能力，使自己成为探究型、创新型教师。因此，教师要具有敏锐的洞察力，要有问题意识，要善于把社会、教学中的困惑变成问题，把问题变成课题进行探究。这就需要教师从教师专业发展的需要出发，注重理论素养、创新素质、综合能力、全面发展、创新知识的综合培养。三是要提升人文素质、能力素质，使自己不仅具有人文知识、人文思想、人文方法和人文精神，还要掌握科学技术知识、科学方法，树立科学思想，崇尚科学精神，并具有运用这些知识解决实际问题和服务社会的能力。

3. 教育科研能力

当今正处在教育改革的时代，要完成这一历史重任，高等学校教师就必须具有较强的教育研究能力。教育改革呼唤教育科研，教育科研已经受到越来越广泛的重视，它不再停留在教育科研部门，而是深入到广大教师和教育工作者中。教育科研能力已经成为高等学校教师必备的能力。教师成为研究者，是指教师应该具有一定的教育科研能力，要对自己的教学行动进行反思、研究和创新。教师教育科研能力的强弱，是教师专业发展的重要标志。

教师的教育科研能力是一个综合的能力结构，主要包括以下四个方面。

一是选题能力。教师根据自己的特点和兴趣，在大量的教育实际问题中抓住今后有发展前途，具有研究价值、科学性、创新性和可行性的问题进行研究。

二是课题研究的实施能力。课题确定之后，如何进行研究，这就要选择研究方法问题。选择适合自己的教育研究方法，是提高工作效益的重要环节。行动研究是首选的研究方法。行动研究的主要特点是研究者对自己在教育实践中的行为和发现的问题进行反思和研究，并以解决问题、取得成效为最终目标。行动研究不是一种方法，而是一组方法。

三是教育科研成果的表述能力。教育科研论文由于内容、结构和表述形式的不同可分为理论阐述式论文、研究报告式论文、模式构建式论文、经验总结式论文、案例式论文，教师应掌握相关论文类型的表述方法提高教育科研成果的表述能力。

四是合作研究能力。教育科研发展的重要趋势就是群体攻关，优势互补。群体攻关合作研究，不仅能提高个人的科研能力、研究队伍的整体素质，还能发挥科研的群体效应。合作研究要求教师要有较强的合作研究能力。这种合作意识和研究能力将增强科研群体的聚合力，使群体成员形成浓厚的团结合作的科研氛围，每个成员都充分发挥主动性、创造性，从而很好地完成教育科研任务。高等学校教师不是专职的教育科研人员，因此高等学校教师可与专职教育科研人员或其他相关人员进行合作，提高自己的合作研究能力，共同进行教育科学研究。

4. 学法指导能力

学法指导比传授知识更为重要。"授人以鱼，不如授人以渔"。对教师来说，教给学生知识不如交给他们学习方法，培养他们的学习能力，使他们终身受益。学习能力是一种综合能力，学习能力的高低直接影响着学生掌握知识的数量和质量。

教师的学法指导能力对培养学生学习能力起着至关重要的作用。因此，教师要不断提高自己的学法指导能力，掌握学法指导的要领及方法，根据不同的学生、不同的课程内容和不同的教学环节，确定学法指导的目标、措施和方法；注意学法指导与学习内容的配合，增强学生的自信心，让学生获得成功的体验；在教学过程中，要交给学生学与练的方法，构建学法指导框架，促进知识的运用和迁移，使学习获得最优效果。

学法指导的内容：一是对学习过程的各个环节及方法的指导；二是学习动力的培养；三是学习能力的培养，即对观察力、记忆力、思维力、注意力的培养，这是学法指导的主要内容。

三、高等学校教师专业发展的途径

高等学校教师专业发展需要有明确的目标，这是一个需要统筹规划的系统工程，需要内外要素联运，形成合力。就教师自身而言，既要有外部条件的督促和保证，更要有教师自身的研修。

（一）高等学校教师专业发展的自我实现途径

1. 转变观念，树立自我专业发展意识

如果教师的观念停留在传统的将教书视为谋生手段或"教书匠"的层面上，或者把教师的培训仅依赖政府行为，就会缺少专业发展的要求和动力。因此，高等学校教师专业发展第一要务就是转变教师发展观，要与时俱进。随着经济社会的发展，"工匠型""技术型"的教师已经落伍，只有"专业化""研究型""反思型""创新型"的教师才能跟上时代的步伐。高等学校教师要充分认识自身专业发展的重要性和紧迫性，及早做好自身专业发展的规划。树立自我专业发展意识，确立专业自我，是高等学校教师专业发展的重要途径。自我专业发展意识就是教师基于现实教学需要，按照专业发展的要求而形成自己未来发展目标的系统化、理论化的认识。自我专业发展意识能将教师过去的发展过程、目前的发展状况和问题、未来可能的发展目标结合起来，使得教师能理智地实现自己，科学地规划未来。可以说，教师如果没有自我发展意识，就很难有理想追求，也很难有自我潜能的挖掘，也就不可能有教师专业的快速发展。

2. 自我研修，终身学习

基于社会的发展、培养人才目标的变化和专业发展的需要，高等学校教师要有目的、有计划、有针对性地坚持自主研修，无论是学科专业素养、教育心理学专业素养、各种相关能力素养和科学文化素养，教师都要静心研修。专家们的远见卓识、深邃思想和现代教育理念，要靠教师自己深刻研修。教师深入领会和吸收这些知识和观念，会使自己智慧抬升，拨云见日。

终身学习是应对社会经济发展、与时俱进的有效举措。高等学校教师不仅是知识的传播者，还是知识的研究者和创造者；不仅要进行科学研究，还要进行社会服务。这就更要求教师要坚持终身学习，要有计划、有目的、持续不间断地学习。这种学习不仅是对学科知识的

学习，也是对现代教育理念和方法的学习；不仅是对书本知识的学习，也是对社会、生活、实践和经验的学习。

3. 勤于反思，总结提高

教学反思就是教师借助于行动研究，不断探索和解决自己在教学实践中产生的问题，是对教学经验进行回顾与重新认识，以产生新的更趋合理的教学活动过程。美国心理学家波斯纳于 1989 年提出的教师成长的公式：经验+反思=成长，已被广大学者和教师普遍认同。对教学进行反思并不断总结提高，是教师成熟的重要标志。没有反思会使教师满足于狭隘的经验或陷入教学惰性不能自拔；没有反思，就没有对挫折失败的理智反省和对成功创造的欢乐体验，就会暗淡人生的意义。学习、实践、反思、总结、提升，循环不息，定能极大地促进教师的专业发展。

4. 勇于实践，不畏艰难

实践增长才干。高等学校教师必须把学到的理论和方法用于教学实践，才能取得效果和积累经验，同时也能检验和发展理论与方法，从而形成自己的符合学生特点的教学风格。教师在尝试、探索、创造新的教学模式和方法时，会花费很多精力和时间，甚至会引起一些非议，这些都要求教师坚持正确，改正不足，不惧困难，激流勇进。

5. 合作交流，共同提高

目前，合作文化已成为西方发达国家教师文化发展的走向，被认为是最理想的教师专业发展文化。为促进高等学校教师专业发展和群体质量的提高，教师可组建专业发展共同体，进行合作交流，实现共同发展。在这个相互学习的团体中，与不同思维方式、知识结构、学术水平、教学风格的教师进行合作沟通，互相启发、互相补充，实现思维和智慧的交流与碰撞，将团体的智慧转化为个人的知识，从而促进教师个人和团体的专业发展。专业发展共同体，可以由不同学科专业、具有相同发展特征的教师组成，也可由相同学科专业、不同发展阶段和不同特征的教师组成。

（二）高等学校教师专业发展的外在途径

1. 制定高等学校教师专业发展指标体系和评价制度

高等学校教师专业发展已引起社会的关注，国家和地方教育行政管理部门高度重视，因为这直接关系人才培养，关系中华民族的复兴。目前，我国在促进高等学校教师专业发展方面已制定了一些相关政策，如教师资格政策、提高教师待遇和地位改革，但这些政策缺乏具体的保障措施。因此，建议国家和地方教育行政管理部门对高等学校教师的专业发展现状进行调研，分析现状，提炼问题，驱动政策研究，制定全面的、系统的、操作性强的高等学校教师专业发展指标体系，以此评价高等学校教师专业发展的成熟度和水平，并作为教师提职、晋升、评优的依据。这样才能改变教师重科研轻教学的弊端，才能客观评价教师，也必然会促使高等学校教师专业的全面发展。

2. 建立培训制度，提升教师素质

随着教育的发展和人才培养目标的变化，社会对高等学校教师素养的要求越来越高，不

能认为有知识、学历高就能当好老师。高等学校教师必须经过岗位培训，这是加强教师队伍建设、提高教师整体素质、促进教师专业发展的有效手段。然而，我国高等学校教师培训相当薄弱，国家、地方教育行政部门和学校要高度重视高等学校教师培训，制定高等学校教师培训制度激励政策，进行国家、省、校分层分级培训，不参加培训不得上岗。

教师培训的内容很多，除高等教育法规、高等教育学、高等教育心理学和高等学校教师职业道德四门教育理论外，还包括现代教育理论、教学方法论、课程论、计算机基础知识、课件制作及人文修养课程。培训主要采用专家讨论讲座、教师研讨、自主研修的方式，这有利于高等学校教师提高综合素质，促进专业发展。

3. 开展院（系）本教研，成为研究型实践者

院（系）本教研就是以现代教育理念为指导，以促进教师专业发展和提高教学质量为宗旨，为了改进教学，教师在教学中发现问题，并依托院（系）的资源优势和特色研究解决教师在教学中的实际问题，交流总结，提升经验，形成民主、开放、高效的教学研究机制。

其特点：一是教师是院（系）本教研的主体；二是院（系）本教研是在教学情境中生成的教学研究，它不同于专业研究，而是基于本院（系），为了院（系）发展的实践性教学研究；三是研究的对象是教学中亟待解决的问题；四是同伴互助合作交流切磋的教学研究。

院（系）教研简便易行，是重要的教学研究形式和专业发展平台。高等学校院（系）应积极开展院（系）本教研，形成制度。院（系）本教研的内容包括学科专业学校研究和教育科学研究，研究的形式多样，有教学主体研讨会、公开教学观摩课、教学改革研讨会、科学研究和教育科学研究学术报告会、种类学术研讨会、教学咨询等。在教研活动中，可以邀请有经验的教师或专家参加指导。教师将教学中的困惑、问题、成就展现出来，共同研讨，既可直接接受专家和有经验的教师指导，又可有更多机会向其他教师学习，取长补短，这是实现专业自我发展的重要途径，因此，教师要积极参加院（系）教研。

4. 加强政策引导，强化教师专业发展

国家、地方教育部门和学校要多方筹集资金，用于教师的专业发展，特别是增加用于提高教师培训、提高教学能力和水平方面的预算；加强师德教育，激发教师重视教学、关爱学生和自我发展的自觉性；制定高等学校教师发展规划和培训计划及相关的机制和政策，成立高等学校教师专业发展中心，制定激励教师重视教学、关爱学生、自我发展的政策。国家、地方教育主管部门和学校要通过体制、机制的创新和政策支持，为教师成长和专业发展创造条件。

5. 对外交流，积极参加教育科研活动

对外交流，积极参加国内外教学会议、教学研讨会，特别是各级学科教学研究会组织的学术会议，这有助于教师置身更广阔的空间，拓展专业认知，了解专业发展前沿，熟悉国内外教师专业化的趋势和特点。各种对外学习交流的途径，可以极大地拓展教师的专业发展视野，从而采取行动，积极应对教师专业发展的挑战。

第九章　教学模式研究与实践

第一节　开展教学学术研究，提高人才培养质量

2007年1月，教育部、财政部正式启动实施"高等学校本科教学质量与教学改革工程"，即"质量工程"。2007年7月，教育部、财政部决定在"十二五"期间继续实施"高等学校本科教学质量与教学改革工程"（简称本科教学工程），以引导和鼓励教师积极进行教学改革，提高本科教学质量。然而，深入研究发现，教学改革表面轰轰烈烈，课堂教学却"涛声依旧"，依然存在着"科研过热，教学过冷""做科研者名利双收，从教者碌碌无为"的客观现象。我们在赞叹政策制度、设施建设等硬指标与日改善的同时，也不安于教学质量提高甚微的现实。其主要原因是受到"科研即学术"和"教学非学术"的思维方式的影响，教师产生了重科研轻教育的思想和行为，从而使高等学校对自身职能及如何有效履行职能的认识产生了偏差，使高等学校教学的基础地位受到了动摇。教学学术的提出和研究，有助于纠正长期以来高等学校重科研轻教学的偏向，对促进教师专业发展，提高本科教学质量有重要意义。

一、教学学术的含义

教学学术是1990年美国教育家卡内基教学促进基金会主席厄内斯特·博耶（Ernest Boyer）针对美国大学教学的性质、特点和重科研轻教学，导致本科教学质量下降的现象而提出的一个概念。此概念提出之后，博耶等并没有对其下明确的定义，有的只是一些描述性的解释。本书认为，教学学术，是指有系统而专门的教和学的学问或知识，在教学中表现出来的高超能力和在教学实践、教学研究中取得的卓越成果。教学学术研究解决"教什么""怎么教""为什么这么教""怎么学"的问题，要求教师达到"愿教""会教""能教"，学生达到"乐学""会学""学会"，教师的"教"和学生的"学"要达到和谐统一。教学学术是高等学校的教师从教和学的实践中发现问题和提出问题，运用教育理论和适当的教育科研方法对问题进行研究，并将研究成果应用于教学实践或进行教学、反思或评价。

教学之所以成为学术，从过程上说，教学学术研究的过程与科学研究的过程是一样的，也必须经过问题的选择、调查研究、查阅文献资料、制定研究方案，并对研究的成果进行分析、交流、评价和反思的全过程。所以，教学并不是有嘴和会知识就能教好学，教学过程也是一个探索过程。从教学的本质上来说，教学学术是教师在教学实践中的创造性成果，同其他科研成果一样，具有将成果公开交流、评价的特点。

教学学术不仅是教学的一种活动，更是一个对教学的研究过程，表现在教师教学全过程中。教学目标的制定，教学内容的选择和创新、课程资源的开发、教学方法的选择和学法的指导、人才培养模式的创新、教学技能的培养、教学情境的创设、教学媒体的使用和课件的制作、生命课堂的创设等都离不开教师的探索研究和创新。教学学术研究有很强的教学实践性，与理论的专业学术研究不同，它更多侧重具体教学的应用性和实践性。

二、教学学术的价值

1. 强化教学观念，平衡科研和教学的关系

目前，高等学校对教师业绩的评价过于功利化，在其评价体系中主要侧重于科研成果，科研凌驾于教学之上，致使相当一部分教师把精力和时间更多投入科研上，产生了重科研轻教学的普遍现象。教师教学观念淡薄，对教学的关注甚少，忽视了教学能力的培养。有研究表明：我国高等学校在一定程度上存在着学生对教师教学和教学质量总体水平不甚满意的现象。这已违背了教学是高等学校的中心工作和"质量工程""本科教学工程"的要求。教学学术思想的提出，有助于提升教学工作的地位，转变教师观念，增强教师教学责任心，从而平衡科研和教学的关系。

2. 促使教师专业发展回归高等学校的本真目的

高等学校产生以来，教学始终是高等学校教育的中心工作。传授高深的知识是高等学校的基本职能，高等学校教师专业发展的核心是"教学专业"。而以知识素养提升为主要目标的人才培养活动，最终是靠教师的教学活动来实现的。随着社会经济的发展，高等学校的培养目标、人才培养模式和手段，以及高等学校的职能等都发生了变化，但高等学校的教学中心不应变。高等学校仍以传授知识、培养高素质人才为本质，这也是高等学校的根本目标。当今，本科教学质量下降、创新人才的短缺、"钱学森之问"等，从本质上说就是对高等学校教学质量的批评和对教学改革的呼唤。而进行教学改革、提高教学质量，教师责无旁贷，这就要求教师既是知识的传播者，又是知识的创造者；既是传播知识的艺术家，又是教学改革和教育理论生成的研究者，即教学学术研究者。因此，教师的专业发展，其核心就是教学学术的发展。教学学术概念的确立，教师把传授知识作为一种高深的学问来探究，体现了对教学和人才培养的尊重，更是回归了高等学校的真实本质。

3. 促使教师进行教学研究

教学是高等学校教师的天职，但长期以来人们普遍认为掌握了学科知识就会教学，很少有人认为教学是科学、是艺术、是技能，是一种学术活动，具有学术性，因而教师不研究教学。学术的基本特征是探索、研究和创新，而教学具有学术性，所以高等学校教师要提高教学质量、改进教学方式、提高教学学术水平，就要努力地研究教学。正如舒尔曼所说："将教学视为学术的一种，就不仅要将教学作为一种活动，而且要作为一个探索的过程，不断地对其研究。"另外，学术在高等学校教师心目中有很高的地位，教学学术的提出，扩大了学术的范围，突破了对学术的狭隘理解，避免了教师只重视学科科研，不重视教育科研的弊端。

4. 创新教师专业发展理论

教学学术阐释了高等学校教师专业发展的本质。我国教育理论工作者认为，教师专业发展主要包括教师发展阶段和教师专业发展内涵两方面。教师发展阶段主要研究教师专业发展的阶段和各阶段的要求；教师专业发展的内涵主要研究教师专业素养及其发展途径，即专业情感、专业知识和专业技能及发展途径。教学学术的提出，丰富了高等学校教师专业发展的内涵，指出了高等学校教师专业发展的本质，即教师的专业发展不仅是学科专业知识、技能的发展，更应是其教学学术的发展。这对促进高等学校教师专业发展由重科研轻教学的发展

模式，转变为更加重视教学能力的提高，具有重要的理论指导意义。

教学学术明确了教师专业发展的途径。长期以来，人们普遍认为教师专业发展途径：一是自修学科专业知识和技能，深厚涵养；二是勇于实践，增长才干；三是勤于反思，总结提高；四是积极参与培训，拓展对外交流。这些都是促进教师发展的有效途径。而教学学术的提出，强调了教师对教学的研究，指出了进行教学学术研究是教师专业发展行之有效的途径。

三、教学学术研究的实施策略

1. 树立教学学术观念

更新学术观念，改变过去狭隘的学术内涵，树立教学乃学术的观念，确立高等学校教学学术的地位，这是提升高等学校教学学术水平，促进教师专业发展的基础。要从理论、政策及思想上赋予教学学术合理的地位。特别是管理层，要带头树立教学学术观念，始终把教师的教学学术发展放在重要地位。要强化教师的教学责任意识，激励教师积极探索、研究教学学术。在学校发展、学科和专业建设及教师专业发展规划时，要把教师的教学学术发展放在重要位置；要引导教师以学术的视角看待教学，教学水平也是学术水平；明确教学学术的价值取向和规范，为教师的教学学术发展创造良好的外部条件；要以教学学术理念规范和完善高等学校的教学管理制度，使教师的教学学术研究工作和成果得到应有的回报和奖励。高等学校教师，只有深刻理解教学学术的内涵和特征，提高对教学学术的认识，才能真正树立教学学术观念，才能把教学学术的研究作为其专业发展的重要方面，才会有探索、研究和发展教学学术的动力，从而提升教学学术水平。

2. 积极开展教育科学知识的学习研究

高等学校教师要开展教学学术研究，就必须具备扎实的教育学、心理学和学科教学论知识，这是成为教师的条件性知识。否则，教学中没有教育教学理论和方法的指导，教学就只是知识的堆积，只有预设没有生成，更谈不上教学学术研究。目前，我国高等学校的教师，特别是青年教师，学历高，学科专业知识比较扎实，能够把握学科专业发展前沿。但他们严重缺乏教育学、心理学和学科教学论知识，无论是老教师还是青年教师，无论是有教师教育背景和无教师教育背景的教师，他们的教育观、教学观、课程观、知识观、学习观、教师观、学生观、质量观和评价观等都相当滞后，对现代教学观念、教学方式、教学原则、教学规律、教学策略等缺乏理解和感悟，更不知怎样进行教学学术研究。因此，积极开展教育学、心理学和学科教学论知识的学习和研究是当务之急。可成立教育教学理论研究小组，其学习方式可采用自主研修、专家讲座和集体培训等，督促教师更好地认识教育教学活动的探究性、创造性和学术性。

3. 积极开展教学反思活动

"经验+反思=成长"，这是美国著名教育心理学家波斯纳（Posner）在 1989 年提出的一个教师成长公式，认为没有反思的经验是狭隘的经验，不能促进教师获得良好的发展。高等学校教师要具有较高的教学学术水平，就必须经常反思自己的教学实践，不断地总结经验和汲取教训，以增强自己教学行为的科学性和有效性。教学反思是教师对教学中课程资源的开发、教学内容的创新、教育方式方法的选择、教学策略和媒体的运用、教学效果的评价等方面进行全面审核的过程，是教学反思与反思后教学的有机统一，是教师进行教学学术研究，提高教学学术水平的重要途径。教学反思的方法：一是撰写反思日记，即对一节课的教学实践活动进行认真的分析、总结，对成败得失的原因系统深思，并写下体会和感悟。二是进行反思对话，即与学生或听课教师进行切磋交流，受到启迪后再进行自我反思。三是进行教学实况分析，即把教师的课堂教学实况录制下来，教师再观察自己的课堂教学实况，这种方法也有利于教师反复思考教学问题，寻求问题解决方法。

　　4. 完善制度建设，形成正确的学术评价导向机制

　　完善制度建设，形成正确的学术评价导向机制，是确立教学学术研究地位、提升高等学校教师教学学术水平、促进教师专业发展的关键。目前，我国在科研方面比较重视学科专业的学术研究，轻视教学学术研究，这已经在不同程度上挫伤了教师从事教学学术研究的积极性。教师晋职、评奖把学科专业学术成果作为必要条件，而没有把教学学术成果作为必要条件。有的高等学校虽然增加此项要求，也是象征性地做些表面文章，教学学术研究并没有取得真正意义上的学术地位。没有与之相配的制度建设，教师的教学学术是很难提高的。首先，高等学校在对教师评价、职称评定、教师招聘等方面要向教学学术倾斜，毕竟高等学校不是研究所，教授不是研究员，要把教师的工作重心引导到研究教学学术、提高教学质量上来，形成崇尚教学学术的氛围。其次，要建立教学学术的基本规范和教学质量标准，使教学学术的评价"实"起来，使教学学术条件硬起来，不再规定完成一定的教学工作量，要对教学质量作硬性要求，使对教师的教学学术和教学质量评价具有科学性和可操作性。最后，建立提高教师教学学术水平的相关机构。教学学术理论的提出，教学学术研究将成为学术研究的常态，这就要求高等学校必须为教学学术研究提供组织保障。学校和院系可建立教学学术促进委员会、教师发展中心、教学研究中心等机构，让教师在这些机构中交流、切磋，研讨教学中发生的问题，这时的教学就变成了教学学术。

第二节　高师地理建构式多元互动教学模式的研究与实践

　　建构主义理论的内容很丰富，其核心是，以学生为中心，强调学生对知识的主动探索、主动发现和对所学知识意义的主动建构。互动教学方式强调学生探究能力的培养，强调知识的综合性和实用性，强调以教学过程或思维过程为定向。建构式多元互动教学模式就是将建构主义学习理论与互动教学有机地结合，形成一种相对稳定的新型教学模式。实践表明，在教学中运用建构式多元互动教学模式，为学生真正主动地学习提供了一种行之有效的教学模式，能促进学生的社会技能、社会情感及自主创新能力的发展。

一、建构式多元互动教学模式及其意义

　　建构式多元互动教学模式，就是以学生为中心，在教师创设的情境、合作与对话等学习环境中，从多角度、多形式，利用多种资源进行的整合互动，从而使学生充分发挥主动性和积极性，能够对所学的知识进行意义建构，并用其解决实际问题的一种个性化教学模式。

　　在建构式多元互动教学的实施中，学生是知识的主动建构者和运用者，教师是多元互动的组织者、引导者、参与者、促进者和知识学习的帮助者。教材是学生知识建构意义的对象。

媒体是用来创设情境、对话交流、合作探究的认知工具。在这种教学过程中，教师、学生、教材、环境四个要素既存在着必然联系，又各自发挥不同的作用，因而成为教学过程中的一种稳定结构，即建构式多元互动教学模式。

建构式多元互动教学模式，将建构主义基本理论与教学互动有机整合，极大地调动了学生对知识的主动探索、主动发现、主动学习和对所学知识意义的主动建构的积极性，对培养学生的自主创新能力、合作探索能力和综合建构能力有极大的促进作用。

二、建构式多元互动教学模式的理论依据

1. 建构主义理论

建构主义理论的内容很丰富，其核心可概括为：以学生为中心，强调学生对知识的主动探索、主动发现、主动参与和对所学知识意义的主动建构。

建构主义认为，学习总是与一定的问题情境相联系的。知识产生于问题情境，在问题情境中进行学习，可以使学生能更好地利用原有认知结构中的知识、经验和体验去同化所学的新知识，从而赋予新知识以某种意义；如果原有的知识、经验和体验不能解释和同化所学的新知识，则要引起顺化，即对原有知识结构进行修正、扩充和重建。总之，学生通过"同化"和"顺化"实现对所学新知识意义的建构，并在"平衡—不平衡—平衡"的循环中得到不断地丰富、提高和发展。因此，在运用建构主义理论指导教学时，教师应着重考虑如何通过适当的教学活动，创设问题情境，以及选择什么样的学习方式和方法，使学生能够主动探索、主动学习，有效地利用各种工具和资源实现知识意义的建构。

2. 现代教学理念

现代教学论认为，教学过程应是学生主动学习的过程，它不仅是一个认识过程，还是一个交流与合作的互动过程。学生的学习方式，不全是听教师讲授，更重要的是自己去思考、体验和建构，以及同同学之间的相互交流。

教学应促进学生的发展。维果斯基的"最近发展区"理论认为，学生独立解决问题时的实际发展水平（第一个发展水平）和教师指导下解决问题时的潜在发展水平（第二个发展水平）之间存在着一定的差距。因此，教师绝不能消极地适应学生智力发展的已有水平，而应当走在发展的前面。教学应该不断创造"最近发展区"，不停顿地发展学生的智力和情感。学生是学习的主体，教师要充分发挥主导作用，帮助和促进学生的知识建构。

教学应该是从问题情境中得到发展。建构主义认为，学习总是和一定的问题情境相联系的。在问题情境下进行学习，学生可以更好地利用已有知识和经验去同化新知。因此，问题情境必须与学生已有知识和经验相适应，这样才能引起学生的兴趣和思考，促进学生的发展。否则，学生将无法建构新知识。

3. 人境交互决定说

人境交互决定说是当代美国著名心理学家班图拉提出的，他用行动、人的因素和环境因素相互联结着的不断交互作用来解释心理机能。他认为"人的心理机能是由人、行为和环境这三种因素之间连续不断的交互作用所决定的。"在教学过程中，学生的学习和认知，是人、行为和环境诸因素之间的一种连续不断的交互作用的结果。在这个交互作用过程中，学生的思想、情感与行为是从观察教师和同学的行为及其与环境的交互作用中形成的。

促使学生的潜能被激发的有效方法，就是让学生与环境进行互动。因此，多元互动教学就是通过和谐的师生互动、生生互动，学生与教科书互动、学生与环境互动，以及学生自身内部互动，来实现学生与环境的交互作用。为了便于互动，加大交互作用的力度、密度和广度，必须采取一定的措施来缩短师生与生生的身体距离和心理距离。

三、建构式多元互动教学模式的操作序列

建构式多元互动教学是以学生在教学过程中与教师、学生、教学媒体的交互作用的发展规律为主线的，把学生的交互作用发展过程可分为四个阶段，即启动—初动—联动—能动。

启动就是教师创设情境，设置教学事件，展示教学目标，联系归知，架设桥梁，激发学生的学习兴趣。学生进入学习角色，参与教学事件，了解教学目标，产生求知兴趣。在新旧知识的联系上产生问题，感受新知，引发解决问题的动机。这一阶段主要是引发学生产生互动学习的欲望，并将互动学习欲望推入互动运转状态。

初动就是教师提出问题，并以问题为线索，组织学生自学，指导学法，学生运用学法，了解学习内容和质疑问难。这一阶段是学生将互动学习的欲望外化为互动学习的运行。

联动就是教师以问题为线索，组织学生进行分析、比较、讨论，帮助学生理解消化知识，并以训练为手段，进行评价、反馈、总结，把新知识综合为完整的体系，加深理解。学生在讨论中畅所欲言、主动思考、多向交流、理解、消化知识，并通过练习，矫正错误，把知识内化到已有的知识框架之中，实现同化互动和顺化互动。这一阶段是不同层次的学生分别在相应的层次上实现与环境的充分互动。

能动就是教师在学生对知识的理解基础上进行知识的再现、联想，诱发学生的想象力，进行有深度的交流，并指导学生学以致用，挖掘其创造性潜能。学生根据知识的内在联系，比较异同，找出规律，举一反三，并把所学知识与方法用于学习、生活和社会实践。这一阶段是学生在理解的基础上做内在能动式的学习，并在一定量和质的互动学习基础上，向更广泛的外部环境互动学习发展。

在这四个阶段中，每个阶段同时是前后阶段的必要前提和内在成分，各个阶段可以相对独立但彼此紧扣。在实际教学中，对前后阶段之间可以镶嵌简化。例如，在一堂地理课中，可能并不具备这四个阶段，但一个具有独立性知识系统中，则需要体现这四个阶段。如果缺少启动阶段，则教学缺乏情意支持，课堂变得死气沉沉；如果缺乏初动和联动阶段，则教学必然会走过场，学生没有获得新知；如果缺乏能动阶段，则学生会照猫画虎，新知识会在学生的认知结构之外，无法在日后进行检索和应用，更谈不上创造力的发展。四个阶段环环相扣，才能使整个教学过程不断循环发展。

四、建构式多元互动教学模式的实施策略

新课程理念认为，课程是由教师、学生、教材和环境四个要素互联互动、整合建构的良性"生态系统"。在这个生态系统中，建构式多元互动教学实施策略包括以下几个方面。

1. 同化互动

同化互动，就是学生对教材、资料和环境凭借已有知识与经验去同化所学新知识的互动。同化互动的目的是培养学生自主学习、自主探究和获取新知识的能力。

在地理教学中，让学生阅读教材或图像，学生就要和教材、图像对话，思考研究教材和图像反映的内容和提出的问题，探讨其应用价值，并力图找到解决问题的程序和方法。这时，学生凭借已有的地理知识与读图能力，查阅相关的图书与资料，在新知产生与发展过程中去发现问题、提出问题、分析问题、解决问题，反思评价自己的探究行为，体验感悟自己的探究过程和方法，探究掌握新知的技能。这一尝试探究的互动，就是应用已有知识同化新知识的互动，从而将新知纳入自己已有知识的认知结构之中。同化互动的方向主要是由学生指向教材、资料及环境等。

2. 顺化互动

顺化互动，就是教材、资料、环境对学生的改造互动。当学生凭借已有的知识技能不能去解决问题、同化新知时，就需要学生对已有的知识和经验、思考方式、智能结构进行补充、修改和重建，以获得新知。顺化互动的目的是使学生已有的知识结构得到新的提升，即将学生已有的知能结构与新知重新进行整合建构，形成一种新的知能结构。顺化互动是学生不断掌握新知，不断适应环境变化的主动适应、主动发展的过程。顺化互动的方向与同化互动的方向相反，主要是由教材、资料和环境指向学生。

3. 交替循环递进的平衡互动

在建构式多元互动教学中，同化互动与顺化互动是交替产生循环进行的，首先由同化互动使学生获取新知，达到新知能结构的平衡，再由顺化互动打破这种同化互动得到的暂时平衡，通过重建又达到更高水平的新的平衡。这种交替循环递进的平衡互动是由较低水平的平衡互动不断提高到较高水平的平衡互动。这是学生与教材、环境进行多元互动的规律。正如皮亚杰所说，智慧行为依赖于同化与顺化这两种技能从最初不稳定的平衡过渡到逐渐稳定的平衡。学生的知识、技能的形成与发展，正是在这种同化互动与顺化互动交替进行的循环递进的平衡互动中实现的。

4. 师生互动

教师与学生的互动，是异类异质互动，互动的重点是解决学生同化互动、顺化互动、平衡互动中解决不了的问题。但教师有特定的教学任务，因此，在师生互动中，教师要努力做到民主平等互动和启发诱导互动。

民主平等互动，就是要求教师要站在学生的角度与学生进行民主平等互动。在师生进行教学的互动中，教师在把握地理知识、能力等方面大大优于学生。但在信息时代，学生在获取信息的渠道、方式、速度、数量上，或在其感兴趣的某一方面或某一点上，可能会超过老师。教师要清楚地认识到这一点，教师只有尊重学生、理解学生、站在学生的角度与学生进行民主平等的互动，才能使师生互动发挥出强大的作用。

启发诱导互动，就是师生的互动点，不仅仅是知识，更主要的是获取知识的"过程与方法""情感态度价值观"的启发诱导。师生互动主要是教师要根据学生的学习情况，通过创设符合学习内容要求的情境和提出新旧知识之间联系的问题，帮助学生建构所学新知。教师或诱导思路，或激发情趣，或指导方法，或帮助反思，或示例体验，或指导感悟，以启迪学生思维和调动学生的内动力，让学生能够从同化互动尽快向顺化互动过渡，实现同化互动与顺化互动的交替平衡递进，而不是简单的知识问答，这是师生互动的本质特点。

5. 生生互动

生生互动就是学生与学生在合作探索中的互动，属于同类异质互动。学生的质性千差万别，每个学生都有独特的智能结构。如果学生都意识到课程资源不只是来自教师、教材和环境，更来自于不同质性的同学，那么，学生就能更加广泛而深入地博采众长，促进个性的充分发展，知识意义建构的效率会更高，质量会更好。

五、建构式多元互动教学模式课例

下面以高师《自然地理学》"农业生态系统"一节为例，分析建构式多元互动教学模式的教学设计思路。

启动　师：用计算机多媒体播放农业生态系统的有关图像。

初动　师：提出问题：农业生态系统的主要特征有哪些？请同学们看图像并结合课本回答。

生：和教材互动并回答问题。

启动　师：小结承转。播放生态农业示范区图像。

联动　师：提出问题：什么叫生态农业？生态农业有什么优点？请同学们分组讨论。

生：分组讨论交流，然后由一人代表小组发言。

师：小结承转（知识小结略），从同学们的精彩发言中，可以看出，同学们对什么是生态农业和生态农业的优点有了比较深刻地了解，出现了很多思维的火花，我们应向他们学习。那么，我国现在生态农业的类型主要有哪些呢？

启动　师：播放北京留民营村生态农业系统结构图、珠江三角洲的桑基鱼塘图及其生态农业景观图像。

初动　师：请同学们看课本并结合图像，谈谈我国现在有哪些主要的生态农业系统类型？各类生态农业系统的结构是怎样的？

生：和教材互动，并回答问题。

能动　师：根据北京留民营村和珠江三角洲的桑基鱼塘生态农业系统结构图，请你绘出生物立体共生型生态农业系统结构图。

生：绘生物立体共生型生态农业系统结构图。

师：巡回具体指导。

师：让同学互相交流作品，并进行表扬和小结。

能动　师：联系家乡实际，你认为你的家乡应采用哪种类型的生态农业系统？为什么？并绘出其结构图。

生：讨论并绘图。

师：评价并总结。

课后练习：绘出菲律宾马雅农场生态农业结构图。

六、结语

建立在建构主义学习理论基础上的"建构式多元互动教学模式"，为学生真正主动学习提供了一种行之有效的学习方式，它有利于实现建构学习、有意义学习和互动学习的一体化。这种自然、完整、和谐的教学模式具有普遍的适应性。

为适应建构式多元互动教学模式的需要，教师必须转变教育教学观念，变知识的传播者为教学活动的组织者、引导者、参与者和研究者。要重组教材内容，创设问题情况，实行开放式教学，调动学生对所学知识意义主动建构的积极性，组织全班交流和讨论，这是本教学模式的基本做法。

第三节　高等学校自探共研课堂教学模式研究

目前，高等学校课堂教学仍以传统的接受式教学方式为主，这种教学方式以教师为中心，忽视学生的主体地位，将学生置于消极、被动的状况；教师注重书本知识的传授，忽视学生创新精神和实践能力的培养；重视学习结果，轻视学习过程；重视知识的传承，忽视知识的创新；重视教师的讲授，忽视学生的自主探究活动。因此，学生的学习积极性不高，学习的主动性和创造性被压制，学生的学习潜能得不到充分开发，整体素质得不到提高，影响了创新人才的培养。

高等学校要培养学生的创新意识、创新精神、创新能力和实践能力，就必须改革传统课堂教学模式，构建现代发现性教学模式，架起现代教学理念与课堂教学实践的桥梁，营造具有生命力的课堂，以实现培养创新型人才的目标。基于此认识，资环学院在地理科学国家级专业综合改革试点建设中，构建了"自探共研课堂教学模式"。

一、自探共研课堂教学模式的内涵

自探共研课堂教学模式是指教师运用现代教育理念，指导学生在自主学习的基础上进行自主探究和合作研讨，从而使学生系统掌握知识、形成技能、获得方法和创新知识的一种教学模式。

自探就是学生在明确要解决的问题后，在自主学习的基础上，像科学家一样去进行科学探究。自探包括两方面：一方面是课堂上自探，又称接受式自探，即学生在教师提供的资料、图件、影像、案例或创设情境的基础上，进行自主探究；另一方面是课后自探，又称发现性自探，即学生通过调查研究、收集资料、处理资料、科学实验等进行自主探究。在学生自主探究过程中，教师要进行分层指导，引导学生多角度、全方位去分析问题和解决问题，要鼓励学生的求异思维，培养学生的创新能力。

共研就是师生共同研究、研讨，探索解决问题的新思路、新方法和发现新知识。共研包括两方面：一方面是课堂上的研讨，即学生与同学、教师进行的合作交流、质疑释疑，做到自己提出问题、分析问题和解决问题，并在合作交流中有所争论、有所发现、有所创新。教师的主要作用：一是制定规则，教给学生合作学习的技能，提出要求，明确合作学习任务；二是重视学生独立思维及在小组合作学习中的作用，让学生的思维在不断碰撞中迸发出智慧的火花；三是引导学生质疑释疑，发现闪光点；四是进行差异教学，组织好交流、总结和拓展。另一方面是课后的课题研究，即让学生在教师指导下积极参加教师的科研活动，让学生通过调查研究、收集和处理资料、科学实验、表达与交流等研究活动，去发现问题、提出问题、分析问题和解决问题。

在这个教学模式中，教学过程不是传统中的师讲生听的简单过程，对学生来说，是一个主动求知、主动参与、积极探索的过程；对教师来说，是一个按知识的内在结构和学生的认知规律进行学习指导与探索的过程。

自探共研课堂教学模式的目标，不仅是使学生掌握知识和技能，更重要的是培养学生的创新精神、创新意识、创新能力和实践能力，促进学生综合素质的发展。其具体目标：一是培养学生自主学习的自信和情趣，使其形成积极主动、独立思考的学习态度，养成自主学习的良好习惯，促进学生自主发展；二是培养学生交流互动能力、沟通能力和协作能力。

自探共研教学模式的核心思想是在学生自主探索、共同研究活动中，发展学生以创新精神、创新能力和实践能力为核心的素质。学生充分发挥主观能动性，真正成为课堂教学的主体，全身心地投入自主探索、共同研究活动之中，不仅使其牢固地掌握知识和技能，还能促进其创新思维的发展和科学态度的形成，更能发挥其自主性、能动性和创造性，使其乐于求知、学会求知、学会研究、学会合作、学会创新，从而发展学生的创新素质。

二、自探共研教学模式的理论支撑

1. 主体教育理论

主体教育理论认为，学生既是教育对象，又是学习、认识和发展的主体。体现学生主体性的课堂教学是师生共同参与、相互交流的多边活动，教师是教学活动的组织者、指导者和参与者，学生是自我发展的自主参与者，是积极的探索者和创造者，师生之间是民主、平等、合作的交往关系。这种教学能让学生逐步由以教师指导的"他主学习"走向独立自学的"自主学习"，最后达到学会学习、学会创造的目的。

2. 布鲁纳发现学习理论

布鲁纳发现学习理论认为，教学不应当使学生处于被动接受的状态，而应使其成为知识的发现者，经自主的探索而获得问题的答案。发现学习的特点：一是强调学生是学习过程的积极探索者；二是强调思维，让学生边做边思；三是强调信息提取，即学生主动探索解决问题的方法，提取有用信息，直到问题的解决；四是强调内在动机，让学生向自己的能力提出挑战，激发学生对学习内容的好奇心。发现学习的教学步骤：一是创设情境，提出问题；二是提供资料；三是学生积极探究；四是交流总结，解决问题。

3. 建构主义教学理论

建构主义教学理论的主要观点：一是知识不仅通过教师传授获得，还是学习者在一定的情境下，利用必要的学习资源，通过意义建构的方式，主动建构到自己的脑海里，学生不是"得到"想法，而是"产生"想法；二是情境、协作、交流和意义建构是学习环境的四大要素，主张师生、生生之间的多向交流、讨论或合作解决问题；三是建构主义倡导在教师指导下，充分发挥学生在教学中的主体地位。

建构主义教学理论将教师、学生和教材做了重新定位：教师不再是知识的传播者、灌输者，而是教学过程的组织者、指导者，意义建构的帮助者、促进者；学生不再是知识传授的被动接受者，而是具有一定学习能力的、知识意义的主动建构者；教材不再是不容置疑的知识权威，而只是学生建构意义的对象之一，学生可从不同的途径、以不同的方式进入教材，从而获得对同一问题的多方面的认识和理解。

三、自探共研课堂教学模式的意义

1. 真正确立了学生的主体地位

学生主体，就是指教师压缩课堂讲授时间，把课堂时间的使用权还给学生。让学生在教师指导和帮助下，自主确定学习目标、制订学习方略、安排学习进度、选择学习材料和方法、安排学习时间、控调学习行为、进行自我测评等，使课堂真正成为学生自主学习、自主探索、合作交流的地方，让学生真正成为课堂的主体。

在教学中，由"学会"到"会学"才是让学生成为课堂教学主体的真正解决之道。在自探共研教学模式中，每一个学生都以积极的态度投入自探共研活动中，由"要我学"变为"我要学"，由"我教你"变为"我会学"，由"苦闷学"变为"愉快学"，由"教师讲授"变为"共同探讨"，处处显示出学生的主体地位。学生按照发现问题—提出问题—分析问题—解决问题—再发现新问题的思路进行自探共研。

2. 真正培养了学生的创新精神、创新能力和实践能力

学生是课堂的主体，探究是学生自己的探究。在自探共研教学模式中，学生只有在自主学习的基础上，通过独立探索，自主发现问题、提出问题，并通过实验、操作、调查、收集与处理信息、表达与交流等活动，才能获得知识和技能。通过自主探究，学生要发现和提出新的问题及独到的见解，这有助于培养学生的创新精神、创新能力和实践能力。

3. 真正提高了课堂教学效率

在教学中，教师设计的自学自探学习表，涵盖了全课程的主要知识点，要正确完成，学生必须认真学习教材，查阅相关资料，这是提高课堂教学效率的前提。同时，学生在自主探究中提出独到见解和发现新问题的学习过程，实质上是问题生成—探讨—质疑—再探讨的过程，是一个由浅入深、不断上升的学习过程，而这一系列学习活动都要在课堂上完成，所以教师和学生都有极强的时间意识与效益观念，都很关注单位时间的学习效益和质量。教师提供的策略性、智慧性指导，能帮助学生学会在单位时间内如何提高学习绩效，提高学生在有限时间内发现问题、分析问题和解决问题的能力。

4. 真正使教师敬业、乐教，教书育人

教师最大的本领不是会教知识，而是能激发学生学习的主动性和调动学生学习的积极性。自探共研教学模式不仅能充分发挥学生学习的主动性和积极性，还能让教师从繁重、低效的课堂教学中解放出来，去钻研、探讨新的教育理念和教学方法，去研究如何激发学生学习的主动性，如何激发学生的学习兴趣，如何培养学生发现问题、分析问题、解决问题的能力，以及与人合作的能力，如何营造一个知识创新的环境，以培养学生的创新精神、创新能力和实践能力。这样才能使教师从"教书匠"变为"教育家"，更好地教书育人。而在教学过程中获得的胜任感、愉悦感和幸福感，可使教师真正地敬业、乐教，从而解决教师的职业倦怠问题。

5. 真正提高了教师的教学能力和教育科研能力

实施自探共研教学模式，教师转变了教育思路，树立了现代教育观、教学观、学生观、

质量观、课程观和知识观，转变了课堂教学面貌，实现了六个转变：一是由以学习教材内容为目的，转变为以培养学生创新精神、创新能力和实践能力，促进学生全面发展为目的；二是由以教师为中心，学生被动接受学习，转变为教师指导，学生主动参与、自探共研的学习活动；三是由以追求唯一结论的封闭式教学，转变为教师引导、学生独立思考、互相研究、发散思维、鼓励标新立异的开放式教学；四是由教师讲、学生听的静态教学，转变为全体学生主动参与实践活动的动态教学；五是由教学方法的单一性，转变为教学方法的多法结合，综合运用；六是由重视理性知识，转变为理性知识和实践知识并重。这六方面的转变，真正提高了教师的现代教育理论水平、教学能力和教育科研能力。

四、自探共研课堂教学模式的构建与运作程序

自探共研教学模式由创设情境，问题导学→自学自探，指导点拨→合作研讨，交流总结→反馈应用，拓展延伸→课题研究，迁移创新五个环节构成。在这个教学流程中，教师指导与学生自探贯穿始终，各自发挥着不同的作用。这个教学模式的构建及其实施运作程序见表 9-1。

表 9-1　自探共研教学模式的运作程序

教学环节	教师活动	学生活动	设计理念	设计意图
创设情境，问题导学	1. 教师将文本信息形象化、直观化、生活化、兴趣化、活动化、境域化 2. 利用影像、图像、活动、资料、事件等直观手段创设情境 3. 教师将教学内容问题化，提出基础性、探究性和研究性不同层次的问题	1. 主动入境，引起体验和感悟 2. 激发兴趣，积极参与课堂教学 3. 积极思考问题，明确学习目的	1. 教师最大的本领不是会教知识，而是能激发学生的学习兴趣，调动学生学习的积极性 2. 把新知渗透到奇妙有趣的情境中，以情境中的问题解决为需求，激发学生的学习兴趣	这是学习活动的定向激趣阶段，意在使学生明确学习目的，激发学习兴趣和探究欲望。用问题引领学生思维
自学自探，指导点拨	1. 教师指导学生拟订所学内容的知识提纲 2. 设计自学自探学习表，内容主要包括：通过自学自探后学会的知识，用什么方法学到的；不会的知识，打算用什么方法学会；会做的作业和有困难的作业；对知识的发展和独到见解；提出一个思考问题 3. 提供学习资料，进行指导点拨 4. 检查学生的知识提纲和自学自探学习表，表扬先进，并作为过程性评价，对提出难住教师问题的学生，教师要表扬、鼓励、加分 5. 发现共性问题和个人的思想火花 6. 收取学生的自学知识提纲和自学自探学习表，用于过程性评价，期末再还给学生做复习参考	1. 先浏览后精读，领悟知识的发生过程，思考知识的内在联系，做到脑到、口到、心到、手到，边学边思，边ျ边写 2. 在教师指导下，进行自主学习，自主探讨，列出所学内容的知识提纲，掌握知识结构 3. 进行自主探究，发现问题、提出问题、分析问题和解决问题 4. 按要求认真填写自学自探学习表	1. 根据实际情况，可分为课前自学自探和课堂上自学自探 2. 学生为主是指把课堂还给学生。课堂主要是学生学习用的；课堂是学生自主学习、合作学习、质疑解疑、个体表现、体验成功、自信快乐的地方 3. 未来的文盲不是不识字的人，而是不会学习的人	1. 让学生学会学习，学会探究 2. 培养学生自学自探习惯，培养其创新精神、创新能力和实践能力 3. 鼓励学生质疑、释疑、生疑 4. 先学后导，问题引领，促进学生主动地、富有个性地学习

续表

教学环节	教师活动	学生活动	设计理念	设计意图
合作研讨，交流总结	1. 异质分组或前后桌 4~6 人一组。轮渡或固定一个同学当老师的学科助教。制订合作研讨规则和提出要求（每人必发言，观点不重复；倾听不插嘴，发言观点明；讨论不跑题，独到倍赞赏；帮助要主动，学习要心诚），调动学生参与的积极性 2. 组织讨论交流，让学生交流自学的知识提纲和自学自探的收获 3. 营造知识创新环境，组织学生研讨。知识创新环境的内容：这个领域有什么知识；这些知识是怎么创造出来的；这些知识是怎么被人类应用的；这些知识对学生未来有什么影响；这个领域还能发现什么知识或这些知识还有何发展 4. 个别辅导，差异教学，发现闪光点和生成的新知识 5. 根据情况可组织全班交流 6. 系统归纳总结，形成知识结构，对有独到见解、发现新知和提出有思考价值问题的学生给予表扬和鼓励 7. 检查作业，对助教进行培训	1. 遵守合作研讨规则，积极参与研讨 2. 助教要关心、引导本组学生向其他同学求教，小组成员互帮互学。小组成绩由助教负责 3. 每个学生以教师的角色讲述知识提纲和自学自探的收获（学会的知识、未学会的知识、作业情况、独到见解和提出的问题） 4. 学生充分发表观点，互相学习，积极研讨。小组合作释疑，互教互学，小组解决不了的问题提交全班，全班解决不了的提交老师 5. 系统掌握知识，深入理解，同化提升	1. 学会合作是 21 世纪人人必备的基本素质之一 2. 合作学习是当今世界课堂教学发展趋势，也是防止学生学习成绩两极分化的有效措施之一 3. 高等学校人才培养的核心理念就是为了每一位学生的发展和成才 4. 高等学校教学不仅要传承知识，而且要创新知识 5. 高等学校教学的主线是培养学生的创新精神、创新能力和实践能力	1. 培养学生的合作交往能力 2. 使学生不仅学会，更要会学、会探、会研 3. 使学生不仅会释疑，更要会生疑 4. 学生不仅掌握知识，更要掌握知识结构
反馈应用，拓展延伸	1. 拟订不同层次思考练习题或学术小论文题目 2. 指出知识是怎样被人类应用研究的，以及应用的范围 3. 实行作业互批制 4. 教师检查作业完成情况，进行讲评 5. 将知识进行拓展延伸，提出继续深入研究的问题，或下一节课要研究的问题	1. 独立做练习，巩固提升 2. 联系生产、生活、社会实际，应用迁移 3. 学生互批互评练习和作业，改正错误。互相签字后，交小组助教，助教审批签字，并向教师汇报作业情况 4. 学生带着问题课下继续自主学习，自主探究	1. 因材施教，为了每一位学生的发展和成长 2. 不是学什么，是学了会做什么 3. 互批作业也是重要的学习方式 4. 课堂教学总是由不平衡到平衡，再到不平衡	1. 让每个学生都有发展，都有成就感 2. 课程要回归生活，回归社会。培养学生的实践能力 3. 利用差异，互相学习 4. 学生带着问题进课堂，又带着问题出课堂，继续深入探究，培养学生自主学习、自主探究的习惯 5. 教师从繁重的审批作业中解脱出来，可集中精力进行个别辅导、差异教学
课题研究，迁移创新	1. 提出科研课题，包括两方面：一是教师自己的科研课题，二是从现实社会生活实践中选择有关的课题 2. 指导课题研究 3. 组织成果鉴定验收	1. 进行调查研究，收集资料，处理资料和科学实验 2. 合作研讨，撰写调查报告或论文，完成科研成果	1. 实践是重要的课程 2. 课程要回归社会，回归生活 3. 学生像科学家进行科学研究一样进行学习，是培养创新人才最好的方法	1. 培养学生创新精神、创新能力、科研能力和实践能力 2. 培养学生合作交流能力

五、自探共研课堂教学模式的实施策略

1. 更新观念

理念指导行为，有什么样的教学理念就有什么样的教学行为。实施自探共研教学模式，教师首先要更新观念：一要树立现代课程观，即课程不仅是知识的载体，更是师生共同探求新知的过程，师生都是课程资源的开发者，共创共生，形成学习共同体。二要树立现代教学观，即教学是教师教与学生学的统一，这种统一的实质是交往、互动，没有交往、没有互动，就不存在或未发生教学。教学就是学生在教师指导下进行知识建构与创新的过程。所以，教学是以教师为主导、学生为主体，对课程内容进行开发、生成、转化、建构与创新的过程，而交往、互动是教学过程的实质。三要树立现代学生观，即学生不再是消极的知识接受者，而是知识的积极建构者，具有很大潜能，是学习的主体。四要树立现代教师观，即教师要转变角色，要成为课堂教学的组织者、引导者、参与者、促进者和帮助者。教师的重要任务是创设一种质疑的教学情境，营造民主、和谐的课堂氛围，提出研究问题，指导学生自主学习、自主探究和合作研讨，鼓励学生质疑、思考、实践，这样才会出现充满创造性和生命力的课堂教学氛围。

2. 学生主体

学生是学习的主体，要把课堂还给学生，把学习的主动权交给学生，在教师指导下，让学生大胆进行自主学习、自主探究和合作研讨。教师除了让学生掌握课本知识之外，还要鼓励学生去发现、去质疑。学生能自己解决的问题，教师就不要包办代替，能让学生动手的就让学生动手，能让学生观察的就让学生观察，能让学生思考的就让学生思考，能让学生表述的就让学生表述，能让学生总结的就让学生总结。对于学生个体解决不了的问题，可以在小组解决，小组解决不了的，要在教师的启发、引导和帮助下，让学生自己去解决，最终使学生由学会到会学。

3. 多元对话

民主、平等、和谐的课堂氛围是对话的基础，真诚地信任是对话的前提。首先，教师要营造民主、平等、和谐的课堂氛围和相信学生有表达自己见解的能力及自我发展的潜力，学生也要相信教师和同学都在帮助自己发展。这样，师生、生生之间才能彼此敞开心扉，进行真诚的交流和沟通。

其次，教师要选择对话的多元视角。一要与文本对话。教师要让学生有充足的时间进行自主学习、自主探究，与文本对话。老师要鼓励质疑，激发学生与文本对话的兴趣，指导学生与文本对话的方法。二要与主体对话。课堂教学就是师生、生生双边交流、双方评判的对话过程。生生之间的交流对话，教师不仅要引导相互间的交流，还要重视相互间的分析与评判；师生之间的交流对话，不仅要有教师对学生学习的评判，还要重视学生对教师教学的评判。这就要求在彼此评判中学会倾听，学会尊重，取长补短，这样才能建立起有效的课堂教学主体对话机制。三要与社会对话。课程要回归社会，回归生活。教师要引导学生走向社会、走向生活、走向科研，从社会实践中学习理论，从科研中进行拓展延伸。因此，教师要将学生的视野引向广阔的社会实践空间，与社会对话，与生活对话，与科研对话。

4. 鼓励质疑

古语云："学起于思，思源于疑。"著名教育家陶行知曾说过："发明千千万，起点是一问。"培养学生的问题意识、鼓励学生质疑，是创新教育所要求的。因此，教师要做到：一是有意识地引导学生发现问题、提出问题。这就要求教师把教材内容问题化，使学生变被动学习为主动的发现学习。教师要引导学生学会通过自主学习、自主探究和合作研讨，自己发现问题和提出问题。学生不仅能针对教材内容提出问题，还能提出与教材内容有关的自然科学、社会科学方面的问题，以及与实际生活紧密联系的问题。二是教师不断设置认知冲突，使学生产生强烈的追根溯源欲望，培养学生发现问题、提出问题的能力。三是力求从师问生转到生问师。师问生，注重结论而忽视学生的思维；生问师，是在教师指导下，学生经过思维产生疑问的过程，是学生发现问题、提出问题，师生共同探讨、解决问题的过程。

5. 教师精讲

在自探共研教学模式的实施中，教师的角色是课堂教学的组织者、指导者、参与者、促进者和帮助者。学生是学习的主体，在课堂上主要进行自主学习、自主探究和合作研讨。因此，教师不能满堂灌，而是精讲、指导和点拨。当学生 "心欲知而不得，口欲言而不能" 时去讲；当学生似是而非时，教师以激情的语言去激发学生，讲出深度，把学生思维引向深层；在归纳总结时，教师要以简明扼要、饱含激情的语言概括教学内容，突出重点，揭示知识间的联系，构建知识结构，给学生留下难忘的记忆，激起进一步探究的欲望，从而产生 "结句如撞钟，清音有余波" 的境界。

6. 教学反思

教学反思，就是教师借助行动研究，不断探索和解决自己在教学实践中产生的问题，是对教学经验进行回顾与重新认识（包括思考、评价、整改等），以致产生新的更趋合理的教学活动过程。教学反思以解决教学中的问题为基本点，以教师学会"教学"和学生学会"学习"为目标。

教学反思是教师成熟的标志，既能提高教师的教学水平，又能解决教学中的实际问题；既能促进教师专业发展，又能提高教学质量。在自探共研教学模式的实施中，教师要自觉地进行教学反思，编写教学日志，写出教学体会和教学中遇到的问题，发现教学中的闪光点。通过教学反思，及时总结经验，找出问题，继续研究。

自探共研教学模式是在高等学校质量工程和教学改革背景下的课堂教学改革的理论探究与实践尝试，该模式并不拘泥于课堂教学，还可延伸到课外学习，实施的困难是显而易见的。这就需要教师不断提高自身素质，强化对教学的研究，提高教学创新能力，不仅要吃透教材，传承知识，还要创新知识，提出具有研究性的问题。该模式的理论意义和实践价值是切实而非空泛的，该模式的实施，不仅能培养自主探究、独立思考和创新人才，还有利于教师从教书匠变为教育家。

第四节　高师地理实施探究教学模式的研究与实践

中学地理课程标准十分强调"改变地理学习方式"，倡导动手实践、自主探究和合作交流的方式。因此，探究教学模式在中学地理教学课程中正日益广泛地推广起来，这对改革广大教师的日常教学行为和学生的学习方式起到了重要作用。中学地理教师承担着地理课程改革的重任，而高师地理教学是培养和培训中学地理教师的主要基地。要使高师地理教学所培养的师资能够适应中学地理新课程改革的要求，高师地理教学首先必须紧跟中学地理新课程改革的步伐。体现在课堂教学上，就要改变日前普遍存在的"接受式"教学方式，积极倡导和实施探究教学模式。

一、探究教学模式的内涵及特点

探究教学模式就是以学生的发展为根本指导思想，以探索研究为主线，在探究教学理论指导下，在实践经验的基础上，为发展学生探究能力，培养其科学态度及精神，将教学过程中的各种因素，按模式分析等方法建构起来的一种相对稳定的教学结构和策略体系。

探究教学模式的目的在于培养学生的创新精神和实践能力，知识与能力的获得主要不是靠教师的强制灌输与培养，而是在教师的指导下，由学生通过主动探索、主动思考、亲身体验而获得的。探索教学模式实质上是将科学领域的探究引入课堂，使学生通过类似科学家的探究过程，主动去获取知识，领悟科学的思想观念，领悟科学家研究自然界所用的方法，形成科学概念，从而发展学生的科学探究能力和培养探索未知世界的科学态度。那么，探究教学模式的主要特点有哪些呢?

1. 探究性和主体性

爱因斯坦说过："所有科学的目的在于使我们的经验协调并把它们纳入一个逻辑系统。"探究教学模式正是通过给学生提供许多探究机会，使他们将自己的经验协调起来并纳入逻辑系统，从而形成科学的概念与原理，建立自己的知识结构，使认知结构、认知技能都得到发展。在这个探究过程中，学生也像科学家建构、描述科学原理一样经历科学的过程。所以，学生的探究和科学家的科学探究本质是相同的。

在探究教学模式中教师首先要创设一定的情境，在教师的指导下让学生主动参与，积极探索，掌握探究的技能和方法，培养科学态度和精神。在这个过程中，学生的学习方式不是被动地接受，而是积极地思考问题，敏锐地发现问题，主动地提出问题，自觉地寻求解决问题的方法。因此，无论是从静态的教学结构还是从动态的活动程序来看，学生自主学习的过程都是围绕着学生主体性的发挥而展开的。

2. 开放性和交互性

探究教学模式不是教师先将知识的结论告诉学生，而是让学生通过各种探究活动，如观察、调查、制作、收集资料等，亲自得出知识的结论，参与并体验知识的获取过程，把学生置于一种动态、开放、主动多元的学习环境中，为学生的个性和特长发挥提供了广阔的发展空间，从而具有很强的开放性。

在探究教学模式中，讨论尤为主要。探究教学模式充分体现了教师的主导作用和学生的主体地位。在教学过程中既重视教师的指导，又重视学生之间的合作与交流，以及师生之间的协商和对话，师生、生生之间的交流与合作成为探究教学模式中的经常性行为。例如，对韦伯工业区位论应用价值的探讨，师生、生生之间不断地进行交流和探究，甚至会争论不休，体现了明显的交互性。

3. 过程性和能力性

探究教学主要重视学习过程中的感受和体验，它既重结果又重过程。学生通过提出问题、查找资料、动手实践、社会调查等亲身实践，可以获得对社会的直接感受，了解研究问题的流程和方法，能尝试着与他人交流和合作，知道除教材之外还有许多获取知识的渠道，学会用已有的知识来解决研究问题。

探究教学重视培养学生探究能力。在诸多的能力中，尤其重视培养学生求异思维能力、收集处理信息的能力、获取新知识的能力、分析问题和解决问题的能力、语言文字表达能力，以及团结协作的能力和社会活动能力。

4. 多样性和广泛性

探究教学不过分强调标准化，鼓励学生的独创见解和标新求异。探索教学建立的多样化教学体系，包括多样的教学内容、多样的教学组织形式、多样的教学手段、多样的评估标准等。对探究教学的评价要强调评价主体的多元化评价方法，特别关注学生参与探究学习的活动过程，注重学生在学习过程中获得的直接体验，把对学生的评价与对学生的指导结合起来。通过评价鼓励学生发挥自己的特长，施展自己的才华，鼓励学生积极进取，勇于创新。

探究教学是个全方位的概念，是对教师和学生共同的要求。不仅表现在学习上，也表现在思想品德和行为习惯上；不仅表现在学校教学的各个领域，更体现在日常生活上。它不是简单的教学方式的改变，而是反映了重要的教学思想和正确的培养方向。

5. 发展性和可操作性

探究教学注意教学过程中学生的智力因素和非智力因素的协调发展，能促进学生主动活泼地健康发展。通过探究教学，使学生逐步形成善于质疑、乐于探究、勤于动手、自觉求职的积极态度。教师要致力于发掘潜能、启迪智慧，培养学生的好奇心、探究欲望和科学精神及创新思维，促使学生健康发展。

探究教学是培养大学生自主创新的有效教学方式。实施探究教学既不需要必备的资金投入，又不需要固定的物质条件；既不需要长时间的周密准备，又不需要经过试验和试点。这是一项领导和教师都可以实施，不受时间和空间限制，在教育教学的广泛领域都可以见效的改革实践。

二、高师地理教学实施探究教学模式的必要性

1. 中学地理新课程改革的需要

基础教育课程改革目标第 4 条指出："改变课程实施过于强调接受学习、死记硬背、机械训练的现状，倡导学生主动参与、乐于探究、勤于动手，培养学生搜集和处理信息的能力，获取新知识的能力，分析和解决问题的能力，以及交流与合作的能力。"基础教育课程改革倡导自主学习、研究性学习、探究性学习和合作学习。广大中学地理教师正在积极地实践这些教学方式，并取得了可喜的成绩。

然而，在认真听取和考察高师地理教学后发现，高师地理教学仍采用旧的教学模式培养着即将走向工作岗位的新教师。这就意味着学生一毕业就得面临新的适应问题，他们不但不能成为地理新课程改革的主力军，反而会将他们在高师中接受的传统的观念与教学模式潜移

默化地带到地理新课程的改革中去，从而成为传统教学模式的维护者。而中小学又不得不花大力气对他们进行新的培训，这将是教育资源的巨大浪费。

另外，高师地理课堂教学现状难以满足地理新课程改革的要求。其根本原因是，教学多以"继承性"为特征，忽视了高师教学应具有"探究性"和"创新性"的特征。课堂教学活动多以教师为中心，教学气氛沉闷。现代多媒体技术也往往成了简单的电子版教科书，教学技术极为简单，这就导致了学生缺乏主动探究的积极性。

2. 培养大学生自主创新能力的需要

创造性的学习能力是创新的首要必备能力，它旨在"会学"，而不是"学会"，是一种发现新知识，以提出或解决未来可能出现的新问题的独立的学习能力。同时，创造性学习能力强调学生在学习和社会生活中的主动性，要求个体通过参与同他人和社会进行相互作用的方式来探究。探究教学模式因为是以问题为中心组织教学的，不满足于书本现成的答案或结果，允许学生将所学知识运用到新的实践中去，探索问题的解决方式，所以它能为大学生施展和发挥个人的知识、能力提供广阔的时空条件，有效地培养大学生创造性学习能力。

3. 加快高师地理教师队伍成长的需要

中学地理新课程要求教师要成为课堂教学的引导者、组织者、参与者。这不仅仅是针对基础教育的教师，高师教师更应该如此。高师地理教师，课堂上一般是单纯地传授知识，课下埋头于课题研究，但他们的研究又常常与教学无关，使研究与教学相分离，这都无助于教师的成长。而实施探究教学模式，能激活师生探究问题的热情，有助于教师形成问题意识，提高研究能力；教师在培养学生探究知识能力的同时，也能强化自己的专业能力；且教师在教学中扮演探究者的角色，以身示教，对学生起到示范作用。

三、探究教学模式的理论依据

1. 哲学依据

从哲学基础上看，马克思主义认为，人之所以成为"人"的根本原因，是人具有主观能动性，从事自觉的活动，驾驭人自身的发展。人的主要特征是善于思维、自我发展、自我完善、自我进化。所以，人在认识世界的同时也能动地改造世界。用这一观点指导教学，教学活动就应是人发展自己的实践活动，必须让学生以其自身发展的主人意识参与教学全过程。

2. 心理学基础

从心理学基础上看，学习的基本因素由两大系统构成：一个是认知系统，主要体现在智力因素上；另一个是情意系统，主要体现在非智力因素上。在学习过程中，二者互相影响、互相促进。但智力因素不产生积极性，只有非智力因素能产生积极性。因此，探究教学重视强化教师和学生的非智力因素，使教师和学生在教学过程中产生和保持积极、主动的心理状态。一般来说，人的智力水平差别不大，而非智力因素的水平差别较大。有关资料研究表明，一个人事业上的成功，智力因素上的原因只是 20% 左右，非智力因素上的原因则占 80% 左右。重视学生的主体地位和主观能动作用的发挥，也是国内外教育心理研究和提倡的一项重要内容。

3. 建构主义学习理论

建构主义学习理论认为：知识不是被动接受的，而是认知主体积极建构的；知识的习得是在一定的情境活动中实现的，所以应该让学生自主独立地学习；学习是学习者个体主动的行为，是以先前建构的知识为基础的；学习的过程不是教师向学生传递知识的过程，而是学习者自己建构知识的过程。因此，地理学习不是从外向内不断被动填入新知识，而是学习者主动利用自己已有的知识作为新知识的增长点，不断对地理知识进行加工和转化。

四、实施探究教学模式应遵循的原则

1. 信任与尊重

实施探究教学首先要相信绝大多数学生是具有基本学习能力的，要相信每个学生都有学习愿望，都有较强的好奇心和求知欲。要尊重学生的主体地位，变单向的灌输为启发学生动脑思考，动手操作；要尊重学生的无知，要允许学生在学习和生活中出现的种种错误，教师应给予宽容、谅解和体贴，切忌出现挫伤学生的自尊心的言行；要尊重学生学习的自主选择权，允许学生对某些学科或部分教学内容有所偏爱，教师可利用课内外不同渠道进行因材施教，为其个性发展创造条件。

2. 理解与支持

教师要理解学生的现实处境，特别是对学习有困难的学生。他们产生自责与自卑的心理，需要教师用温暖的心灵去抚慰，要理解学生力求改变现实的愿望，他们想改变学习或道德落后的面貌，改变消极处境，教师要大力支持学生的上进心，支持他们积极表现自己的特长或有所进步的愿望。

3. 启发与鼓励

在探究教学模式中，知识的结论不是教师直接告诉学生，而是让学生主动探究获取的。因此，教师要充分发挥指导工作，及时点拨启发。要启发学生建立积极的可行的努力目标，鼓励学生做出的成绩，要放大学生的成绩与进步，使学生体验到成功的喜悦。特别是对学习困难的学生，因为他们一般缺乏长远的学习目标，缺乏强烈的学习动机。让学生及时了解自己的学习效果和某方面的进步，可以产生激励效应，增强学习积极性和自信心。

4. 民主与吸引

教师对教学内容的安排、教学环境的设计、教学方法的选择，都要从学生实际出发，注意学情调查。要充分体现民主，在教育教学过程中，让学生充分发表自己的意见，保持浓厚的民主、平等的气氛。

教师要使教学具有磁性，对学生产生吸引力。产生磁性的因素主要有两个：一个是兴趣，教师要通过精心的教学设计和精湛的教学艺术使学生产生兴趣；另一个是教师的人格，教师要爱岗敬业、尊重学生、为人师表，使学生愿意亲近教师，愿意接受教师的教诲。

五、探究教学模式的操作程序

1. 创设情境，提出问题

探究教学需要一定的情境支持，教师可依据教学内容和学生的心理特征，通过观察、实验、案例分析、影视资料、研究图片等创设情境，引导学生发现问题和提出问题。教师对提出的问题进行加工，使其具有一定的思考价值和趣味性，激发学生探究问题的欲望。例如，讲交通运输时，可用计算机多媒体创设一个位于深山区，物产丰富，但人们生活非常贫苦的山村，改革开放后，终于修通了公路，从此人们走上富裕道路这样一个真实的情境，并提出党和人民为什么一定要把公路修通的问题，留给学生广阔的思维空间。

2. 自主探究，鼓励质疑

学生明确要解决的问题后，要让学生通过调查研究、收集资料、科学实验等进行自主探究。学生在探究的过程中，教师要引导学生从多侧面、多角度去寻求问题的答案，要鼓励学生提出问题，并对学生的答案和提出的问题要进行多层次、多方面的鼓励，从而发展学生的求异思维，培养学生的自主创新能力。例如，在讲固体废弃物处置和综合利用时，教师课前指导学生到工厂、学校、医院、家属院和街道进行调查，通过自主探究，学生提出了很多处理固体废弃物和综合利用的方法，并给政府部门提出了处置废弃物的建议。

3. 共同探索，深化提高

学生尝试自主探究后，开展小组讨论，让学生交流自主探究的结果，表达自己解决问题的方法，发表不同的见解。然后，小组推选一名发言人，统一全组意见，进行班级交流探讨，必要时也可通过网络的辅助进行网络讨论交流。通过师生、生生间的互问互答，相互启发，可进一步加深学生对问题的理解，使所学知识在头脑中得到强化和提高。

4. 论文反馈，系统总结

学生对自己的探究过程进行小结，陈述自己的探究结论，并对探究的过程和结论进行评价、反思，然后以小论文的形式进行反馈。教师对问题进行系统总结，总结的内容，一是对所学知识的系统总结，首尾呼应；二是对论文进行评价；三是对探究活动进行总结，提出成功和不足，表扬先进个人和集体，以激励学生的学习积极性。

六、探究教学模式的教学策略

1. 转变观念

高师地理教学实施探究教学模式，不仅可以引领基础教育课程改革，促进大学生探究意识及综合能力的发展，还能大大增强高师地理科研、教研能力。因此，高师地理教师在教育教学理念上要进一步解放思想，转变观念，大胆探索新的教学模式。

一是转变学生观。教师不能再把学生看作是消极的知识接受的"容器"，而应把学生看作是知识的积极建构者，拥有无限的创造潜能，是期待点燃的"火把"，是有着不同兴趣爱好、不同经验背景的学生主体。这样教师才能改变以往单向信息传递的教学模式。

二是转变教师观。当代教师首先应当成为课堂教学的组织者、引导者、参与者和促进者，而不再是过去的居高临下、简单的知识传授者。高师地理教学重要的是创设一种质疑的教学情境，建立宽容的课堂氛围，指出探究的问题，实行互动的师生、生生对话，鼓励学生学会去问、去思、去学、去实践。这样高师地理教学就会充满创造性，课堂教学氛围也会生机勃勃。

2. 激励创新

教师针对某一问题让学生进行探究时，学生不可能都有相同的看法，因此，教师要容许学生的不同见解，接受学生的每一种想法，使学生敢于发表自己的想法而不至于附和他人。同时，教师要及时发现、捕捉和激励学生在探究过程中产生的具有创新意义的思维火花。这是探究教学指导的动态行为，是落实教学目标和内容的保障。

3. 学生是主体

学生是探究教学的主人，是思维的主体，要把探究的主动权交给学生，放手让学生去探究。凡是学生能自己努力解决的问题，教师就不要包办代替。对于一些学生自己难以解决的问题，要在教师的启发、引导下，让学生自己去解决，使学生在教学中由"学会"到"会学"。

4. 教师主导

教师是探究教学的策划者，要充分发挥其主导作用。教师在探究教学中，要把握教材内容，设计探究程序，优化教学方法，提供探究线索，营造探究氛围，并及时点拨、引导、提供资料等，这样才能保证探究教学的有效实施。

七、探究教学模式案例分析

下面以经济地理导论"工业区位论"为例分析探究教学模式的设计思路。

1. 创设情境，提出问题

本节课创设的情境是，在教室内张贴世界工业分布图、沪宁杭工业区位图、上海金山卫石油化工布局图、中国钢铁工业布局图、中国服装企业布局图，并用多媒体播放鞍山钢铁集团公司（简称鞍钢）、宝钢集团有限公司（简称宝钢）、第二汽车制造厂（简称二汽）的景观和生产图像。这样的氛围有利于学生从整体结构上感知和把握学习内容，快速进入探究角色。

学习背景资料后，教师引导学生质疑，提出问题。例如，中国钢铁、服装企业布局的理论依据是什么？在 1969 年国家建设"二汽"时，为什么选址在湖北十堰？现在为什么要搬迁？通过这些递进式的问题，引出怎样客观评价韦伯工业区位论的理论与现实。

2. 自主探究，鼓励质疑

课堂上的探究教学模式，教师需要提供大量的相关图件和地理信息资料，供学生自主探究。如果课堂上无法安排学生搜集、整理探究所需的各种信息资料，则搜集资料、社会调查及初步的分析工作必须在课前完成，否则难以解决时间的有限性与探究教学内容的开放性这一矛盾。作为探究教学的前奏，搜集、整理地理信息资料是学生探究能力的重要表现。

在工业区位论的探究教学中，课前教师给学生适当的分工，让学生根据自己的实际情况，自主选择下列问题进行自主探究：①有关宝钢和鞍钢的文字和图片资料；②整理常见的工业部门如钢铁、化工、印刷、服装、食品加工、无线电装配等工业的布局及生产过程；③调查影响工业生产和布局的因素（常见因素除外）；④上网查阅、下载我国"二汽"搬迁的信息资料，并进行初步的区位变化分析。

3. 共同探究，深化提高

这是学生合作探究阶段，可采用小组讨论为主、全班交流辩论为辅的组织形式。学生对自主探究的假设和发现的问题与同学、老师进行讨论交流，通过研究分析，找出规律，得出结论。然后由小组推选一个成果发布人，代表本组在全班发布探究成果。

4. 论文反馈，系统总结

学生根据自己的探究情况撰写有关工业区位论的小论文，教师对本节课探究的主要内容、探究的思路、探究的方法进行系统归纳和总结，并指出相关工业区位理论的拓展学习材料。

实践表明，与以往灌输、记诵、被动接受为特征的传统教学模式相比，探究教学模式使学生由被动接受知识变为主动去获取知识，有利于学生深入理解所学知识，培养其自主创新能力。

八、探究教学结果的评价

探究教学对学生的评价不同于接受式教育，接受式教学对学生的评价多是书面测试的考试方法，而探究教学模式把学生的学习作为过程评价，而不是结果测试。它除了对学生不同的学习阶段做出多方式、多方位的全面系统的动态综合评价外，更重要的是对学生的进一步深入学习指出的建议和方法，促进学生不断地探索和研究。

这种评价的内容，一是要对学生个体的纵向进步做出反应，对学生在探究过程中体现出来的热情、态度、能力、信念给以评价；二是对学生在探究过程中体现出的团结、协作、共同研究、发挥集体智慧，共同进步的理念给以评价；三是在评价方式上，不是以一次评价为准，而是要在探究过程中不断给以表示，对学生在探究过程中出现的思想变化、闪光想法应及时给以评价，这种非正式的评价更能在探究过程中矫正错误，引导方向。

总之，探究教学模式遵循了人才成长的客观规律，继承了教育的优良传统，借鉴了教学改革中的先进经验。可以说，时代的发展使高师地理教学呼唤探究教学模式，大学生的成长需要探究教学模式。培养 21 世纪自主创新型的大学生更需要把教学的方向转向探究教学。这是一项光荣而艰巨的任务，让我们以敢为人先的精神、严肃的科学态度、务求必胜的信念，进一步探究和实践探究教学模式。

第五节　科教融合是培养地理创新人才的必由之路

在专业建设中，地理科学研究不论是规模还是水平都发生了量和质的巨大变化。随着教学质量的全面提高，培养创新人才的日益升温，地理科学研究如何支撑地理教育，将日益增强的科学研究优势转化为人才培养优势，突出成为地理科学专业建设中重点关注的问题。地理科学专业要培养创新型人才，必须创新思路、改革人才培养模式，而科教融合、协同创新，是提升地理科学专业建设质量、培养创新型人才的必由之路，也是解答"钱学森之问"的必然选择。

一、科教融合的内涵

科教融合，是指以培养科学技术发明创造人才的思想为指导，遵循创新型人才成长规律，使科研与教学在形式和内容上相互渗透、相互依存、互促共进而形成的人才培养的新路径。

它是科研与教学相结合更深层含义的表达。早在 1806 年，新人文主义者洪堡就在柏林大学提出科研与教学相结合，提倡通过科研培养学生的科学精神和道德修养。18 世纪的科研是作为教学手段的一种形式，而在两个世纪后的今天，特别是近几十年，随着评价体系的过分功利化，高等学校教学和科研的分离愈演愈烈，科研的地位甚至已经超过了教学。因此，科教融合并非停留在对科研和教学进行形式上的组合，而是教师置身于现实科研与教学的丰富内容、多样方法的理解之上，去理解科教融合的深层含义。

科教融合建立在科研和教学目标一致的基础上，是对高等学校科研育人功能的回归。人们往往认为，教学和科研是性质和任务截然不同的两种活动，教学传播知识，科研创新知识；教学的目标是培养人才，科研的目标是出成果。然而，从逻辑上来说，高等学校之所以进行科学研究，是因为科研对学生科学精神和创新能力的培养具有其他教学形式无法替代的功能。所以，科研育人和教学育人目标一致，都是培养创新型、高素质、综合发展的人才。因此，高等学校的科研必须从功能主义的倾向中摆脱出来，首先要把科研的目标和教学的目标达成一致。

科教融合是对科研和教学内涵的拓展和延伸。长期以来，人们对科研活动的理解只停留在纯科学的层面，其原因是对高等学校科学研究的内涵缺乏全面的研究，使高等学校的科研定位过于机械、狭窄，与教学的划线过于刚性，硬性地将二者剥离开来。其实，科研和教学的内涵丰富多彩，一方面科学研究是一个复杂多变的系统链，教师从关注学科前沿、提出研究课题，到调查研究、查阅文献、撰写报告、发表论文、成果鉴定、成果转化和科学普及，构成了科学研究的完整体系。科学研究的各个环节都具有不同的育人功效和育人形态，其中有的是明显的，有的是隐含的，更多的时候还必须借助教学才能达到育人的效果。另一方面，高校的科学研究也是一种有效的教学方式和学习方式，不仅对培养学生创新精神、创新能力和实践能力，促进学生全面发展具有重要作用，而且对提高教师的素质、推动学科建设也具有积极意义。因此，高等学校的科研不仅是学术研究，同时也是教学的一部分；教学也不再仅仅局限于传统的课堂教学，教学研究也称之为教学学术，科研和教学的边界由此变得模糊。科研和教学内涵的拓展延伸、相互补充，为科教融合的实现提供了基础。

科教融合的目标是以学生为主体，培养学生的创新精神、创新能力和实践能力。大学生具有较好的形象思维和逻辑思维，对事物有更深刻理解力，对事物的差异性更为敏感，思维的独立性和批判性有了很大的发展。但是他们的心理还未完全成熟，勇于求知却难免盲目浮躁，勇于创新却难免脱离实际，兴趣广泛却缺乏坚韧持久的毅力。科教融合既是对大学生自主的、独立思考能力的肯定，又是以学生为主体，培养学生创新精神、创新能力和实践能力的有效手段，为他们毕业后进行创造性地工作奠定了基础。

二、科教融合的意义

1. 有利于改革科教分离和重科研轻教学的不良倾向

长期以来，人们普遍认为教育就是课堂上的活动，科研就是成果化的活动。这种认识割裂了科研和教学的一体关系，严重地束缚了高等学校寓教于研、协同创新的育人活动。进行科教融合，就是教师把丰富的科研成果和科学思维及科研方法转化为教学资源，通过科研与教学的紧密结合和互相联动，为学生提供探究性的学习环境，激发学生的创新欲望。

高等学校重科研、轻教学的倾向长期存在，这不利于教师全身心地投入教学，不利于创新型人才培养目标的实现。实施科教融合，倡导科研从利益取向转向人才培养。科研的目的并非获取经济利益和学术声誉，而是通过科研活动，使学生了解学科前沿和他人的观点，培养学生的创造力。教师主要是引领学生共同开展科研活动，进行科研育人。只有科教融合，教师才不会在科研和教学的选择上有顾虑、顾此失彼。只有既重科研，又重教学，实施科教融合、协同创新，学生的综合素质和创新精神、创新能力和实践能力才能显著提高。

2. 有利于促进学科建设和创新人才培养的结合

高等学校的学科建设要立足于本专业的培养目标进行科学研究，可通过理论研究和应用研究等层面的科研活动，加强地方性、应用性的特色学科和专业建设。这不仅使培养目标更加明确，也是构建创新人才培养体系的现实需求。通过实施科教融合，将学科或专业研究的成果反哺于教学，使科研与教学协同创新，构建一个多层次、多领域的创新人才培养体系。

3. 有利于形成学科、专业发展与教学的良性生态系统

长期以来，高等学校学科、专业发展与教学之间的关系正在逐渐疏远，其原因是受到科学研究"马太效应"的影响。科学研究的资源表现出向学术水平高的教师集中的趋势，学术声势越高，科学研究资源获得越容易，获得的机会也越多，学术声望则越高。因此，教师都热衷于搞学科建设和科学研究，发表论文，争取项目，出成果，以提高学术声望。由于这些成果多是纯科学成果，与教师所从事的实际教学工作无多大关联，使学科、专业与教学之间的生态链被切断。学术上取得的成果，不能很好地应用在人才培养的教学上。然而，科教融合就要形成有利于学科、专业与教学的生态链，使学科、专业建设取得的成果与教学共享，从而构成规模大、层次多、多领域的创新人才培养体系。学科是专业发展的基础，专业是学科承担人才培养职能的基地，教学是架构专业与社会需求之间的桥梁。同时，教学培养的人才又将促进学科和专业的发展。因此，构建学科、专业与教学之间的良性生态系统是培养创新人才的基本条件。

4. 有利于促进地理科学研究实力的提升和育人氛围的优化

实施科教融合既提升了地理科学研究实力和学术水平，又优化了育人氛围。教师通过自身的科研活动，既促进了科学技术的发展，又通过科教融合将科研资源和成果源源不断地融入课堂，使学生受到科学精神的熏陶和科学知识潜移默化的影响。这种优良的育人氛围是学生发展和成才的重要条件。

应该指出的是，实施科教融合，教师既重视科学研究，又重视教学研究，树立了教学学术意识，提升了教学质量，优化了育人氛围。

5. 有利于促进学生创新精神、创新能力和实践能力的培养

国外高水平大学的实践证明，大学生早参加科学研究是培养创新型人才的重要途径。实施科教融合，一方面，让学生在教师的指导下，早期参加教师的科学研究活动；另一方面，让学生组成课题研究小组，在教师指导下，申报课题进行研究。学生早进课题研究团队、早进实验室、早进科研团队，将所学知识和科研相结合，有利于促进学生的形象思维和逻辑思维的养成，有利于提高学生提出问题、分析问题和解决问题的能力，对培养学生的创新精神、创新能力和实践能力的作用非常显著。科教融合是培养创新型人才的有效途径。

三、科教融合协同创新的对策

1. 树立科教融合，学术育人的观念

学术育人是高等学校的育人特质，因此，教师要坚持科研的教育性和教学的学术性。科研的教育性要体现以学生为主体，其教育过程是学生在科研实践活动中不断自我建构的过程。一方面，通过参与科研活动，学生将所学知识转化到具体科研活动中，进行深层次的理解、应用、分析和综合。另一方面，科研的教育性还体现在学生科学精神和品格的自我建构上。学生在科研活动中不断发现问题、研究问题、提出假设、寻求答案，他们必须不断否定、不断生成新的知识，只有通过科研实践的考验和磨炼，才能形成创新人才所具备的科学精神和坚韧的品格。

教师除坚持科研的教育性外，还要坚持教学的学术性，即将教学研究纳入科研氛围之中，加强教学的科研性。一切有利于促进教学质量提高的研究都应该是教学学术，包括课程研究、教学研究、教学方式方法及人才培养模式研究等。为不断提升人才培养质量，教师要进行教学学术研究，将科学研究的方法、内容、成果应用于教学，以高水平的学术研究推动创新型人才的培养。

河北师范大学地理科学专业的教师科研成果丰硕，通过实施科教融合，树立了学术育人观念。开展的地理探究式教学、自然地理导学研教学模式的研究和实践，起到了良好的育人作用。

2. 将科研资源转化为教学资源

高等学校的科学研究有利于创新人才的培养，可以提升人才培养质量。那么，科学研究如何促进和支撑人才培养？将科学研究资源有效地转化为丰富的教学资源，一般包括两方面：一是将科研项目、科研经费、科研内容和科研成果转化为教学资源。例如，转化为新的教材内容、开设新的课程、新的教学实验和案例、新的教学技能和方法等，以支撑优势专业综合改革试点建设或开设新的专业等。二是让学生早期参与科学研究活动，按照科学技术发明创造的培养模式对学生进行培养，以培养创新型人才。

例如，在地理科学专业综合改革试点建设中，教师将科研成果转化为新课程，开设了中学地理教材研究、地理课堂教学新技能等课程。

3. 构建以自主、合作、探究为基础的教学方式体系

传统教学方式是以传授知识为价值取向的纯教学。使学生养成了被动接受知识的习惯，学生的学习积极性不高，没有问题意识；也使学生养成了因循守旧的思维方式，不求突破，没有创新意识。因此，必须改变教学方式，采用有利于促进科教融合的教学策略，以培养创新型人才。

自主、合作、探究教学策略的教学目标，一是培养学生自主学习的能力，促进学生自主发展；二是培养学生团结协作、交往共事的能力；三是培养学生探究发现的情趣、态度和习惯，掌握科学探究的方法，为从事科学研究打下扎实的基本功。

自主、合作、探究教学策略的特点，一是主动性、独立性、体验性和内省性；二是诚实求真、和谐互动、博采众长和共同发展；三是浓厚的问题意识，科学的探究互动和思辨的探究结论。

自主、合作、探究教学策略的实施，是以问题探究为线索，以个体或小组活动为基本形式，在教师的指导下，学生个体或小组紧紧围绕一个问题或一个课题进行探究活动。学生以问题为突破点，通过发现问题、提出问题、调查研究、分析研讨、解决问题和表达交流等探究活动，从而获得知识，激发情趣和掌握科学研究的程序和方法。因此，自主、合作、探究教学策略促进了科教融合，是培养科学技术发明创造人才的教学模式。

4. 构建科教融合，协同创新机制

构建有利于提高人才培养质量的科教融合、协同创新机制，必须深化改革，系统推进科教融合。培养创新人才需要一支兼具高水平科研能力和教学能力的教师队伍，但是，科研能力强的教师，不一定教学能力强；教学能力强的教师，不一定科研能力强。这是因为高等学校教师入职标准主要针对学历和科研水平，而不是教学水平，教师对教育学、心理学、学科教学论知识的掌握仅通过短时间的培训，对真实的课堂教学体验和教学方式、方法知之甚少，导致部分教师科研能力强，而教学能力较差。将科研能力强的教师与教学能力强的教师进行强强联合、互相学习能实现优势互补。所以，改革的目标就是鼓励科研能力强且具有教学潜力的教师从事高水平的教学，鼓励教学能力强且具有科研潜力的教师从事高水平的科研，从整体上实现教学能力和科研能力、教学投入和科研投入的相对平衡。改革的具体措施：一是统筹教学管理和科研管理，制定有利于科教融合、互促共进的政策措施。二是坚持教学、科研并重的评价原则，完善教师绩效评价体系。三是学术带头人可以高水平的学科或专业建设和课题研究为依托，组建结构合理的科教融合、协同创新团队，带动学科教学，充分发挥学术带头人的作用。四是强化科研成果和资源转化为课程资源，并纳入教材评比指标体系。五是鼓励学生进入科研团队，积极开展基于研究的教学和以探究为本的学习，重视培养学生的创新精神、创新能力和实践能力。

5. 整合资源，为提高人才培养质量搭建科教共享平台

搭建科教共享平台就必须整合资源，将学科专业平台、实验室、人才、科技、经费、信息等教学与科研资源进行整合，构建最优规模、不同层次、不同目标指向的教学与科研资源共享平台。通过规范管理、合理配置、开放使用等方式，提高资源利用率和使用效益。通过教学与科研资源共享平台，让学生有更好的机会受到创新人才的教育并逐渐成为科学研究的主力军，让教师有更多时间投入教学，让科研仪器设备、实验室、科研成果更好地服务于创新人才的培养。

第十章　网络课程建设

第一节　网络课程建设的问题与改进对策

在人类教育史上，学校的教学组织形式曾经历过从早期传统意义上的个别教学到近代夸美纽斯所建立的班级授课制的演变。直至今日，班级授课制仍是最主要的教学组织形式。随着计算机技术、网络技术和通信技术的飞速发展，以计算机网络为基础的现代教育手段得到了广泛应用，最具代表性的网络课程正以其独特的优势，在现代教育中发挥越来越大的作用。

教育部现代远程教育资源建设委员会颁布的《现代远程教育资源建设技术规范》（以下简称《规范》）中指出，"网络课程是通过网络表现的某门学科的教学内容及实施的教学活动的总和，它包括两个组成部分：按一定的教学目标、教学策略组织起来的教学内容和网络教育支撑环境"。其中，网络教育支撑环境特指支持网络教育的软件工具、教学资源及在网络平台上实施的教学活动。

一、网络课程的优势

综合考查网络课程发展的现状，不难发现，网络课程普遍具有如下优点。

1. 提高授课效率，扩大单位时间传递的信息量

在传统的课堂教学中，教师需花费大量宝贵的课堂时间在黑板上书写板书，尤其是教学内容包含数据、表格、图形时，授课效率将大大降低。为提高效率，教师尝试采用挂图、幻灯片等辅助手段，但使用并不十分方便，也不利于学生记录和课后复习。网络课程中运用多媒体手段，能瞬间呈现课堂教学中用到的大量板书，节省了学生的大量"等待板书"时间。另外，学生可反复观看授课内容，并可利用快进或快退功能快速找到多媒体视频中需重温部分，便于课后高效复习。

2. 调动学生多种感官，激发学生学习兴趣

传统课堂教学的授课方式，基本都是教师口头描述辅以板书，对部分学生来说略感枯燥而单调。网络课程应用多媒体手段，图文并茂、动静结合、声情融会、视听并用，这种多信息相融合的表达方式为教学提供了生动、形象、逼真的表现效果，可极大地激发学生的学习兴趣，把学习变成了轻松、愉快的事情，进而转变了学生的学习心态，由"要我学"变为"我要学""我想学"。

3. 运用最佳的知识表达方式，有助于学生理解掌握

网络课程中的多媒体采用形、声、色、动、静相结合的信息呈现方式，不仅在创造情境、营造氛围方面有独特的优势，还能将授课内容化繁为简、化难为易、化静为动、化抽象为具体、化微观为宏观，加深学生理解，有助于学生记忆。

二、网络课程存在的主要问题

相对于国外较成熟的网络课程研究与建设，我国的网络课程发展起步较晚，仍处于探索与尝试的初始阶段，各学校的网络课程建设都或多或少地存在以下问题。

1. 对网络课程认识不足

部分教师认为将课本等教学资源进行网上搬家，教学时将教学资源一一呈现于屏幕上，变"人灌"为"电灌"就是网络课程，将网络课程肤浅地认为是用计算机媒体教学机械地代替传统教学，没有充分认识到网络课程的强大优势和意义。这些教师对不同于传统面对面课堂教学的新生事物——网络课程自身特点及相关理论欠于研究。

2. 网络课程质量不高

为数不少的网络课程表现形式仍停留在网页、文字文本、图表、图片等简单方式，与传统课堂教学相比，信息内容虽有较大幅度提高，但仍然显得内容单调、形式单一、资源不够丰富，未把图、文、声、像融为一体，缺乏学习内容的形象性、直观性、真实性和趣味性，难以使学生产生强烈的学习心理需求，驱动学习者进行自主学习，也不利于学生在"仿真"情境下构建知识。

3. 网络课程建设过程中往往忽视教育理论的指导

当前网络课程建设主要依赖计算机技术人员、网络专家和授课教师，教育专家很少参与，以致建设过程中强调网络课程形式及技术的重要性，忽略了教育学、心理学等教育理论在确定课程目标、选择课程内容、进行教学设计和创设教学情境等网络课程建设环节的指导作用。其结果必然是过度追求形式、内容不够精练、资源质量不高、难以达到网络课程应有的教学效果。

网络课程的最大特点应该是整个课程运行过程中"以学生为主体"，但现实的网络课程建设过程中，课程建设者更多的是重视知识的传授，较少根据学生的心理特点、背景知识、学习风格和学习特征创建适合学生自主发展的个性化的网络课程，不能坚持"以学生为中心"的教育理念，存在忽视学生主体性的问题，这是与目前的新教育理念极为不符的。

4. 网络课程的导航系统不够明晰

网络课程中包含大量的学习内容和丰富的媒体资源，这些信息是按网状立体结构组织的，学习单元之间缺少自由的切换功能和明晰的导航系统，学生由于对课程体系不甚了解或对技术不够熟练等，在学习内容丰富且具有开放性的网状立体结构的网络课程时，会产生迷茫、迷失方向和无助的感觉，从而降低学习效率。若这种迷失感长期得不到有效的指导和帮助，就会降低学生的学习兴趣，影响其学习信心，甚至中断学习。

5. 网上资源缺乏

网络课程中设置的网上教育资源超链接较少。自从教育部高等教育司实施"新世纪网络课程建设工程"以来，全国多所高校相继开发建设了一大批网络课程，这些网络课程最显著的特点是，集国内的名校、名师、名课于一身，继承了几十年课程改革的成果，无论是课程内容还是体系结构都代表了国内最高水平。但这些网络课程未能最大限度地与兄弟学校建设的相同或相似学科的网络课程建立超链接，未能将远程教育中的各种资源互补、相得益彰的优势和作用充分发挥。

三、改进网络课程建设的对策

针对网络课程建设中存在的以上问题，笔者认为可从以下几个方面出发，优化、改进网络课程建设。

1. 加强现代教育理论学习，转变教育教学观念

网络课程作为一种新型的教育类型，必须以现代教育理论为指导，只有以正确的理论做指导，开发出的网络课程才可能具有生命力。针对网络课程教学不同于传统课堂教学的突出特点——即以学生自主学习为核心，始终坚持"以学生为中心"，网络课程建设者可先学习以下教育理论：皮亚杰、维果斯基的建构主义学习理论、布鲁纳的发现学习理论、斯皮罗等的认知弹性理论、杜威的"问题解决"教育理论及以卡尔·罗杰斯为代表的人本主义理论，并将这些教育理论作为指导思想，使开发的网络课程能让学生的自主性得到充分发挥，个性得以充分张扬。

2. 走强强联合之路，最大限度地实现资源共享

目前，网络课程建设基本处于各个学校单打独斗、各自为政的局面，结果是既浪费了人力、物力，课程质量也不高。笔者认为，网络课程建设可参考世界上著名大学的做法，走强强联合之路。首先，与建设相同或相似学科网络课程的名校或名师联合，确定某门学科的教学资源、课程结构、教学策略、知识表现形式等课程建设蓝图。其次，与信息技术实力比较雄厚的特色学校或公司联合，共同开发优秀网络课程，特色学校或公司按照课程建设蓝图具体实施课程建设，并与名师随时沟通，保证建设结果符合各名师的共同要求。最后，与教育专家联合，请国内知名教育专家对已完成的网络课程就教学策略、知识表现形式等方面是否适应学生自主学习的规律提出整改意见，名师和特色学校（或公司）根据整改意见对课程进一步修正、调整，使其更加完善、更有实效。网络课程建设完成后，不再属某个单位或某个学校所专有，而是实现高度共享。自主学习的千千万万各级各类学生、从网络课程汲取丰富资源的广大教师及教学资源相对匮乏的普通高校，都可利用网络课程教学平台获取各自所需的"营养"资源。

3. 设计逼真的学习情境，促进学生进行意义建构

学习情境是为学生提供一个完整、真实的问题情境，使学生产生学习的需求，驱动学习者进行自主学习，从而达到主动建构知识意义的目的。随着心理学家对人类学习过程认知规律研究的深入，建构主义学习理论逐渐成为学习理论的主流。建构主义认为，学生的知识不是通过教师传授得到的，而是学生在一定的情境下，借助教师和同学的帮助，利用必要的学习资料，通过知识的意义构建获得的。在该过程中，学生是认知活动的主体，教师是学生学习的帮助者、促进者、引导者。建构主义推荐学生要在真实的情境下进行学习，减少知识与解决问题之间的差距，强调运用知识解决实际问题。另外，有资料表明，学习者在计算机上进行学习时，其注意力集中的持续时间远远低于传统媒体和教室授课，其在学习对象上的注意力呈明显的快速上升和快速下降的特征。因此，教学内容设计中应将图、文、声、像融为一体，增加教学内容的真实性、科学性、趣味性，为学生创设有意义的逼真的学习情境，以

便其主动探索、深化知识的应用，进行意义建构。

4. 设计强有力的导航支持，提高学生自主学习的效率

导航支持可分为当前位置导航、学习策略导航和学习帮助导航三大模块。

当前位置导航的主要任务是帮助学习者准确地确定当前所学的内容在网络课程的知识结构体系中所处的位置，同时能快速、方便地进入下一个学习内容而不会迷航。当前位置导航的设计可借鉴 Windows 资源管理器中查看文件和文件夹的方式，以伸缩列表的折叠大纲来建立导航板块，清晰地标示出各知识点之间的层次关系；同时通过绝对路径法，指明当前知识点的所在位置，如"您现在的位置是：章>>节>>目"之类的导航提示，从而最大限度地避免"迷航"现象的发生。另外，在学生可能遇到问题的地方设置一些有解释说明意义的超链接，链接的网页在一个新的网页中打开，链接的级数最好只有一级，这样学生在解决了问题之后能轻松返回到原来的学习位置而继续学习。

学习策略导航指为学生的自主学习提供正确的方法和技巧，对学生的学习活动进行必要的规划、导引、控制和调节，使学生根据自己已有的知识合理安排自己的学习进度和深度。

学习帮助导航指为了使网络课程能适应不同层次学生使用而进行的学习帮助设计，对相关操作进行详细说明。例如，对网络课程的运行环境、界面特殊图标的含义、操作方法和功能等进行详细说明，以帮助学生轻松操作网络课程进行学习。

5. 建立丰富的网上资源链接，拓展学生自主学习知识面

网络课程建设者可广泛考查国内兄弟学校对相同或相似学科建设的网络课程，与自己建设的网络课程作对比，深入分析其相关章节的优劣，在自己建设的网络课程各章节最后，建立网上优秀网络课程相关章节的超链接。学生通过超链接，可一睹国内名师、名课、名校的网络课程的风采，领略、学习本学科的学术前沿和本领域新动向、新成果，从而开拓思路，激发学习兴趣，培养发现问题、解决问题的能力，充分调动自主学习的积极性。

第二节　网络课程的开发、应用与评价

《规范》中指出，"网络课程是通过网络表现的某门学科的教学内容及实施的教学活动的总和，它包括两个组成部分：按一定的教学目标、教学策略组织起来的教学内容和网络教育支撑环境"。其中，网络教育支撑环境特指支持网络教育的软件工具、教学资源以及在网络平台上实施的教学活动。随着计算机网络技术的快速发展，网络课程的优势逐步显现，在现代教育中的作用也越来越大。《规范》中将网络课程定义为通过网络表现的某门学科的科学内容及实施的教学活动的总和。

一、网络课程在开发、应用和评价中存在的问题

网络课程作为一种新兴的教学理论和实践活动、一种基于网络环境的教育探索，在促进教育资源共享的同时，也促进了从传统教育模式到现代教育模式的转变，并在学生教学方面进行了有益的尝试，为现代教育改革增添了新的动力。但我国网络课程的发展仍处于初级阶段，在网络课程的开发建设、应用与评价等方面还存在着一些问题，主要表现为以下几个方面。

（一）网络课程在开发建设中的问题

1. 网络课程的概念模糊，定位过于局限

目前，部分教师认为将课本等教学资源进行网上搬家，教学时将教学资源一一呈现于屏幕上，变"人灌"为"电灌"就是网络课程，将网络课程肤浅地认为是用计算机媒体教学机械地代替传统教学；还有部分教师认为网络课程与网络课件是同一个概念或同等的概念，更有人把网络课程理解成教学内容的简单罗列。

我国的网络课程起源于远程教育，其理论依据与实践研究基本上没有跳出远程教育的框架。大多数网络课程的定位局限于继续教育、职业教育与学历教育，或者只是作为对校内的全日制学生进行授课的辅助教学工具，与远程教育并无差别。局限于远程教育的网络课程研究模式大大限制了网络课程自身的发展，不利于我国教育信息化的进一步深入发展。同时，传统学校网络课程理论研究处于边缘化状态，各种学术论文及相关专著在探讨网络课程问题时，基本上都是以远程教育为其立足点，甚至明确地把网络教育等同于现代远程教育。

2. 忽视《规范》的建设要求，开发现状混乱

网络课程作为一种新型的现代教育资源，《规范》对其提出了统一要求，然而并未引起网络课程设计与开发人员的足够重视。由于我国网络课程的开发与应用还没有完全步入正轨，各地方、各领域、各层次的网络课程开发工作没有统一的组织领导，网络课程的开发大多具有自发性、随意性和盲目性，缺乏课程意识与课程能力，部分网络课程仅仅是课堂课程的简单移植与克隆，充其量只能称为网络课程的初级阶段。部分单位或个人由于评职称、拿课题、获奖等功利性因素，在网络课程前期建设力度大、干劲足、投入多，一旦制作完成，验收合格后便少人问津。教学主管部门和任课教师都没有在如何充分利用网络课程上下功夫，致使网络课程成了摆设，没有发挥其应有的作用，导致开发出来的网络课程可用性和共享性不强，缺乏统一的运行机制和管理模式。

3. 缺乏相关教育理论指导，学习情境设计不足

由于缺乏相关教育理论指导，有些网络课程过于注重教学内容的呈现，对学习过程起关键作用的教学设计和教学策略却轻描淡写，设计者更多的是从教师教的角度去考虑课程的开发，强调知识的传递和传授，而忽视了教学情境、学习活动的设计。建构主义认为，学生的知识不是通过教师传授得到的，而是学生在一定的情境下，借助教师和同学的帮助，利用必要的学习资料，通过知识的意义构建获得的。学习是学生自身进行探索、发现和建构的过程，是学生总结个人经验而不断重构个人的理解和知识的过程，在这个过程中，只有对知识进行多维度的表征，才能帮助学生完成对知识的全面理解和灵活运用。网络课程这种重"教"轻"学"的倾向并不利于学生知识的建构。网络环境下的教学，要求学生必须更加自主地进行意义建构，因此，情境的创设更为重要。网络课程没有一定的情境导入，在学习过程中，学生难以按照自己的需要对学习环境进行个性化的定制。

4. 缺少创新性技术和开发平台支持

网络课程是综合运用新技术和知识精华的高端产品，应该及时地吸收最先进的技术成果

和知识工程的最新研究成果。目前，大多数网络课程对教学内容的呈现不再拘泥于静态的文本、图片和 PowerPoint 讲稿，而是趋于多媒体的综合应用。文本、图片、动画、声音、视频等呈现手段得到广泛应用，交互技术的使用使学生可以更方便地与计算机进行交互式的学习和练习。但网络课程开发的整体技术水平并不高，大多数仍是使用传统的多媒体工具，甚至个别网络课程存在着滥用媒体的现象，只有少数网络课程尝试嵌入了数学模型、虚拟实验等模块，至于智能答疑、智能学习、智能检索等人工智能手段则甚为鲜见。网络课程尚存在着辅导答疑、作业批改、考试等诸多技术难题。所有这些都需创新性技术和开发平台支持。

（二）网络课程在教学应用中的问题

1. 网络课程对学生自主学习能力要求较高

目前，绝大多数的网络课程主要是针对高等教育的学习而建设的，要求学生年龄达到适合自主学习的阶段，并且掌握一定的学习技能和学习策略。同时，网络课程设计缺乏良好的学习情境，网络课程的学习往往表现于狭小空间上的人机对话，知识学习贯穿于学习过程的始终，学习内容和形式单调枯燥，不利于学生知识的构建，也很难驱动学生的好奇心理，唤起其探究和发现的心向，从而主动学习。另外，网络课程对学生缺乏自主学习外在的激励作用，整个学习过程只靠学生内在的学习动机发挥作用。

2. 部分教师应用教育技术水平不高

近年来，为顺应时代发展的潮流，教师的计算机水平不断提高，但仍有一些教师的信息技能远远不能满足新世纪的要求。部分教师不精通网络课程技术手段或不习惯于运用网络技术教学，制约了网络课程教学质量的整体提高。在各类学校中，一些主要课程的主讲教师的网络技术水平与他们的教学科研水平并不统一。与传统教学相比，网络课程教学的使用对教师提出了新的要求。教师要负责向学生提供学习资料，其准备工作远远超过了传统教学的工作量，教师还要尽可能地在网上为学生答疑、熟练文字输入等。

3. 网络课程的整体教学效果较差

由于学生习惯了传统的课堂教学模式，对于相对缺乏教师指导的网络课程的学习活动，还缺乏必要的心理准备，在这种课程形式、教学方式、学习方式不同的学习环境中，学生很难及时调整自己的学习方法、学习状态以适应网络课程教学现状。学生在网络课程的学习过程中有时不能完全掌握课程内容，必须自己查阅其他的资料，自学补习，有时会因网络课程在设计方面导航不清、链接太多等问题花费大量的时间，容易感到学习负担加重，学习状态紊乱，从而产生厌学等不良反应，导致整体教学效果不佳。

（三）网络课程在评价中的问题

随着网络教育的发展，网络课程的数量不断增长，其质量保证问题引起了越来越多的关注，人们也越来越认识到网络课程评价的重要性，从而出现了大量的相关研究，提出了不少评价量表、量规和见解，但是还远没有达到标准化、体系化的程度，尚存在一些问题。

1. 尚未形成完整的评价体系

目前，国内尚没有比较权威的网络课程评价标准。网络课程评价一般都是在教育主管部门进行统一评估时，参与者提交自己的课程，然后由组织者聘请远程教育专家采用商定的统一指标体系进行评价。教育部于 2000 年 2 月发布了《现代远程教育工程教育资源开发标准（征求意见稿）》，这一标准只对网络学习资源、网络课件和网络课程提出了一些比较基本的要求，没有专门提出网络课程的评价标准，无法形成系统的测试指标，用于对网络课程的质量进行考察。现有的许多评价指标体系还仅仅是评价指标的集合，没有权重，缺乏评价的科学性和准确性。因此，这些指标体系难以对网络课程质量进行有效的监控，不利于保证网络课程的质量。

2. 评价指标设计不合理

许多评价项目和指标数目差得太多，而且各级各类指标之间权重不合理且有重叠、相斥和不可测的弊端。评价指标缺乏针对性，范围过于泛化。例如，学习目标：有明确的学习目标或教学基本要求。该指标只是对有无学习目标进行了考评，而对学习目标的层次和学习目标在知、情、意、行等方面的内容没有进行针对性的评价。另外，由于缺少教学理论、学习理论、教育心理学等理论的指导，很大程度上只评价了软件中的技术特征，没有深入实际教学活动中去，教学情境设计、教学策略等方面都没有受到足够重视。这就导致了评价者无所适从，使评价结果不透彻、评价效果大打折扣。

3. 评价对象不明确

随着远程教育的不断完善，网络课程逐渐渗入各教育领域，出现了面向青少年的网络课程及面向成人的网络课程。评价活动不能脱离评价对象，因此，对面向不同学生的网络课程也应该设计专门的评价指标体系，以便保证网络课程的质量。目前，我国网络课程的评价指标体系，只是针对网络课程这一大概念设计的，没有青少年网络课程和成人网络课程的区别。2002 年 6 月 7 日，教育部教育信息化技术标准委员会正式发布了《教育信息化技术标准　网络课程评价规范（标准草案征求意见稿）》，它针对高等教育、职业教育、基础教育领域中的所有网络课程、网络课件。服务对象过于笼统，致使网络课程评价指标体系是个一般性的规范，只强调共性，而忽略了个性。另外，网络课程涵盖的教育元素、教育活动比较广泛，评价任务复杂。而当前的评价标准没有系统地考虑网络课程，有的指向网络技术，有的主要目的是评价网络课程的知识内容，有的只评价网络课程中的交互平台。这些以偏概全的评价势必造成网络课程的畸形发展。

二、优化网络课程发展的策略与措施

鉴于以上网络课程存在的不足，提出以下优化策略与措施，以供网络课程未来发展参考。

1. 加强网络课程建设的理论研究，奠定扎实的理论基础

网络课程是一项实践性极强的教育活动，其建设需要有扎实的理论基础作支撑，缺乏理论基础，网络课程的开发与应用就会流于形式，达不到网络教育的根本目标。而目前网络课程建设的理论研究相对滞后，还不能完全满足网络课程开发与应用实践发展的需求，致使教师在网络课程建设的实践中走了不少弯路，开发出来的网络课程整体质量偏低，

网络课程的应用效果不够理想。因此，在网络课程开发与应用新的实践中，教师应加强教育教学理论与网络课程建设理论研究，明晰网络课程的精准定义（概念），明确其定位，进一步探索网络课程开发与应用的基本规律，完善其理论，使网络课程建设持续、深入发展。

2. 创设学生自主学习情境，完善交互协作的互动环境

建构主义认为，学习是学生自身进行探索、发现和建构的过程，是学生在与环境的相互作用中总结个人经验而不断重构个人的理解和知识的过程。因此，网络课程建设不应该由教师或教育机构完全替代学生决定学习的目标、内容和进度，评价学习的成效，而应充分利用网络的优势，使学生参与网络课程的设计和评价过程，并将他们的个性化学习需求融入课程设计中。为学生提供自主探索和协作学习的互动环境，引导学生从多个角度理解概念，并把概念的意义与具体情境联系起来，促进学生知识的重组和意义建构。综合运用 BBS、E-mail 在线测试，实时聊天，常见问题解答库等多种方式，更好地支持师生间的交互及学生的协作学习，让学生在与环境的交互过程中提高分析、解决问题的能力。

3. 提高建设者整体素质，优化教学设计，提高网络课程的整体教学效果

我国当前网络课程开发与应用中普遍存在的矛盾为：网络课程开发人员精于网络环境与开发技术，而疏于教育教学理论；教师熟悉教育教学工作，而对开发与应用的技术缺乏了解，导致网络课程的开发与应用脱节。因此，一方面，应加强教师的信息技术教育培训，提高教师的信息技术应用水平；另一方面，除加强网络课程开发人员教育教学理论培训外，还要求一线教师参与网络课程的开发建设，优化网络课程的教学设计，创建建构主义所倡导的学习情境，并对智能答疑、智能学习、智能检索等人工智能手段做创新性的技术研究，开发简单易用的网络课程开发平台，使网络课程更好地应用到教学中，提高网络课程的整体教学效果。

4. 完善网络课程的管理与评价机制，促进其良性循环和可持续发展

进一步加强网络课程开发与应用的组织领导，以《规范》提出的统一要求为基准，建立统一的运行与管理机制，统一规划，重点加强优势特色学科专业网络课程的建设，改善目前各地方、各领域、各层次的网络课程开发与应用活动相对独立、各自为政的状态。这样不仅可以减少网络课程开发过程中的重复建设，降低网络课程开发的成本，而且有利于实现资源的共享，促进网络课程向规范化和系统化的方向发展。建立多元化评价体系，优化细化量化评价指标，使评价工作有章可循，有据可依。对网络课程建设的各个环节进行宏观调控和整体优化，注重网络建设的全面质量管理，建立起综合质量保证体系，促进网络课程建设的良性循环和可持续发展。

第三节　网络课程与课堂教学整合教学模式研究

随着信息技术的发展，网络课程显示出独特的优点，它不仅克服了传统课堂教学受时间、

空间限制的不足，同时为学生提供了个性化的学习环境。但网络课堂不能代替课堂教学，它容易导致教师不能深入参与教学，从而影响学习质量。而课堂教学的优势也很突出，它能充分发挥教师的指导作用，便于师生之间的情感交流。但课堂教学也有明显的缺点，学生的主体作用和创新思维及创新能力容易受到忽视。网络课程和课堂教学各有优势和不足，将网络课程和课堂教学进行整合，构建网络课程和课堂教学整合教学模式，使二者优势互补，从而培养创新型人才，是目前迫切需要解决的问题。

一、网络课程及其特点

（一）什么是网络课程

网络课程就是通过网络实施的课程，是为实现某学科的课程目标而设计的教学内容、学习资源、教学活动的总和。网络课程包括两部分：一是按一定的教学目标和教学策略组织起来的教学内容；二是网络教学支撑环境。也就是说，网络课程是传统课程在现代网络信息环境下的重建。网络课程是由教师、学生、媒体教材和网络教学环境四个要素构成的，是这四个要素的整合，这四个要素共同构成了网络课程的良性生态系统。

（二）网络课程的特点

1. 资源共享性

学生通过网络可以共享丰富的教学资源，其中包括硬件和软件资源。网上资源丰富多彩，图文并茂，学生在链接或教师指导下，可在知识海洋中任意翱翔。取之不尽、用之不竭的信息资源，对学生的创新思维培养，对教师角色的转变，对促进从应试教育向素质教育转化都将产生重大影响。

2. 多向互动性

网络作为一个虚拟的空间，学生可以在线与教师和同学对话互动，教师可置身其中参与讨论交流，及时得到反馈信息，调整教学进度，改变教学方法，针对不同学生的实际需求采用不同的教学方式，真正实现了因材施教。同时，学生也可以在网络上发布信息，与同学进行网络交流互动，以提高学生主动参与教学的积极性和成就感。

3. 协作共创性

利用网络进行学习，更能体现协作共创性。教师作为网络学习的主导人员，可以引导、促进、帮助学生协作学习。这不仅有利于学生对问题的深化理解和掌握，而且对学生合作精神的培养和创新能力的提高有很大推动作用。

4. 时空开放性

网络课程由于技术上突破了时空的界限，表现出极大的开放性，学生可以在任何时间、任何地点接受网络学习。学校已经转变成一个没有围墙的覆盖全球的知识网络课堂。网络课程不仅是时间和空间上的开放，更是对所有学生的开放，学生不会因为年龄、性别等差别被拒之门外，是真正的开放教育、全人教育。

5. 学生主体性

在网络课程中，学生可根据自己的需求，检索学习内容。学生结合自己的学习特点和认知水平，选择与自己的学习特点和学习内容相适应的学习资源，自定步调地进行网络学习。学生还可根据自己的经验和视角来理解知识，从而发展个性，培养创新精神。

6. 媒体多样性

网络课程可以为学生提供一个集视频、音频和声像技术为一体的网络学习环境，使交互形式更丰富、更直观，有利于创设情境，有利于学生对知识的获取和掌握，有利于激发学生学习兴趣和创新思维。

7. 文本超越性

文本超越性是指网络课程打破传统的以教材为本的线性顺序组织逻辑，广泛深入地开发课程资源，以非线性、网络结构形式组织教材内容。这样可以拓展教材内容，既使学习内容更深厚，又符合人的思维特征，培养了学生的发散性思维。

二、网络课程与课堂教学整合教学模式的理论基础

（一）混合学习理论

混合学习理论就是将建构主义、行为主义和认知主义等不同教学理论的教学模式混合，主要包括教师主导和学生主体参与的混合、课堂教学与网络课程的混合、不同教学媒体的混合、课堂教学与不同学习环境的混合等。混合学习理论的核心思想是根据不同的问题要求，采用不同的解决方式，在教学上就是采用不同的媒体进行不同的信息传递，而这种传递方式要求付出的代价最小，取得的效益最大。

构建网络课程与课堂教学整合教学模式的基本思想源于混合学习理论的主要特点和精髓，它将网络课程与课堂教学进行整合，充分发挥二者的优势，同时还有效地避免了二者单独应用时存在的缺陷。

（二）建构主义学习理论

以皮亚杰为代表的建构主义学习理论认为，知识是在个体与环境交互作用的过程中逐渐构建的结果，学生在不断与环境的交互过程中建构知识和行动策略。因此，在教学过程中，学生的学习活动是在教师的指导和组织下，有目的地获取知识的认知活动，这是一个能动的建构过程。在这个建构过程中，一方面学生受兴趣、需要和外部环境的推动表现为主动性和选择性；另一方面受原有的知识经验、思维方式、情感品质、价值观等制约，在对信息的内部加工上，表现为独立性和创造性。建构主义学习理论为网络课程与课堂教学整合教学模式提供了理论依据。

（三）集体教育与自我教育理论

集体教育对个体会产生巨大影响，可使个体在集体中产生不同于在单独环境中的行为。集体教育对个体产生的影响不只是静态的集体心理氛围，更重要的是使其显示动态的教育力

量，发挥集体思维的优势，从而形成更好的集体创新智力背景和心理场。学生是学习主体，真正的教育是自我教育。自我教育包括学生集体的自我教育、学生互相的教育和学生个体的自我教育。衡量自我教育的维度主要是实际参与度和实际体验。

（四）交流与学习者控制理论

加拿大学者伽里森认为，学习不仅是学习者的内化过程，还要有教师的参与。教学的质量和教学过程的优化有赖于教师与学生之间的双向交流，这种交流既有知识的传递与反馈，又有情感的交流。

伽里森还提出了学习者控制理论，即教学情境中的控制，不能只在某一方面建立起来，而必须要在多方面合作才行，应当在一个内在的合作过程中为师生双方分享，即学习者要对教学情境进行多方面控制，不仅对学习内容进行控制，还可对教学进度、多方合作进行控制。交流与学习者控制理论，为网络课程与课堂教学的整合教学模式提供了方法论的指导。

（五）现代课程观、教学观和学习观理念

现代课程观认为，课程不仅是知识，同时也是经验、活动，更是体验课程；课程不仅是知识的载体，更是师生共同探求知识的过程；教师和学生都是课程资源的开发者，共创共生，形成学习共同体；课程是由教师、教材、学生和环境四个要素构建成的良性生态系统；课程与教学是整合的。

现代教学观认为，教学是教师的教与学生的学的统一，这种统一的实质就是活动，活动最基本的表现形式就是交往、探究。因此，教学就是以教师为主导，学生为主体对课程内容开发、生成、建构的过程。教学既要重知识，又要重过程。因此，现代教学观倡导自主学习、探究性学习和合作学习。

现代学习观认为，学生不仅要在课堂上与师、与生、与教材的互动中进行"学中做"，更要在实践活动、探究活动、合作互动、综合互动中进行"做中学"。成就和错误都是资源，都要认真地品味。学生在多元互动中调控自我、改变自我、提高自我和完善自我。因此，现代学习观倡导改变传统的学习方式，由被动接受的学习方式，转变为主动探究的发现性学习方式。

三、网络课程与课堂教学的整合及其整合方式

（一）网络课程与课堂教学的整合

课堂教学主要是以教师为中心的教学结构，教师是知识的传授者，并控制着整个教学活动的进展，学生是知识的被动接受者，教学媒体是辅助教学工具，教材是学生学习的主要知识来源。课堂教学的优势：一是教师的主导作用能够充分发挥；二是教师能及时、准确地调控教学活动的进程；三是利于师生间的情感交流；四是利于教师对学法和学习活动的指导。但课堂教学也有显著的缺点：一是忽视学生的主体地位，培养出来的学生绝大多数是知识应用型人才，而非创新型人才；二是课堂教学环境不利于学生自主创新精神和实践能力的培养。

网络课程在实现终身教育和教育资源共享等方面充分显示了优势，但网络课程也存在着

一些问题：一是内容缺乏系统性，缺少目标和方法的指导。网络课程内容丰富多样，但网络课程不同于网络资源库。网络课程首先是课程，它应包含课程的一切特征，如教学目标、教学内容、教学过程、教学活动和教学评价等。因此，网络课程内容缺乏系统性。而一些内容和方法需要教师的直接指导，如将单元教学目标细化到知识点，可操作性学习方法指导等，网络课程则无法做到，可能导致学生在利用网络课程学习时会迷航。二是网络课程缺乏师生间的情感交流。教学是师生之间信息和情感的交流，网络课程缺乏教师情感的感染力，教师不能用自己的能力、人格魅力及责任、尊重和热爱学生的情感来赢得学生的尊重和喜爱，从而不能使学生产生最佳的学习心态。三是教师的语言艺术和教学机智不能发挥。由于网络课程不能使教师和学生直接进行语言交流，不能发现学生学习活动产生的问题和偶发事件的发生，从而影响教师语言艺术和教学机智的发挥。四是教学资源呈现有余，学习环境设计不足。网络课程虽然提供的学习资源丰富，但由于教师和学生处于准时空分离状态，学生在自主进行建构时所需要的学习环境却创设不足，影响学习效果。

网络课程与课堂教学各有优势和不足，如果将网络课程与课堂教学在教学新理念指导下，尤其是在主导—主体教学理念指导下进行整合，使二者互相渗透、优势互补，则对提高教学效率，培养学生自主创新精神和实践能力一定会有很大的作用。

（二）网络课程与课堂教学整合的方式

网络课程与课堂教学整合的关键是如何有效运用信息技术的优势来更好地达到课程学习的目标和培养学生的信息素养、创新精神、实践能力。因此，要培养学生学会把信息技术作为获取信息、探究问题、合作讨论、解决问题和自我建构的认知工具，其具体整合方式如下。

1. 信息技术作为演示、交流合作和个别辅导的工具

信息技术作为演示工具，是网络课程与课堂教学整合的最低层次，教师使用计算机辅助教学软件或多媒体素材库，选择其中合适部分用于教学，教师也可以利用模拟软件或计算机外接传感器来演示某些实验现象，帮助学生对知识的理解。

信息技术作为交流合作工具，就是在计算机网络环境下，实现交流合作。学生可借助网络实现相互交流、协商、讨论活动，培养独立思考、求异思维、创新能力和合作精神。

信息技术作为个别辅导工具，就是利用操作练习软件和计算机辅助测验软件，让学生在练习和测验中巩固、熟练所学的知识，并决定下一步学习的内容，教师可以从操作中发现问题，进行个别辅导。

2. 信息技术提供资源环境

用信息技术提供资源环境就是要突破书本是知识主要来源的限制，用各种相关资料来丰富封闭的、孤立的课堂教学，极大扩充教学知识量，从而开阔学生思路，培养学生获取信息、处理信息的能力。

3. 信息技术作为情境创设和发现学习的工具

根据教学的需要，利用信息技术创设一定的情境，让学生在真实的情境中体验，在情境中进行探究、发现，有助于加强学生对所学知识的理解，有助于培养学生的探究能力和发现问题及解决问题的能力；通过利用节点之间所具有的语义关系，培养学生进行知识意义建构的能力；通过信息技术创设的虚拟实验环境，让学生观察、操作，培养学生的科学态度和实

践能力。

4. 信息技术作为信息加工与知识建构的工具

利用信息技术可培养学生信息加工、信息分析能力和思维的流畅表达力，强调学生在对大量信息进行快速提取的过程中，对信息进行重整、加工和再应用，将信息技术作为知识建构的工具，以达到对大量知识的内化。教师要密切注意整个的信息加工处理过程，在学生遇到困难时，给予及时辅导和帮助。

四、网络课程与课堂教学整合教学模式的构建

（一）情境-探究-互动教学模式

情境-探究-互动整合教学模式强调了师生、生生互动，师生双边活动主要体现在教法和学法的和谐统一。这种教学模式的操作程序如表 10-1 所示。

表 10-1　情境-探究-互动教学模式

教学环节	教师行为	学生行为
创设情境问题导学	利用动画、影像或问题等数字化共享资源，创设情境，提出问题、激发学习兴趣和探究欲望	主动入境，激发兴趣，积极思考问题
展开探究指导点拨	提供学习资料，点拨新知，指导学生探究、观察和思考问题	利用教师提供的学习资料和课件，进行自主探究学习
网上交流总结拓展	组织学生交流、调动学生参与交流的积极性。发现问题和闪光点，总结归纳，拓展延伸	学生可发帖，进行网上交流，系统掌握知识，深入思考
反馈应用继续探究	精讲精练，拟定思考题和练习题进行网上测试，提出继续深入探究的问题	在线测试，有错即改。应用迁移。课后继续深入思考和探究

这种网络课程与课堂教学整合的教学模式，既发挥了教师的主导作用，又充分体现了学生的主体作用。其特点：一是将学习过程和探究过程统一起来，让学生在探究问题过程中获得新知，从而使问题探究成为教学活动的主要方式。二是通过多媒体网络辅助教学进行的"人-机"交互或"人-人"交互，让学生自主探究、思考和发展，使每个学生实时体现知识的发现和发展过程。学生的学习结果是自己发现的，不同的学生根据自己的原有水平不同程度地发现出新知识，从而实现了个性化教学。三是教师的角色由中心讲授者转变为学生学习活动的指导者、组织者、参与者。学生的地位由被动接受转变为主动建构。四是教学内容不仅仅是传授课本知识，还要重视学生的信息收集、处理能力及研究能力培养。

（二）导学-探究教学模式

导学-探究教学模式主要是围绕问题展开教学，从提出问题开始，到解决问题结束。其教学环节为资源利用→提出问题→分析问题→解决问题→总结拓展。各教学环节的操作程序如表 10-2 所示。

表 10-2　导学-探究教学模式

教学环节	教师行为	学生行为
资源利用	提供学习资料，集中学生注意力	主动学习资料，进入探究状态
提出问题	启发指导学生根据资料提出问题	学生提出要解决的问题
分析问题	教给学生掌握分析问题的方法，激发学生对问题的兴趣	分析问题，在把握问题的基础上，收集资料，提出假说，最后进行验证
解决问题	指导学生提出流畅性、变通性与独创性的观点	提出解决问题的方案
总结拓展	点评、总结并提出更深层次的问题	系统掌握知识，继续深入思考

在导学-探究教学模式中，教师是"顾问""引路人"。其优点：一是给学生更多的进行创新思维的时间和机会，使学生敢于在网上发表自己的观点，有利于培养学生的创新思维。二是学生根据教师提供的资料，在教师指导下提出问题，培养学生收集资料和提取有效信息的能力，以及强烈的问题意识。三是体现了学生的个性心理特征。由于探究的问题是多方面、多角度的，这就需要学生具备科学的求知欲与强烈的好奇心，有坚强的信心与恒心。导学-探究教学模式充分体现了这一特征。

（三）主机控制-导学互动教学模式

主机控制-导学互动教学模式的前提是要有一个配置齐全的计算机教室。教师上课前在主机中进行必要的设置，要熟悉控制方法。教师的主机要和网络相连，以备及时调用资料。其教学环节主要包括：学习引导→问题设计→资源展示→多元互动→总结拓展五个环节。各教学环节的操作程序如表 10-3 所示。

表 10-3　主机控制-导学互动教学模式

教学环节	教师行为	学生行为
学习引导	按教学内容理清学习清单，引导学生学习	学生进入学习状态
问题设计	将教学内容问题化，设计有思考价值的问题	激发学习兴趣，积极进行思考
资料展示	展示学习资料	主动查阅资料，积极进行探讨
多元互动	组织师生、生生互动交流	在自己的发言区留言，打包后传送给老师，或通过主机再发给指定的同学共同交流
总结拓展	根据学生上传的信息进行评价总结，并提出继续探究的问题	系统整理知识，改正错误，继续深入思考、探究

这种教学模式的优点：一是教学资源能充分利用。教师可以将自己积累和网络上搜集的资料全部提供给学生，提高学生提取有效信息的能力。二是学生在学习过程中能充分发挥自己的特长，学生参与性得到保证。三是多元互动既能培养学生的协作精神，也能使教师及时了解学生的学习进程，对不当行为能及时锁定或提醒。不足之处在于学生要到计算机教室上课，一人一机，对于硬件设施还有一定的要求，目前难以全面推广。

教无定法，在教学中教师要根据教学内容、学生情况和现实条件自行选择教学模式，也可将某一教学模式进行变式，从而灵活运用各种教学模式，以保证教学的有效性。

五、网络课程与课堂教学整合教学模式的特点

（一）以先进的教学观念为指导

以上三种网络课程与课堂教学整合的教学模式都是以现代教学理论为指导，反映了网络时代先进的教学思想，符合我国以学生发展为本，培养学生创新精神和实践能力的要求，强调了发挥学生的主动性，注重了学生潜能的开发及个性的发展。

（二）强调学生主体和教师主导作用的发挥

三种教学模式中，学生都处于积极主动的地位，积极参与教学，激发了兴趣，培养了创造力。教师不仅仅是讲知识，还创设情境，提出问题，引导学生进行探究学习，同时解决他们遇到的困难。

（三）注重网络技术的使用和网络资源的利用

在教师、学生利用网络进行探究学习时，教材不再是学生学习知识的主要渠道，学生可通过多媒体获取大量的知识。由于资源共享和合作交流，克服了探究学习中出现的各种困难，从而增强学生的学习动机和学习效率。

（四）便于师生知识与情感的交流

网络课程与课堂教学整合教学模式，与单纯的网络课程相比，教师可直接对学生的学习活动进行组织、指导、调控，避免了学生学习活动偏离教学目标，使反馈更及时、评价更准确。同时，也便于师生、生生之间的情感交流，使学生融入集体，进行良好的人际交往互动，使其情感有所归属。

六、网络课程与课堂教学整合教学模式的实施策略

（一）现代教学理念指导策略

实施网络课程与课堂教学整合教学模式，首先教师要转变传统的教学观念，树立现代教学理念。现代教学理念认为，教学过程是师生对课程内容开发、生成、转化、建构与提升的创造过程；是师生交流互动共同发展的过程；交流互动是教学的本质，学生不仅是与教师、学生、教材互动，更要与情境互动。学生在教师创造的情境下进行探究学习，可以更好地利用已有知识和经验同化新知。学生的学习方式，不单是听教师讲授，更重要的是学生自主思考、探究、体验和建构。因此，现代学习观倡导转变学生的学习方式，由被动的接受式学习方式，转变为自主学习、探究式学习、研究性学习和合作学习等发现性学习方式。

（二）不断创造最近发展区策略

传统课堂教学教师注意知识和技能的传授，很少涉及学生的发展，很少注意学生创新精神的培养和科学研究的过程，以及学生的学习兴趣、情感、态度和价值观。现代教学观认为，生命课堂关注学生的发展，精选对学生发展、创新、终生有用的知识，课堂教学不仅注重知识技能的传授，还要注重学生的发展，课堂教学由知识本位价值取向转向学生发展价值取向。

这就要更加注重知识对发展学生创新和培养创新思维的作用。

维果斯基的"最近发展区"理论认为，学生独立解决问题时的实际发展水平（第一个发展区）和教师指导下解决问题时的潜在发展水平（第二个发展区）之间存在着一定的差距。因此，教师决不能消极地适应学生智力发展的已有水平，而应当走在发展的前面，不断创造"最近发展区"，不停地发展学生的智力和情感，促进学生进行知识建构，培养学生的自主创新精神和实践能力。

（三）情境创设策略

创设情境是为学生创设一个真实的问题情境，从而激发学生兴趣，使学生主动探究，发现问题，达到主动建构知识意义的目的。创设情境就是将知识境域化，还原知识背景，恢复知识原来的生动性和丰富性。这就需要网络课程利用多种手段创设虚拟情境，帮助学生实现知识的意义建构。创设情境应注意：一是真实性。运用多媒体和虚拟技术把图、文、声、像融合为一体，创设一个真实的、科学的问题情境，并提供相关知识和网络链接。二是交流互动。交流互动是教学的实质。因此，教师要创设一个有利于交流互动的环境，可根据网络课程的开放性、协调性和共享性特点，建立交流互动机制，营造良好的学习氛围。

（四）课程资源优选策略

课程资源是指与解决问题有关的信息资料。学生只有拥有了大量学习资料，才能更好地自主学习，形成意义建构。计算机多媒体网络为学生提供了丰富多彩的信息资源，教师应根据要解决的问题选择信息资料，建立系统的信息资源库，或者向学生推荐一些相关网站，便于学生提取有效信息。因此，课程资源的选择要注意三点：一是针对性，即所建立的信息资源库或推荐的网站要与教学内容紧密相关，以促使学生对知识的理解和掌握。二是趣味性，即提供的信息资源不枯燥，有趣味。枯燥的信息资源如数字、表格、文字资料等，容易使学生产生学习疲劳和厌倦情绪，而趣味性信息资源能激发学生的学习兴趣，调动学生学习的积极性。三是启发性，即信息资源要有启发价值，能举一反三，激发学生创新思维。

（五）先行组织者教学策略

先行组织者是指安排在学习任务之前呈现给学习者的引导材料，它比学习任务具有更高一层的抽象性和包摄性。先行组织者教学策略是奥苏伯尔有意义学习理论中的一个重要组成部分。奥苏伯尔认为，有意义学习的心理机制是同化，即学习者学习新知识的过程，是新旧知识相互作用的过程，新知识被同化到学习者的认知结构中，使认知结构发生变化。先行组织者要能将新的学习资料与学习者原有的认知结构联系起来，或者是帮助学习者组织新的学习材料，其目的就是使学生在"已经知道的"与"需要知道的"之间架起一座桥梁。运用先行组织者教学策略应注意的问题：一是教师要预先准备先行组织者材料，并对材料加以组织；二是教师的作用就是呈现先行组织者材料，启发引导学习新知、讲授新知和总结拓展。

（六）以学为主教学策略

以学为主教学策略主要是运用"发现式"教学策略。发现式教学策略，是指教师组织和引导学生通过各种探究活动、协作活动，使学生自己探究发现知识，同时提高综合素质的一类开放式教学方式，如探究性学习、合作学习、研究性学习和自主学习等。

发现式教学策略的本质就是在教学中充分发挥学生的主体作用，使学生充分参与教学、体验知识发展的过程，从而理解和掌握知识。

在以学为主的教学策略中，学生是学习的主体，教学的进程基本上由学生控制，教师只起指导作用，知识是通过学生自主学习或探究活动来发现和获得的。这种开放性的教学策略有助于激发学生的学习兴趣，培养学生的探究能力和创新精神。运用以学为主教学策略应注意的问题：一是教师要充分发挥主导作用。当学生思维过程存在问题时，教师要及时指导；当学生提出的假设被推翻时，教师要引导学生重新提出假设。二是鼓励学生大胆想象，让学生大胆表达自己的观点，不以对错论英雄，成功和失败都是收获，给学生以自信。三是当学生讨论交流时，教师要专注地倾听，注意学生的神态和反应，监控讨论进程。四是教师要善于发现学生的思维火花，及时给以肯定和鼓励。

（七）要素整合策略

在网络课程与课堂教学整合教学模式的实施中，教师要注意将网络课程提供的沟通机制，如计算机网路、多媒体、专业网站、信息搜集等要素，同学生的能力素质要素，如基本技能、信息素养、创新思维、合作精神、交往能力等进行整合，以促进学生综合素质的全面提高。在整合中既要充分发挥网路课程和信息技术的教学功能优势，优化课堂教学，也要严格遵守课堂教学的基本规律。

七、结语

建立在现代教育理论基础上的网络课程与课堂教学整合教学模式，改变了传统的课堂教学模式和方法，教师的教育教学观念和角色发生了根本的转变，由知识的传播者转变为教学活动的组织者、引导者、参与者和研究者，对学生的信息技术能力、自主探究能力、自主创新能力、实践能力及交流合作能力等方面的培养起到了积极作用，对于推动高校的教学改革，培养创新型人才有一定的现实意义。

网络课程和课堂教学整合教学模式需要研究的问题还有很多，为使该模式更加完善，更好地发挥其优势，在实践的基础上，需要进一步深入探讨。

第十一章　实践教学改革

第一节　基于共同体的高师地理教师教育实践教学模式构建研究

地理新课程改革对基础教育地理教师的素养提出了新的要求，这就需要高师地理教师教育专业必须深化教学改革，创新人才培养模式。近年来，高师地理教师教育专业开展了到农村顶岗实习活动，这一活动使实习生可以全面参与并融入中学的一切事物中。较长的实习时间，使实习生能够全面地了解中学的运作情况，完整地体验教育教学过程，领略课堂教学和班级管理工作的复杂性和艰巨性等。这种全方位的顶岗实习形式有利于提高实习生的教育教学实践能力，减少他们入职后的生疏感。但是，顶岗实习也出现了一些问题，主要是双方指导教师对实习生的指导和监管不力。高师院校把实习生送到实习学校顶岗，实习生在近乎"孤立"的状态下从事教育教学工作，虽然也有教育教学经验的获得，但因缺少必要的专业指导和主体的变革引导，从而出现盲从、不规范等问题。实习生只是简单地重复某一教学活动，靠重复的累积性教学活动来获取实践知识，这不是真正的教学实践，是庸俗的实践观。这与地理新课程要求的高素质中学地理教师相去甚远。

高师地理教师教育专业应汲取以往的经验和教训，并以顶岗实习这一活动为契机和切入口，在地理教师教育实践教学中进行有效的探究。为此，笔者探究并构建了"基于共同体的高师地理教师教育实践教学模式"。这一模式作为地理教师教育顶岗实习的具体化实践，旨在提高学生地理教育和教学实践能力，形成地理教师教育实践教学的管理、实施及评价的制度和策略，为地理教师教育可持续、健康发展奠定理论和实践基础。

一、基于共同体的高师地理教师教育实践教学模式的意蕴

基于共同体的高师地理教师教育实践教学模式，是指高等师范院校地理教师教育专业和承担实践教学的中学，通过制定相应的合作计划和相关的实施办法，结成相互促进的机制和互利共赢的稳定的合作共同体，并在双方指导教师及同伴们定期、积极的互动交流中，充分体验地理教师的职业兴趣，形成理性的教育教学意识和较高的地理教学能力的实践教学模式。

基于共同体的高师地理教师教育实践教学模式的意义主要包括四个方面：一是由高师地理教师教育专业有计划地组织学生到实践教学基地，在一定的时间内进行顶岗实习，以强化学生的实践教学，培养学生地理教师职业的基本技能。二是顶岗实习置换出来的实践教学基地的地理教师，到高师地理教师教育专业，按照地理新课程要求制定的地理教师培训计划，接受培训和研修。三是通过聘请实践教学基地的优秀地理教师，到高校地理教师教育专业传经送宝，参与到地理教师的培养过程中，为高师地理课堂教学带来鲜活的经验。四是高师地理教师教育专业的教师对中学地理教学实践中出现的问题进行探索，并依据地理新课程理念，与实践教学基地的地理教师共同进行地理教学学术研究，形成研究和发展的共同体。

地理新课程需要教师具备坚定的职业理想、现代教育教学理念、扎实的地理知识和精湛

的地理教育教学技能等。多年来,我国中学地理师资的培养主要通过高师院校的课堂教学实现,培养途径单一。随着地理教学改革和实践的不断深化,人们普遍认识到,培养适应地理新课程要求的优秀地理教师不是一所高师院校能独立完成的,而需在高师院校、中小学校、地方教育行政部门等共同努力下,形成多元主体、多因素合作培养机制。各方都要将培养优秀地理教师视为共同的事业,共担责任,共同实现,从而培养适应地理新课程要求的高素质创新型地理教师。

二、基于共同体的高师地理教师教育实践教学模式的意义

1. 促进高师地理教师教育专业发展

一方面,高师地理教师教育所需要的地理教师职业的知识、地理教学技能和意向、专业判断能力等,在高师地理课堂教学中不能完全提供地理教师教育所需求的真实地理教育教学情境,但这可以在实践教学基地的"临床"地理教学实践中得以实现,可以在地理教师教育合作共同体实践教学中完全获得,从而提高师范生的从教能力。另一方面,高师地理教师教育专业的教师,把中学真实的地理教学情境和教师丰富、鲜活的地理教学实践经验带进课堂,可使教学内容更富有吸引力和说服力,进而成为高师地理教师教育专业的课程资源。高师地理教师专业的教师还可以就中学地理教学中出现的问题进行研究,其研究成果更具有针对性和适切性。高师地理教师教育专业只有扎根于中学丰富的地理教学实践,从中汲取丰富的、鲜活的营养,并提取经验,上升为理论,才能促进高师地理教师教育专业的发展,才能在中学地理教学实践中检验自己。

2. 促进中学地理教师专业发展

高师地理教师教育专业的教师具备丰厚的地理教育理论和及时获取地理新知识的优越条件,具有敏锐的地理教学洞察力和运用现代教育理念研究问题的能力,能给中学地理教师带来地理新课程理念、新教学方式、新技能和研究地理教学问题的策略。而中学地理教师在参加工作后很少有机会系统地学习地理新课程理念、新知识及新方法,亟须得到教育教学理论知识的学习和将感性知识上升为理论。基于共同体的高师地理教师教育实践教学模式将为中学教师提供很好的机会和条件。高师地理教师教育专业的教师,可针对中学地理教师进行地理新课程理念和专业知识及现代教学技能的培训,使地理教学实践变为中学地理教师研究的对象,并以研究的态度和方式对待地理教学工作,从而不断促进地理教师专业发展。

3. 是培养卓越中学地理教师的有效途径

培养和造就卓越的中学地理教师,高师院校地理教师教育专业除自身的教育教学改革创新外,还要综合多种因素、多主体、多方合力、持续地进行。基于共同体的高师地理教师教育实践教学模式,是培养卓越中学地理教师的有效途径。高师地理教师教育专业与中学建立地理教师教育合作共同体,相互取长补短,结成平等、共生、有机合作的伙伴关系,即实践教育基地学校为高师地理教师教育专业提供地理教育教学实习情境与场所,高师地理教师教育专业则充分运用中学实践教育教学基地的教育情境和场所,实现地理教育教学理论与教学实践的真正融合,有效地培养师范生的地理从教能力,对卓越的中学地理教师培养必将产生良好的推动作用。

三、构建地理教师教育合作共同体的理论基础

1. 合作理论

合作理论认为，教师职前培养和职后培训是高师院校和中学的共同责任。因而教师的培养和培训应该在高师院校接受理论学习，在中学进行教学实践，高师院校与中学以合作伙伴关系一起进行合作培养。双赢是合作理论的核心，对于高师院校来说，一方面师范生到合作中学进行教育实习，在双方教师指导下，培养师范生的从教技能；另一方面，高师院校的教师可深入中学，提高教育教学理论课程的针对性，探索一条实践取向的教师专业发展途径，并通过课题研究、讲座等形式，指导和推动中学教学改革。对于实践教学的中学来说，通过合作赋予中学从事教师教育的责任，促进中学教师进行教学反思和提高，在高校教师的指导下开展行动研究，从实践者变为研究者，促进教师专业发展。合作双方充分发挥各自的功能，从而实现共同发展。例如，20世纪80年代以来，美国出现新型教师培养模式——教师专业发展学校，由一所大学的教育系与它所在学区的中小学建立合作关系，双方教师组成合作小组，共同负责师范生的培养。大学教师有一半的时间在中小学，一半的时间在大学，而中小学教师也有机会到大学课堂，丰富大学课堂教学内容。它打破了大学和中小学之间的隔离状况，把教师的培养看作是双方共同的责任，已有数据证明，这样的培养方式效果更好。

2. 实践理论

一是马克思主义实践论。马克思主义认为，理论来源于实践，再回到实践。实践是人的理智、情感、意志等内在本质力量的对象性展示，又是人以一种主体方式批判性地处理自己同外部世界的关系的过程，所以实践具有意识性、目的性、批判性和创造性。二是杜威的教育理论，强调认识来源于人与环境不断的相互作用，他在《民主主义与教育》一书中阐述了"教育即生活、生长和经验改造"的理论，这是杜威教育理论的核心命题，与马克思主义实践论有一致之处。三是教师实践知识论。在英国学者斯滕豪斯的"教师即研究者"与舍恩的"反思性实践家"等思想影响下，教师实践性知识观念逐渐引起了理论与实践界重视。他们认为，教师的日常教学中存在着大量的实践性知识，它们是教师专业发展的基础，在教师工作中发挥着不可代替的作用。实践表明，教学论知识并不能导致教师在教学实践中的正确选择与行动，它必须由教师在教学实践中，结合自己的感悟与知识储备去应对教学情境。也就是说，教育科学是一种职业科学，其中的元认知理论要依赖于实践教学经验的激活。构建地理教师教育合作共同体就是为实践知识的形成与交流创造条件。

3. 教师教育一体化理论

教师教育一体化已成为各国教师教育发展中的一种新模式，要提高教师教育培养培训质量，促进教师持续的专业发展，师范生的培养和中小学教师的在职培训必须利用中小学资源，加强与大学的合作。目前，我国教师培养系统与培训系统水平倒挂的现象较严重，显然不利于教师的继续教育，不能达到促进教师专业发展的目的。教师教育要提高办学层次和质量，就必须改变培养、培训分离的状态，对教师职前培养和职后培训进行全程的规划设计，实现一体化，并纳入高等教育体系。

教师教育一体化包括两层含义：一是教师职前培养、入职教育和职后培训提高一体化；二是教学研究和教学实践一体化，即建立高等师范院校与中小学的合作伙伴关系。而实现教

师教育一体化，首先要在教育组织上一体化。教师教育合作共同体无疑是实现教师教育一体化的一种行之有效的教育组织。

四、基于合作共同体的高师地理教师教育实践教学模式的运行机制

1. 建立合作共同体的组织机制

高师地理教师教育实践教学模式的实施，必须建立一个能发挥重要作用的地理教师教育合作共同体。当然，其组织机制建设必不可少。资环学院地理教师教育专业的合作共同体建设，以地理教师教育专业领导小组作为组织召集机构，组成由学院地理教师教育专业、合作中学及县区代表参加的核心组。核心组的主要任务就是明确实践教学的目标、主要工作内容和任务，制定近期与远期工作计划，对合作共同体的具体事宜进行商议并做出决策。核心组在实践教学基地学校建立"实践教学指导委员会"，聘请实践教学基地的中学主管教学的校长或教导处处长为"实践教学指导委员会"主任，高师地理教师教育专业的地理教学论教师为副主任，选拔和推荐教学能力强、教学经验丰富、教学研究水平高并有声誉的中学教师作为实习生的指导教师。实践教学委员会制定出双方指导教师的职责，并负责监督执行。

2. 建立规范的合作制度

在双方对地理教师教育实践教学目标共同认知和理解的基础上，签署必要的合作协议书，明确合作的目的、任务及双方在实施地理教师教育实践教学中的权利和职责。例如，2012年4月资环学院地理教师教育专业与四所中学实践教学基地正式签署了合作协议书。合作共同体中资环学院地理教师教育专业与中学实践教学基地成为彼此开放的教育场所。一方面，中学实践教学基地为地理教师教育专业的学生见习、实习及从事地理教育教学研究敞开大门；另一方面，资环学院地理教师教育专业也对中学实践教学基地的教师开放丰富的教学资源，包括实验室、图书馆、学术报告和讲座等，对中学实践教学基地的教师进行培训，还聘请优秀教师到校传经送宝，作专题报告和上观摩课等，全程参与地理教师教育的培训工作。

3. 建立定期研讨制度

合作共同体具有明确的地理教师教育专业性质和强有力的地理教学技能支撑，对地理教师教育实践教学模式的改革与理论和实践中出现的问题进行研讨，对合作的目标、任务完成情况进行审视，无疑对地理教师教育实践教学模式的健康发展有积极意义。同时，定期进行研讨也是共同体双方的有效沟通机制，可使双方的观念、意志、思想和行为进行融合，这是保证合作共同体有效建设的前提。例如，资环学院地理教师教育合作共同体定期召开核心组会议、实践教学指导委员会等会议，对地理教师教育实践教学的内容，具体实施的方式、方法，以及存在的问题及解决策略等进行磋商研讨，保证了地理教师教育实践教学模式的可持续发展。

4. 建立反思与自查制度

实践是主体人积极探索世界的一种行为，实践是以认识对象和改造对象为目的的一系列活动。因此，简单重复某种活动不能叫作实践，只能叫劳动或锻炼。将实践简单地等同于开展各种活动，不对活动本身进行思考、变革，是庸俗的实践观。师范生不可能靠重复的累积性教学活动来获取丰富的教学实践知识，必须让他们对教学活动进行反思。要反思教学理念

与教学活动的碰撞和融合，反思教学活动如何开展和如何改进，反思如何"授之以渔"和目标如何达成等。"理论+活动+反思"才是真正的实践；"经验+反思=成长"。因此，反思与自查制度的建立，既促进了实习生实践教学技能的不断提高，又保证了地理教师教育共同体运行的效果和效率。

资环学院地理教师教育实践教学共同体建立了反思与自查制度：定期对共同体工作进行梳理、检查与评价，及时总结经验，发现问题，不断完善思路，提出对策，为进一步开展研究工作奠定了坚实的基础，推动了地理教师教育合作共同体的优质、高效建设。

五、基于共同体的高师地理教师教学实践教学模式的实施策略

1. 建立合作共同体的地理教师教育实践基地

实践出真知，实践长才干。对师范生的培养，课堂教学使他们掌握基本理论，实践教学使他们增长才干，茁壮成长。为此，资环学院地理教师教育专业为了提高实践教学质量，建立了一批地理实践教学基地，并坚持学术性与师范性并重、理论与实践并重，通过系统性、专业化的训练，促进地理专业能力与地理教师专业能力的有机融合，着力培养师范生的地理教学能力，造就地理专业基础扎实、教学能力突出、综合素质全面、从教信念坚定的未来卓越的地理教师。

地理实践教学基地是开展实践教学必不可少的稳定场所，是地理师范生的第二课堂。顶岗实习是实践教学的一种形式，但由于顶岗实习学校不稳固，在开展实践教学时只能"打一枪换一个地方"。这种实践教学学校的不连续性，不但造成中学实践教学学校对师范生实践教学能力培养经验的空白，而且重复性的投入也造成不必要的浪费，更使师范生教学能力培养难副其实。

实践教学基地的确定不能是一种单项的需求关系，必须是一种彼此需求、互助互惠的合作共同体关系。为此，在实践教学基地的选择上，资环学院选择了一些积极进行课程改革并具备优良文化传统、师资力量雄厚、指导能力强的中学作为地理实践教学基地，并成立地理实践教学指导委员会或教师专业发展学校，聘请中学有关校长为主任，教学经验丰富、有指导能力的教师为指导教师。搭建这样一个平台，高校才能给予中学智力资源和现代教育理念上的支持及帮助，高校教师可作为问题的咨询者和诊断者，免于使中学单纯地成为师范生"练兵"场所，而自身毫无受益；师范生则置身于优良学校传统的濡染中，能够模仿、学习优秀教师的风格，得到高手的指导，在高平台上起步，免于成为中学的简单、廉价的"用工"。这种基于合作共同体的地理实践教学基地在完成实践教学任务的同时，还要开展地理教育教学研究工作，提高双方的地理教育教学研究能力。

2. 明确地理实践教学的具体目标

高师地理教师教育实践教学的目的就是培养实习生的地理课堂教学技能。因此，合作共同体必须制定明确的地理实践教学目标，以引导共同体中指导教师针对每个实践教学目标对实习生进行具体指导。地理课堂教学技能主要包括：地理教材的分析和处理技能，地理课堂教学设计技能，地理课堂教学方式方法的运用技能，导入技能，媒体运用技能，课后反思技能，以及课外活动组织技能等。对这些技能要制定出具体的实践教学目标体系和评价体系。指导教师要通过大量的、全方位的地理教学实践活动，培养实习生的课堂教学技能，使实习

生学会应对复杂多变的地理教学情境，形成一定的地理教学实践技能。

3. 实行双导师制

地理师范生实践教学的指导教师由高校地理教学论教师、校内导师，以及中学实践教学基地学校为每一位师范生配备的具体任课指导教师共同组成。在合作共同体中双方各有分工，高校指导教师负责与实践教学基地学校协商并落实具体实践教学事宜，参与定期举行的实践教学成果汇报、反思活动，解决实践教学中出现的问题，指导实践教学基地学校开展地理教学研究活动等；实践教学基地任课教师则负责师范生日常地理教育教学活动，以培养师范生的地理教学能力为己任。双方导师在分工的基础上进行合作，相互支持，实现彼此间的互惠互赢。

4. 合作建立地理教师专业发展学校

当前，师范生顶岗实习和教师在职培训并未形成良好的合作关系，根据大师范教育观的思想，即师范教育不再局限于对师范生的培养，教师职后培训也不是指教师一般意义上的进修提高，而是一个对教师进行一系列系统培养，时间延续到教师职业生涯全过程的终身教育。按照这一观念，应建立一个统一的教师素质养成的目标体系与内容体系，根据一体化的整体构思研究制定各学科的培训内容，兼顾职前培养和职后培训，避免重复。这就必须改变教师培养、培训的二元分离状态，建立一个由地方教育行政部门为主导，高师地理教师教育专业为主体，中学地理实践教学基地及其附近的中学为基础的培养、培训一体化的地理教师专业发展学校。活动经费由各方协商解决。地理教师专业发展学校既为地理师范生提供长期的实践教学场所，也为教师在职进修提供学习和锻炼的机会。在合作的中学实践教学基地建立一个比较固定的办公室，高师地理教师教育专业与中学实践教学基地彼此取长补短、互相学习、互相尊重，真正建立起合作共同体关系。高师地理教师教育专业发挥理论和人才优势，中学实践基地教师则展示实践教学经验。在地理教师专业发展学校，师范生或在职进修教师可以进行部分高师地理课程的学习，师范生除接受指导教师指导外，还可接触更多的教师，让整个学校促进新教师的成长。高师地理教师教育专业的教师既可具体指导实习生教学，又可帮助中学实践教学基地教师进行地理教育科学研究、地理校本课程开发等。地理教师专业发展学校强化了理论与实践的结合，既促进了地理师范生快速成长，又帮助在职教师在专业上进一步发展。

5. 合作进行行动研究，搭建科研合作平台

基础教育课程改革要求广大教师要普遍开展校本教研和行动研究，对本校的教学进行反思和探究，以便更好地促进教学改革和提高教学质量。让中学教师像高校教师那样有时间进行科学研究是不切合实际的，高校教师只有帮助中学教师进行校本研究和开展行动研究，才能搭建一个科研合作平台，这样才能真正构建一个全方位合作共同体。行动研究，就是以教师为研究主体，以教师自己的教学实践为研究对象，以实践教学经验为基础，以解决教学中的实际问题为导向，通过研究人员、教师、行政领导和实习生的合作配合，一致努力，解决教学中的问题，探索新的教学策略和效能的研究方法，因此，这是一种自我反思式的研究模式。通过行动研究，合作共同体共同探讨他们所发现的问题，在交流中阐述各自的观点，及时切磋必要的改进措施。这样的行动研究，就使教师搭建了一个科研合作平台，强化了教师群体的合作意识，提高了自我教育能力。由此可见，行动研究使教师和实习生经历着一种培

训，这对提高教师和实习生教学能力，促进教育科研能力的提高有积极作用。

资环学院地理教师教育专业的教师与中学实践教学基地教师、教育行政部门和实习生共同开展行动研究，研究的问题由双方根据实践教学中的问题协商提出，双方共同制定研究计划和具体方案，共同商定对研究结果的评价标准和方法。在行动研究中，高师地理教师教育专业教师与中学实践教学基地教师构成互相学习、互相尊重的合作共同体。

6. 以"顶岗实习，置换培训"为载体，构建合作共同体

在以往的高师地理教师教育中，高师地理教师教育专业是地理师范生学习理论的场所，中学是教育实习的场所，二者相互隔阂，各行其是，没有得到很好地结合，形成必然的联系。顶岗实习、置换培训活动虽然使二者联系起来，但不稳固、不紧密。应以"顶岗实习，置换培训"为载体，构建地理教师教育合作共同体，让地理师范生到实践教学基地进行教育实习，同时置换出来实践教学基地的中学教师离岗到高校或教师专业发展学校进行培训。高校又把接受培训的中学教师带到实践教学基地学校去观摩、研讨，这样就把合作共同体的成员紧密结合起来，实现双方真正意义上的合作，满足对方所需，相互弥补，实现地理教师教育职前培养和职后培训，促进地理教师专业化和合作双方的发展，实现双赢。这样，地理教师教育合作共同体才能在工作中得到巩固和发展。

第二节 深化实践教学改革，营造实践育人氛围

高师地理专业实践教学是培养学生实践能力的重要课程，是高师地理专业教学改革的重要内容。目前高师地理专业实践教学存在着很多问题，在分析实践教学存在问题的基础上提出对策，这对提高实践教学质量和学生的实践能力既有重要的理论意义，又有重要的实践意义。

一、实践教学存在的问题

（一）实验室建设和管理问题

（1）实践教学设备软、硬件配套明显不足，需争取设备投入。

（2）实验室设备利用率还有待提高。

（3）实验室建设以"计算机+软件"为主，交流局限于人机方向，缺乏人与人之间交流，存在于虚拟的环境之中，缺乏实物场景的感受。这样的实验，培养的能力与素质会缺少社会的适应性。

（二）实践教学内容安排

设置了基础性实验、综合性实验和设计性实验，但还没真正落到实处。基础性实验比例仍偏高，综合性实验和设计性实验区分不明显，实验难度不符合课程要求。

（三）指导实践的教师大多是理论课教师

这些教师既承担理论课，又承担实践课，还有科研任务，教师实践课精力投入不足。

（四）教师和学生对实践教学的重视程度普遍不足

这与理论课和实践教学的评价不同有关。实践教学评价多以实验报告为基础，使学生轻视实践教学评价。

二、实践教学改革措施

（一）改革实验室建设和管理模式，促进实验室可持续发展

（1）改变按课程设实验室的框架，整合资源，加强公共基础教学中心建设。为了重点解决实验室的空间规模、实验仪器设备的共享及经费投入的集中使用问题，重点投入经费，集中建立了计算机实验中心、地质实验中心和土壤植被实验中心。

（2）打破专业壁垒，实现资源共享，成立学科实验教学中心。建立了地质实验教学中心、土壤植被实验教学中心、环境演变实验教学中心、天文气象观察检测中心。根据需要，各专业都可进行实验教学，这样有助于打破专业壁垒，提高实践教学资源共享的程度和利用率。

（3）依托科研，建立高水平专业实验室。根据科学研究和重大科研项目的需要，学院建立了环境演变与生态建设实验室。该实验室个性化强，高端和专用仪器设备多，经费投入大，可充分利用高水平科研实验室的资源优势支持实践教学，加大科研实验室对本科教学开放的力度，为学生参与教师的科学研究创造条件，培养学生的创新能力和实践能力。该实验室于2008年被批准为省级重点实验室。

（4）深化改革，实行实验室统一管理和对实验室技术人员进行培训及统一调配，以保证实践教学质量，并为实验室的开放提供保障。

（二）坚持教学与科研紧密结合，营造实践育人氛围

1. 发挥科研优势，提高教学内容的先进性和科技水平

充分发挥高水平的科学研究优势，以科研提升教学水平和教育质量，是高等学校培养创新型人才的优势。在实践育人方面，学院引领教师将科研成果转化为实践教学内容，编写并出版了高水平的实验教材和实践教学参考书，提高了教学内容的先进性和科技水平，研制开发了实验教学设备，指导学生参与科研实践活动，调动了学生参加实践活动的积极性。

2. 实现学生实践能力培养三阶段，不断提升学生的实践能力

把学生实践能力的培养分为三个阶段，即基本实践能力训练、综合实践能力训练和研究创新实践能力训练。基本实践能力训练阶段主要通过基础性实验、教学见习、认识实习和社会实践等，培养学生的实践意识和基本研究方法。综合实践能力训练包括综合设计实验、生产实习、教育实习、专业实习等，着重培养学生的研究与创新方法，使学生初步具备分析问题、解决问题的能力。研究创新实践能力训练主要通过专业课实验、课题研究和科学研究实验、毕业设计论文、创新性实践活动等综合实践环节，着重培养学生分析问题、解决问题的能力和研究创新能力。

（三）深入开展校企联合培养，利用社会有效资源

（1）聘用具有教学能力的企业、行业专家为学生开设实践课程。紧密结合企业、行业实

际，为本科生开设了土地估价、城市规划、测绘与地理信息等课程和实践教学课程，将理论讲授与实践探索相结合，锻炼了学生解决实际问题的能力。

（2）实施校企双导师指导学生毕业设计和毕业实习。聘用企业、行业导师合作参与本科生毕业设计和毕业实习，实现角色分工和角色转换，在夯实专业基础理论的基础上突出综合素质的培养，倡导主动学习和创新，鼓励学生提交多种形式的设计成果。

（3）校企共建实践教育基地。坚持双赢原则，通过开展产学研联合人才培养方式，优势互补，互惠互利，建立了多个校外实习基地。近几年，为了切实提高实习基地的实习效果，学院不断深入推进校企联合培养实践教育中心的建设，为培养既掌握坚实的基础理论，又有实践和创新能力的综合素质较高的人才发挥了重要作用，取得了显著成效。

（四）加强实验室及校外实验基地建设，提高资源利用率

教学配套软硬件与学生人数成合理的比例是实践教学质量保证的基本条件，在争取新教学设备投入的同时，更重要的是考虑如何充分利用现有实验设备和软件功能，提高资源利用率。实验室可以采用轮休方式进行管理，利用晚上和周末时间安排部分实验室实训，利用暑假时间安排课外科研活动和专业实习，加大开发实验室力度，宣传并鼓励学生申请开放实验项目，提高学生的创新能力和实践能力。

进一步加强校外实践基地建设，使其成为培养学生实践能力的基地。发挥高校的人才优势为实践基地服务，开展科研合作，建立教师教育合作共同体，使实践教学基地成为学生的实习场所，实现双方互利共赢。

（五）强化教师责任，彻底转变轻实践重理论的观念

在教学观念上，彻底转变轻实践重理论的观念，要充分认识到实践教学与理论教学相互促进、同等重要，教师要加强实践教学研究，对学生的实践活动进行严格要求和指导。同时，教师要在一定期限内到实践基地参加生产科研等活动并聘请有丰富实践经验的基地人员参与高校教学活动。

（六）改革实践教学模式、方法和内容，加强实践教学与实际应用的结合

改变学生对教师过分依赖的教学方法，向以教师为主导、学生为主体的方向转变，重视学生个性思维的发展，开展多种形式的实践教学模式，如课内实验采用集中式的方式，便于统一进度、统一管理；独立实验在于突出课程的实践性，通过完成设计性和综合性实践内容来达到理解并掌握理论知识的目的；开放式实践则在教师指导下开放实验室，由学生们安排实验时间；实验内容、实验记录和实验结果，要突出实践教学的个性化、灵活性、开放性，真心拓宽学生的知识面，培养学生创新思维能力和创新意识。实践内容要与当前新技术和现实结合，积极推动实践项目课题设计，毕业设计（论文）要有针对性和现实性，尽量来自实际或是科学技术前沿问题。

（七）加强实践过程管理，建立健全考核机制

提高实践教学质量，要改变现在实践教学管理方法，实施多角度、全过程评价，如实验预习、实验态度、实验过程、实验结果、实验报告、企业学校评价等方面，全面评价学生的

实践技能与操作水平，提高实践教学质量。

（八）完善实践教学质量监督与保障体系，构建实践育人长效机制

（1）重视对实验教师职称评定，重视实验教师业绩考核和实践教学方面研究成果。

（2）制定实验教师的岗位培训和实验室建设岗位职责，提高实践教学质量。

实践教学是提高高等学校教学质量的关键环节，是关系培养社会需要的合格人才的必要保障。因此，实践教学中存在的问题必须从经费、师资、管理、课程建设、质量评价等方面入手，以提高实践教学的质量和水平。

第三节　高师地理科学专业学生实践能力的培养

综合性、动态性和区域性是地理学学科的重要特征，地理学所固有的与地域事象密切结合的学科特点使地理学科地位不断加强。社会对地理学的需求是多方面的，地理学的人才结构也应是多方面的、多层次的。这不仅是地理学科的优势，也是时代发展的需要。因此，强化地理知识与学生经验和社会的联系，注重培养学生的实践能力，提高学生探究问题、分析问题和解决问题的能力，转变学生由被动接受知识向在实践活动中主动建构知识的学习方式，是地理科学专业综合改革的重要内容。

一、高师地理科学专业实践能力培养的重要性

1. 时代发展的需要

当今社会正处在知识经济时代，新知识的产生促进了新的技术，并带来新的产业。新的产业带动了社会经济的发展，而这一切都离不开具有创新精神和实践能力的人才。这种创新型人才的培养需要学习者养成探究的态度和习惯，具有较强的探究能力和实践能力，具有主动获取信息和处理信息的能力。因此，在地理教学中，要使知识回归社会、回归生活，让学生在社会生活实践活动中去发现问题、探究问题、解决问题。另外，在社会经济发展中，人地关系的逐渐恶化也是时代发展的一大特征。人口迅速增长、自然资源匮乏、生态环境恶化等正威胁着人类生存和社会经济的可持续发展。加强环境保护和树立环境意识正受到各级政府和学校的重视。地理学就是研究地理环境及人类活动与地理环境相互关系的科学，在解决上述问题中可以发挥重大作用，是有所作为的。无论是在环境教育方面，还是区域环境规划与保护及社会经济可持续发展等的研究与实践方面，都需要高师地理学教学广泛联系实际，调动学生参与实践活动的积极性，培养其实践能力。这既满足社会经济发展的需要，也是高师地理教育的时代使命。

2. 高师地理科学发展的需要

随着遥感技术、地理信息系统和全球卫星导航系统等地理信息技术的快速发展，地理科学在区域性与全球性的人口、资源、环境等问题的解决上发挥着越来越重要的作用，学校地理科学的地位也得到逐步地提高。另外，许多高师院校地理科学专业针对社会经济发展的需求，开设了城市和环境规划、土地规划、生态环境等方面的实践应用性很强的学科和专业。这些都表明，高师地理科学正面临着一个大好发展的机遇和挑战。独立科学的发展要与社

会经济发展紧密相连，因此，地理科学强调理论与实践并重，突显地理综合性、区域性和实践性极强的特点。地理科学的生命力就在于不断解决区域社会经济发展和建设，以及生态环境保护方面所面临的诸多问题。然而，高师地理在体现地理科学的综合性和实践性方面还有很多不足，例如，在自然地理方面重理论轻实践；区域地理教学比较薄弱，缺少区域开发与研究的典型案例；课程设置缺乏整体性；学生的实践能力培养还相当薄弱。因此，加强高师地理实践教学环节，培养学生的实践能力，突显地理科学实践性的特点，是当前高师地理科学专业不断根据地理科学的发展和社会经济发展的需要而进行改革创新的时代命题。

3. 地理新课程实践活动教学改革的需要

基础教育地理新课程改革增加了活动课，把实践活动作为一门必修课程。许多地理教师站在素质教育的高度，积极地探索地理实践活动教学。首都师范大学林培英教授认为，当前我国地理实践教学的特点是：实践活动的场所从课外发展到课内；实践活动的主体从课外小场所发展到全体学生；从强调获取直接经验转向同时注重学生自主学习能力的培养；从知识系列问题转向问题导向；从以自然地理内容为主发展到地理学习的各个方面；从突出地理性发展到尝试各科综合。高师地理科学专业主要培养中学地理师资，学生的实践能力高低直接影响其未来的实践教学工作，并将对基础教育地理实践活动教学改革起到重要作用。所以，培养学生的实践能力，既是高师地理对基础教育地理课程改革的必然呼应，也是高师地理责无旁贷的时代使命。

二、高师地理专业实践能力的内涵体系

1. 野外实习能力

野外实习能力是野外实习中学生基于自身的学科素养，通过运用仪器设备进行具体地理事象的观测、标本采集与收集、记录数据、整理和处理资料，以及进行区域调查和撰写论文等，这些是每个学生都应具备的基本能力。野外实习能力的培养越来越受到高等学校的重视，因为野外实习可使学生的实践活动与现实问题紧密结合，在发现问题、分析问题和解决问题等方面提高学生的综合能力和实践能力。

2. 区域调研和规划能力

进入 20 世纪 90 年代以来，可持续发展成为人类的发展共识，区域人口、资源与环境经济协调发展研究日益成为区域研究的热点、重点和难点。因此，对区域人口、资源与环境的区域调研与规划能力已成为地理专业学生的基本实践能力。区域调研的能力是指学生能够运用理论研究方法，对区域基本情况、影响区域发展的主导因素、区域发展的路径和策略等要素进行深入分析，撰写区域调研报告，为进一步深入分析区域发展问题提供基础。规划能力是指给学生能够运用所学知识及区域调研情况为区域未来发展提供具体指导和借鉴，促进区域人口、资源与环境经济协调发展。由于种种原因，以往学生参与区域调研和规划较少，仅有教师和部分研究生参与。高师地理专业要调动学生的积极性，让学生积极参与各种人口、资源与环境经济协调发展的区域调研和规划，以培养学生的区域调研和规划能力。

3. 提出问题和解决问题的能力

地理学提出问题和解决问题的能力，是指学生能够洞察区域的自然地理和人文地理问题，并运用一定地理研究方法对提出的问题进行定量化和综合化的科学研究，同时提出具体的实际解决问题的途径和对策的能力。培养学生根据社会需求提出问题和解决问题的能力是高等地理教育发展的趋势。当前，我国社会经济发展面临的人口、资源与环境经济等问题无疑给地理科学研究领域拓展了空间。运用现代技术和手段，对这些重大问题进行深入研究，不仅能进一步丰富和完善地理科学的发展，还给地理科学服务于社会实践提供了用武之地。

4. 收集和处理地理信息的能力

收集和处理地理信息的能力是指运用地理视角和地理思维方式，通过发现—收集—处理—管理—运用等步骤将众多的地理信息转化为自身需要的信息的能力。地理科学涉及的信息十分丰富，地理信息是地理科学发展的生命力，没有地理信息的支持，地理科学就不能发展，所以，收集和处理地理信息是地理科学专业的学生必备的基本能力。它要求学生必须掌握以下基本技能：设计工作方案、编写调研大纲、相关仪器的运用、地理事象观察、资料筛选、数据处理和保存等。高校地理科学专业要重视学生收集和处理地理信息能力的培养，同时要加强高校地理科学专业之间的合作，创造学术交流、资源共享的良好环境。

5. 运用遥感、地理信息系统和全球卫星导航系统 3S 技术的能力

运用 3S 技术的能力是指通过 3S 技术实现对各种空间信息和环境信息的快速、机动、准确、可靠地收集、处理与更新的能力。3S 以计算机为基础，主要用于对地理空间数据的获取、存储、管理、传输、分析和输出，具有很强的实践性。现已扩展应用于城市规划、国土监测、资源开发利用、自然灾害防治等众多领域。地理科学专业的学生必须具备专业知识素养和熟练应用地理信息技术的能力，可通过参与科研课题，逐步培养、强化学生对 GIS 等计算机技术的应用实践能力。

三、高师地理实践能力培养存在的问题

1. 课程内容重理论轻实践

在地理教学中，各部门自然地理课程内容对相关的地形、气候、河流、土壤、生物等自然地理要素的特征、形成机制、空间分异和发展规律，以及相互联系等理论问题分析的比较透彻，而对世界面临的资源、环境、可持续发展等重大实践问题和社会经济建设实践中需要解决的很多实际问题研究得不够深入或很少涉及。区域地理、经济地理课程内容，以叙述性知识内容为主，缺乏联系实际的区域案例研究的支撑和研究方法的指导，不利于学生联系实际解决区域地理问题。

2. 实践课程开设少，且时间短

高师地理实践教学环节主要以课程形态存在，包括地理综合实习和部门自然地理野外实习及室内实习。地理综合实习一般在三年级下学期进行，选定一个区域进行自然地理和社会经济综合考察或调查，时间约 10 天。地理综合实习对学生在理论联系实际、加深对书本知识的理解、培养调查研究能力等方面有很大的促进作用，但由于地理综合实习涉及学科较多，且时间短又相对集中，实习过程往往是走马观花，不能对地理问题和现象进行深入了解和研

究。部门自然地理的野外实习，一般有两种形式：一种是各部门自然地理课程单独进行，时间约为 1 周；另一种是学生学完自然地理后统一进行，称为综合自然地理野外实习，时间约为 10 天。由于时间短、实习路线和地点较少，但涉及的实习内容较多，实习方式方法又较陈旧，一般采用带队教师沿路讲、学生听或记笔记的方式，因此，学生的实践能力并未得到实质的提高。所以，对现有课程内容进行调整，加强实践课程建设是高师地理院系必须面对的重要课题。

3. 实践教学中不注意调动学生的主观能动性

目前，高师地理科学专业实践教学主要强调学生听和记，忽视了学生的主观能动性和实际操作。这不利于培养学生的创新精神和实践能力。例如，在野外实习中，教师沿路线讲解，学生观看、记录，回去整理笔记写出实习报告。这样的实习方式不能调动学生的主观能动性，必须改革实习方式，充分发挥学生的主体作用，让学生在教师指导下，自主观察、发现问题、积极思维、自主探究、独立操作，充分发挥实践育人的作用，这是加强实践能力培养必须重视的方面。

4. 探究教学重知识传授，轻问题探究

高师地理课堂教学中，普遍重书本知识讲授，一般采用教师讲、学生听的传统接受式教学方式。学生在教学活动中被动接受静态的知识，对发现和探究区域社会经济发展中环境、资源等方面的问题的欲望明显不强。因此，在地理课堂教学中，如何联系社会经济发展中的问题让学生进行讨论和研究，是高师地理教师应该思考的重要问题。

四、高师地理科学专业实践能力培养的改革对策

1. 调整课程结构，加强实践教学环节

针对高师地理课程结构的问题，结合教学实际，在保持既有公共课设置的情况下，高师地理院系要根据自身学科的优势和特点及教学资源条件的实际情况，调整课堂结构，以教学计划的形式确定实践教学课时数。为了培养学生的实践能力，在课堂内容的调整上重点要考虑：一是精简各部门自然地理内容，开设综合自然地理课程，其内容要能满足中学教学的需要和学生自身的后续发展。这样既可减轻学生的负担，又可让学生有更多参与实践活动的时间。二是开设地理学研究方法类课程。地理实践活动的开展和实践能力的培养离不开地理研究方法，在掌握了一定研究方法的基础上，学生才能进行自主探究活动。由于该类课程具有很强的实践性，因此，可作为专业必修课。三是增加区域地理课时和案例分析内容。由于区域地理内容较多，而且重点是培养学生解决区域地理的实际问题的能力，这是培养学生实践能力的重要方面，因此，要适当增加课时和典型的区域地理案例分析内容。

2. 构建实践教学体系

实践教学体系是指由低年级到高年级的所有实践教学环节，如教学实验、教学实习、科研活动、社会调查、毕业论文、社会实践、专业实践等组成的一个与理论教学相对独立而又密切联系的教学体系。实践教学体系可由"四模块+四系列"构成。四模块由专业技能模块、教学技能模块、技术手段模块和综合应用能力模块组成；四系列由实验系列、校内实训系列、校外实训系列和综合训练系列组成。实践教学体系构建和实施，使学生由低年级到高年级，

按教学计划循序渐进实施，可加强实践能力的培养，有效地提高学生的实践能力。

3. 强化野外实习环节，提高学生动手能力

野外实习是高师地理科学专业教学中心的重要组成部分，是提高教学质量、实施地理科学素质教育的必要过程。野外实习有助于扩大学生的视野，培养学生的地理观察力和思维力，因此，应特别强化野外实习在落实教育目标、培养学生发现问题、综合分析问题和独立解决问题的作用。学院要选择典型的部门地理、综合自然地理和人文地理实习基地，制定详细的野外实习计划和考核标准；要培养学生把地形图、遥感影像应用于野外实习的能力和野外实习仪器的基本操作技能，使学生熟练掌握地理摄影和地理素描的基本方法，以及野外实习的基本内容和基本方法。

地理野外实习主要是培养学生的观察力、比较力、判断力、推理力、分析力和科研力。因此，教师在野外实习中，启发学生提出问题，鼓励学生自主观察、比较、判断、推理、分析、查找资料。教师要改变野外实习实践教育方式，改变"由因导果"平铺直叙的灌输式教学方式，采取"由因追果"的探究式教学方式；改变教师沿路线讲解的方式，采用教师提出问题，学生以小组合作形式沿路线观察、分析、考察、记录后提出解决方案，向老师和同学做汇报，最后教师点评的方式。这样可以激发学生的学习兴趣和求知的欲望，培养学生的创新能力。

4. 改革教学方法，学生主体参与

教学方法的改革是提高学生实践能力的重要途径。当前高师地理教学仍存在教师灌输教学内容和考试方法呆板单调、缺乏对学生能力培养等诸多问题，应尽快改变教学方法，提倡探究式、合作式、自主式学习方式，强化主体意识、问题意识、探究意识、能力意识和开放意识，实施以学生为主体的多元化教学手段，体现由知识灌输式教学转变为师生共同探究教学，由教师授业解惑转变为合作式教学，由单一的课堂讲授转变为多样化教学方式，由重理论教学转变为理论实践并重教学，由重知识教学转变为知识科研结合教学，由传统的闭卷考试转变为多样考试方式并存。另外，在知识教学和实践教学中，教师要广泛运用案例教学法。特别是区域发展问题，教师授课应包括基本理论知识和选择典型的案例进行分析。通过案例教学，一方面可提高学生的地理兴趣，另一方面可训练学生将所学理论知识与实践相结合的能力。教学方法的改变，可有效提高学生的实践能力。

5. 理论联系实践，引导学生参与社会实践

社会实践是培养学生实践能力、科研能力、创新能力等综合素质能力的重要手段，地理学是应用性极强的科学，可广泛应用于人口、资源、环境、经济等可持续发展重要领域，为进行社会实践活动提供了优良条件。因此，地理教学中要紧密联系社会经济实际，利用假期引导学生参加社会实践活动。通过社会实践活动使学生能够将所学地理知识联系社会经济发展实际，分析解决社会经济发展中的问题。因此，与农村、社区和相关企业建立合作共同体，成立一系列的社会实践基地和地理科普基地，为学生提供理论和实践相结合的环境和场所，让学生的理论知识转化为实践知识，以增强学生综合运用知识的实践能力；也可利用课余时间引导学生开展一系列的调查活动，定期以当前的热点话题为主题，开展调查和研究。

6. 要回归生活、回归社会，培养学生专业思维方式

专业思维方式就是一般的思维方式与专门的问题和领域联系在一起时的思维方式。专业学习的好坏，主要在于能否掌握专业的思维方式。专业思维方式的培养不仅是知识的传授，还是日常生活和教学中潜移默化的培养。

地理知识与生活和社会密切相关，地形、气候、水文、土壤、生物等自然地理要素和城市、人口、农业、经济等人文地理要素都与日常生活和社会密切相关。因此，在课堂教学和实践教学中，要有意识地将地理要素融入生活、融入社会，使课程回归生活、回归社会，让学生以地理的眼光去观察自然、认识社会，以培养学生的地理专业思维能力。

第十二章　地理科学专业综合改革的监控与评价

第一节　高师地理（院系）教学质量监控与评价体系研究

高师地理教学属于院系教学，是高师院校办学的实体和基层单位，担负着对基层专业的教学工作。教学质量是院系的生命线，对高师地理教学质量监控与评价体系的研究，无疑是教学质量不断提高的保证，同时也是院系教学管理部门必须认真面对和迫切需要解决的问题。

一、构建高师地理教学质量监控与评价体系的必要性

（一）高师地理教育自身发展的必然要求

教学质量是高等教育的生命线，提高教学质量是高等院校永恒的主题。进入 21 世纪以来，同全国高校一样，高师地理教育规模快速发展，取得了巨大成绩。数量和质量是对立统一关系，没有数量就没有质量；没有质量的数量，就等于没有数量。纵观世界高等教育发展历程，各国都经历了从追求数量到注重质量的转变。因此，高师地理教育在追求数量的同时，更要注重质量的提高。要积极建立教学监控与评价体系，保证人才培养的质量，以满足社会和高师地理教育自身发展的需要。

（二）高师地理教育人才培养质量的保证

教学质量监控与评价的作用在于监督各项教学活动，以保证教师按计划进行教学并纠正各项重要偏差。因此，教学质量监控与评价是教学质量和人才培养工作中的重要环节，能促使高师地理教育合理、高效地利用各种资源，适应社会变化；能使地理教育系统诸因素与外界环境之间协调配合，相互促进。在执行地理教学质量监控与评价体系的过程中，可及时地发现自身存在的问题并加以纠正。这样既提高了高师地理教学质量，又对人才培养质量起到了重要保证作用。

（三）改善高师地理教学监控与评价现状的迫切要求

目前，高师地理教学质量监控与评价还存在很多问题：一是教学质量监控与评价制度不够系统，不够完备。目前，还没有建立一个适应自身的教学质量监控与评价体系，影响了整个监控与评价工作的开展与运行。二是教学质量监控与评价工作缺乏科学性和整体性。教学质量监控与评价标准不全面、不科学，并处于松散状态，没有将各个环节的质量监控与评价工作进行合理安排，没有形成体系，影响了监控与评价的整体效果。三是教学质量监控与评价范围较小。对教师课堂教学监控与评价较多，而对学生的学习活动监控较少；对教师课堂教学内容的监控较多，而对教学理念和方法监控较少；对学生课本知识考核评价较多，而对学生创新精神和实践能力的考核评价较少。

二、构建高师地理教学质量监控与评价体系的原则

（一）导向性原则

构建高师地理教学质量监控与评价体系要对教师的教学改革起导向作用，有利于促进教学改革。因此，构建教学质量监控与评价体系时要站在高等学校教学改革的高度，用现代教育教学观念和方法去指导工作，以推进高师地理教学改革的健康发展。

（二）科学性原则

高师地理教学质量监控与评价体系的构建要符合教育科学规律，符合自身的实际情况。评价指标体系的设计要体现科学性，认真分析每一个指标的内涵并确定可以反映指标真实情况的主要观测点，以科学原则整合各项指标之间的关系，制定出合理的评价指标体系。

（三）可操作性原则

高师地理教学质量监控与评价体系的构建需要各个部门和众多人员参与和执行。影响教学质量的因素很多，因此，教学质量监控与评价体系的构建要删繁就简，化难为易，尽量简化评价指标，要既保证指标的完整性，又充分考虑可操作性，保证监控与评价体系主干清晰、程序简单、实施容易。

三、高师地理教学质量监控与评价的内容

（一）对学科建设、课程设置、教材建设进行评价

主要评价地理学科建设、课程设置是否合理，培养目标是否明确，教学计划是否科学，教材建设是否反映现代科学的发展，招生、就业情况是否符合社会需求。

（二）对教学改革和教学研究进行评价

主要评价教学改革的内容、方法是否正确，教改措施是否得力，教学条件是否改善，同时还要评价教学研究论文和教育科研课题等情况。

（三）对日常教学管理进行监控与评价

主要监控与评价教师的教学纪律、教学态度和教学质量，如教学事故的发生、教学资料的准备、教学组织的安排、教学计划的执行、作业的布置与处理，以及学生的学风、学纪等。

（四）对教学实践和实验室建设进行监控与评价

主要监控与评价校外教学实习和教育实习的质量、实验室的管理与建设。

四、高师地理教学质量监控与评价体系的构建

课堂教学由教师"教"的活动和学生"学"的活动组成，教学质量的高低取决于教与学两方面，这两方面既是独立的，又是相辅相成、相互交往和相互联系的。因此，对教学质量的监控与评价，就要对这两方面进行。教的主体是教师，学的主体是学生，对教学质量监控

与评价，实质上就是在教学过程中对教师和学生特定行为的监控与评价，因此，科学的、全方位的教学质量监控与评价体系是提高教学质量的保证。它由领导决策系统、信息收集系统、评价诊断系统和信息处理及反馈系统构成，其结构框架如图 12-1 所示。

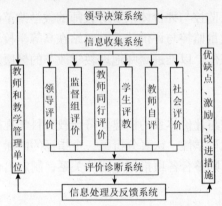

图 12-1　教学质量监控与评价体系

（一）领导决策系统

成立学院教学质量监控与评价委员会，负责对学院的教学质量监控与评价工作的日常管理、督导、检查。委员会由学院副院长任主任，成员由教学办、院团委、教研组长、教学委员会、学生会等共 5 部门人员组成。教学质量监控与评价委员会是教学质量监控与评价的运行机制，是教学质量监控与评价体系得以有效运行的基本保证。

（二）信息收集系统

信息收集系统是整个教学质量监控与评价体系运行的最基本要求和先决条件，没有全面、准确的信息就谈不上评价、诊断和反馈。为此，教学质量监控与评价主体要多元化，信息收集渠道要多样化，主要有以下几个渠道。

1. 领导评价

学院领导要坚持听课制度。领导对教师课堂教学的评价，是评价中对教师促进作用最大的一种外部机制，是领导了解教学情况最直接、最有效的方法，是帮助指导教师改进教学、提高教学质量的重要途径，同时对教师的教学工作也起到了激励和促进作用。

2. 教学督导组评价

教学督导组是教学质量监控与评价信息收集的重要渠道之一。教学督导组对每一个教师的教学做出公正的评价，要指出优缺点，以及产生优缺点的原因，使之上升到教育理论层面进行认识，以提高教师的教育理论水平。对不足之处要提出具体的、可操作的改进意见、方法和措施，不可泛泛而谈，笼统概述，要给教师具体的帮助和指导。同时，教学督导组要针对本学院的教学活动，教学管理工作和教风、学风建设进行监督和指导。要发挥"智囊团"的作用，对学院的发展、教学改革、人才培养和教学基本建设等重大问题提出建议，供学院领导和教学管理部门参考。

3. 教师同行评价

教师的教学水平、开拓精神等，同行是非常清楚的。为此，学院要组织教师互相听课和评课。要求同行教师听课后及时座谈交流，教研组长写出书面总结，以获取准确的评价信息。一般来说，这种信息是有一定的效度的。

4. 学生评教

学生是教学质量监控与评价的主体之一，因为学生是教学活动的直接参与者，教师的教学成果最终体现在学生身上。可以说，学生是教师课堂教学工作好坏的主要发言人，对教师的教学最有发言权。因此，学院要组织好学生评教，可举行"最受学生欢迎的教师"评选活动和"最佳课"的评选。通过这些活动可准确获取评课的一手资料。要经常召开学生教学信息员会议，及时反映教师教学和学生学习的相关信息。

5. 教师自评

学院每学期期末要组织教师自评，即对自己的课堂教学情况进行自我认识、自我分析和自我反思，并写出书面材料装入教学档案。教师自评需要教师具有一定的自我认识能力，包括对自己的教学理念、教学态度、教学技能、教学方法、专业水平等方面的素质和能力有所认识，尤其要充分认识到自己的能力缺陷及教学中存在的问题，并分析产生问题的原因，最后找出实现自我提高、自我发展的途径和措施。因此，教师自评信息非常重要，其是教学质量监控与评价的重要信息来源。

6. 社会评价

社会评价指毕业生和社会其他人士、团体对教师的教学进行评价。这一信息表现为一种社会对教师教学行为规范的要求和总体的看法。特别是毕业生，通过工作实践，有一定经验和体会，能够毫无顾忌地对教师的教学做出公正的评价。因此，学院要认真做好毕业生对教师教学评价的信息收集工作。

（三）评价诊断系统

评价诊断系统是教学质量监控与评价的重要环节，要做到评价与诊断的公正和准确，就要制定课堂教学质量评价指标体系。因为它是统一评课标准，规范评课行为，保证评课结果客观性的重要手段。根据高等院校的教学特点和高师地理教学的实际，特制定了高师地理课堂教学质量评价指标体系表（表12-1）。

表12-1 高师地理课堂教学质量评价指标体系表

评课维度	评课因素	分值	优	良	中	差	对比因素
教学态度 20分	教态自然、亲切、和蔼	5					教态严肃、呆板、面无表情
	关注、热爱学生，要求严格	5					只顾自己讲，不注视学生，要求不严
	备课充分，内容熟悉，脱稿讲述	10					内容不熟，看着讲稿或字幕讲述
教学目的 20分	掌握知识和技能，思想素质提高	10					没掌握知识和技能，只教书不育人
	调动起学生积极性，学生情趣高，注视教师专注听讲	10					课堂气氛沉闷，学生不积极，没情趣，不专注听讲，看其他书
教学内容 20分	重点突出，难点解决，把握关键	4					重点不突出，难点没解决，关键没把握
	科学处理教材，内容丰富、科学	5					照本宣科，没有处理教材

续表

评课维度	评课因素	分值	评课等级				对比因素
			优	良	中	差	
教学内容 20分	联系社会、生活和师生经验实际	5					只讲理论，不联系实际
	有问题意识，提出挑战性问题激发学生思维	3					没有问题意识，提不出有思考价值的问题让学生思维
	学术性强，涉猎学科前沿并讲出自己的观点	3					学术性不强，没有一定的深度和广度
教学技能 25分	教学方法灵活	5					教学方法单一
	语言生动形象，富有感染力	5					语言平淡、呆板，无感染力
	多媒体运用得当，课件制作科学	5					多媒体运用不当，只出示文字讲稿
	教学有民主性，学生积极参与教学，师生、生生互动	5					学生不参与教学，被动听课
	板书设计科学	5					板书没有标题号，反映不出逻辑关系
教学效果 15分	学生学习情趣高涨，积极参与教学，学生欢迎，目的达成	15					学生学习情趣低落，不参与教学，看其他书，不受学生欢迎，目的未达成
总评		总分					

优、缺点及建议：

（四）信息处理及反馈系统

课堂教学质量监控与评价的目的是促使教师重视课堂教学工作，激励教师教学的积极性，提高教学质量。因此，要将各方面的评价信息进行科学处理并及时反馈；使教学效果和质量好的教师的经验得到推广，教学效果不良教师的不足得到改进；使教学质量监控与评价的功能得到充分的发挥。值得重视的是，在信息反馈中，要坚持以激励性和发展性为原则，在保护和激励教师教学积极性、促进教师发展的前提下，把信息反馈工作做好。

五、高师地理教学质量监控与评价机制的运作实施措施

（一）集中监控与评价和日常监控与评价相结合

集中监控与评价包括三方面：一是开学初期对教师的教学准备工作的检查；二是期中教学检查，主要监控和评价教师教学计划执行情况，各教学环节的实施情况等；三是期末检查，主要是对教师的各项教学工作及教学质量进行全面的监控与评价。

日常监控与评价主要包括：教学质量监控与评价各职能部门对教师课堂教学、教学纪律等日常教学工作进行不定时的监控与评价。

以上两种形式要分别从宏观和微观两方面进行监控与评价，发现问题及时解决，以保证教学质量和正常的教学秩序。

（二）定性监控与评价和定量监控与评价相结合

定量方法在课堂教学质量监控与评价中也有其弊端：一是对共性的评价，限制了教师的个性、创新精神和不同教学风格的形成和发展；二是评价标准和权重的确定有很大的主观性和模糊性；三是表格化的评价指标观察不到活生生的课堂教学，量化的评价结果缺乏对教师课堂教学本质上、深层次的指导。按教育哲学和教育社会学的观点，教学活动是一种特殊的实践活动，教师工作是自主性和创造性很强的工作，教师职业规范性程度比较低，对教师行为方式要求比较抽象。因此，仅按评价结果来判断教学质量的优劣也不妥当。现代教育评价在方法论上的一个重要变革就是追求评价的有效性。美国教育评价家斯塔克认为，评价者在评价中应该"牺牲某些测量上的准确性，来换取评价中的有用性"。而评价的有效性在很大程度上取决于评价方法。近年来，教学质量监控与评价的发展趋势就是强调监控与评价过程中的人文因素，在评价方法上实行定量与定性相结合、评分与评语相结合，强调定性方法在监控与评价结果中的运用，因为定性方法能较全面地反映每个教师的教学水平、质量和特点，更有利于明确地肯定成绩，说明问题，提出改进意见，从而提高评价的有效性。

（三）正确指导教学质量监控与评价活动

对教学督导、教师自评、同行评价和学生评教活动要进行正确的指导，并正确对待和运用这四个评价主体的评价结果，特别是学生评教的结果。如果学生评教结果不被认真看待，就可能挫伤学生评教的积极性；如果对学生评教结果处理过激，可能造成教师上课小心翼翼，担心学生对自己的评价，会对教学工作带来不利影响，这样就不是"为教学而评价"，而是"为评价而教学"，就会失去监控与评价应有的意义。学生的学习兴趣、对教师的个人情感等因素，可能使学生评教的目标转移，影响评教结果，所以，对学生评教结果要进行客观分析，尽量做到公正、客观。

（四）建章立制，形成有效的激励机制

教学管理规章制度是教学质量监控与评价的根本依据，健全和完善的教学管理制度一般包括如下内容：一是完善以教学大纲、教学计划等为核心的教学基本文件建设，形成从教师到学生的全过程的配套化、系列化管理规章制度；二是进一步完善教学常规制度；三是进一步完善教学事故认定及处理方面的规章制度，加强教学管理的科学化、规范化；四是从规范课堂教学过程的监控与评价出发，制定出课堂教学、课堂实验、教学实习、教育实习、毕业论文设计、考试命题、阅卷等各主要教学环节的教学质量要求和标准；五是制定教学督导条例和学生评教条例；六是制定教学质量奖惩办法，把教学质量监控和评价结果与教师的职称评聘、工资晋级和评优挂钩，实行教学质量一票否决制，同时还可设立有关奖项来激励那些教学质量好的优秀教师，真正体现优者受奖，劣者受罚。

第二节　高师地理学生教学评估的问题及对策

学生是教学的主体，是教学活动的基本参与者，他们对教学过程及其效果的评价是重要的和独特的。学生的教学评估可以反映教学的真实情况。目前，高师地理在学生教

学评估工作中虽然取得了一定的效果，但还存在着一些问题。认真分析这些问题，并指出解决这些问题的对策，对完善学生教学评估制度、充分发挥学生教学评估的功能有重要意义。

一、学生教学评估的必要性

（一）高校学生教学评估是社会的需要

学生参与教学评估是高等教育改革的必然结果。从 20 世纪 90 年代起，随着高等教育的大众化和收费制度的改革，高等教育具有了"市场"属性，学生成为高校服务的对象。同时，随着高等教育的发展，高等教育结构的调整和教育国际化的背景使得大学之间的竞争更趋激烈。高校由过去对政府负责、对主管部门负责转向对社会负责、对学生负责，必须要接受社会和学生的监督和评价。因此，学生教学评估越来越受到重视。

（二）学生教学评估是时代发展的需要

随着社会的发展，知识经济时代已经到来，人们只有学会学习才能满足时代的要求。要适应这种形势，高等教育就必须发生根本的变革，让学生学会学习已成为高师地理教育的主要任务。因此，高师地理教学只有从"重教"转向"重学"，才能适应时代和社会发展的要求。学生评估教学有利于高师地理教学范式从"重教"转向"重学"，适应时代发展的需要。

（三）学生教学评估有着独特的优势

1. 学生是教学活动的主体及全程参与者

学生是教学活动的主体，教师的教主要是为了促进学生的学。学生是教学活动的全程参与者，学生对教学过程及其效果的评价信息是独特的、重要的，如果评价标准恰当并且组织得好，学生的评价可以反映教学过程的真实情况。

2. 学生对教师的教学水平、能力和效果感受最真切

学生是整个教学活动的参与者，对教师的教学效果及其由此体现出的教学水平和能力感受得最真切、最深刻。正是这一客观存在，决定了学生教学评价较他人更到位、分量更重。学生是高校教师教学活动的第一评价者。

3. 学生教学评价是调动学生主体性的有效机制

学生参与评估本身就是学习活动的表现，这种主体性参与是促进学生学习的原始机制。只有让学生成为课堂教学活动的主体，才能使学生在教学活动中分享应有的权利并承担相应的义务。而学生成为课堂教学活动主体的前提，就是要调动其学习的主观能动性，使学生有意识、有兴趣、有责任地去参与教学活动。那么，学生参与教学评价便是调动学生主体性的有效机制。

4. 学生教学评估具有经常性和连续性

学生参与教学评估具有经常性和连续性，已毕业的学生和在校生对同一个教师和同一门课程进行评价，可以互相参照、比较，能为教师提供具体的、比较客观的改进信息。

二、学生教学评估的作用

（一）促进教学改善，保障教学质量

学生教学评估是高师地理保障教学质量的重要手段和监控措施。教师可以从学生评估中得到反馈信息，了解自身教学中存在的问题和不足，并提出改善措施，以促进教学质量的提高，同时也促进自身的发展。

（二）提供人事决策依据，做到客观、公正、合理

学生教学评估已经成为高校人事决策的重要依据，教师应聘、职称评定和奖励等都会参照学生教学评估的信息，考虑学生的意见和看法，尽量做到客观、公正、合理。

（三）参阅评价资料，提供选课参考

学校要把学生教学评估的资料汇集成册，存入教师的教学档案，供学生选课时参照，为便于学生选课创造良好条件。

（四）促进教学改革，提高教学水平

学生教学评估反映出来的一些问题是比较客观的和普遍的，有些建议是很有参考价值的，管理部门要加以重视，提出改革措施，从而促进高校教师整体教学水平的提高。

三、学生教学评估的问题

（一）教学评估形式单一

目前，学生教学评估的形式主要采用等级评价表。它是由教学评估机构预先设计出具有一些评价指标的评价表，然后由学生对这些指标逐一打分。这种评价方式的优点是便于进行统计分析和保存，并能快速有效地收集大量信息。但是它的缺点也很突出：一是学生在短时间内对大量的问题进行回答，因此无法获得学生更深刻的看法；二是无法实现学生与被评价教师之间的直接交流；三是不能鼓励学生认真思考，并提出改进意见。这些不足给教师改进教学造成了不利的影响。

（二）教学评估内容面窄

从现有的学生教学评估的各种表格可以看出，基本上都是从八个指标来进行调查和评价，即教学内容、教学方法、学术水平、教学技能、教学效果、考核方法、教学态度和教学道德。这些指标着重检查教师是否完成了既定的教学任务，是否遵守了常规的教学程序和纪律，而对现代高师地理教学应具有的属性却涉及很少。尽管大学和中学地理教学上有一些共同的教学原则和规律，但高师地理的教学还是有一些独有的特征。这些特征只有通过教学评价指标的反映和指导，才能在教学实践中得到深化，才能从根本上促进高师地理教学质量的提高。

（三）评价指标绝对统一

目前，学生教学评估多采用"一表多课"的评价方式对所有专业进行评价。这种评价指

标的绝对统一性，虽然能满足一些高等学校教学的共性要求，却抹去了各类课程的个性特点。高等学校不同类型的课程有不同的认识规律和不同的教学模式；对不同的教学内容和教学对象采用不同的教学方式和教学实践。对多样性课程教学的评价应当有不同的评价指标，有不同的侧重，这样才有针对性，才能实事求是。当然各课程教学也有统一的和共性的要求，因此，评价指标的设计，应当使统一性和多样性相结合。

（四）评价结果难以发挥功能

学生参与教学评估的重要价值之一，就是帮助教师反思自己的教学工作，不断提高教学质量和教师的教学水平。但是，从目前来看，学生的教学评估并未能很好地发挥这一功能。学生每次教学评估后，教学管理部门只是把评价结果归入教学档案，未及时反馈，不在教学各个层面上与教师讨论和沟通，基于评价结果的客观调控则更少。这种局面如不及时扭转，不仅使评估结果的功能难以发挥，影响教学评估的价值，还会挫伤学生参与教学评估的积极性，影响教学评估的声誉。

（五）评价目标的转移

教学评价目标是教学评估的重要组成部分，是教学评价机构制定的对教师教学评价的标准，如果学生不能正确把握评价标准，往往导致评价目标的转移，也就是说，学生将评价目标指向了非评价对象，脱离了原有的目标。这种对评价目标转移的现象主要表现在：一是学生从情感出发，以自己与教师关系的远近来评价教师，和自己关系好的教师，考试容易通融的教师，对学生要求不严的老师，学生就会给予较好的评价；而对学生要求严格，考试很难通融的教师，对学生学习以外的事不太关心的教师，学生可能给予较差的评价。这种将评价教师教学水平和效果的目标转移到学生以个人与教师的关系和情感目标上，从而造成评价失实。二是学生以自己对教师的个性、风格等所形成的第一印象为依据来评价教师的教学水平和态度，把个人的好恶带到评价之中，从而造成评价失实。三是学生以自己的功利目标为中心来评价一门课程的好坏。学校的课程设置考虑的是学校培养目标的整体性，而学生的功利目标是单一的、片面的，因此，学生把评价教师的教学水平和效果目标转移到学生自己的功利目标上，造成了评价的失实。

四、解决学生教学评估问题的对策

（一）评价形式多样化

1. 系统学生等级评定

系统学生等级评定就是由学校或院系制定学生等级评定表，每个学期结束时，请每个学生填写等级评定表，对每一位任课教师的教学做出评价。这是教学评估系统中的一个极其重要的组成部分，其优缺点前面已叙述。

2. 书面评价

书面评价就是教学评估机构提出一系列有关教师教学的开放性问题让学生回答，或给出一个总题目让学生自由回答，从而获得较为深刻的评价信息。这种方式既可单独进行，也可以与等级评定混合进行。运用书面评价的主要目的是让学生对教学中的突出问题提出深刻的认识和观点，以便于教师改进教学。

3. 座谈

为了更广泛地收集有关课程和教师教学的信息，组织学生召开座谈会是常用的一种评价方法。这种方法可分为个别座谈和小组座谈，一般选取教学信息员或有代表性的学生参加，主要是对教师的课堂教学做出定性的评价。座谈会由教学管理人员组织、主持并记录座谈的过程与结论。参与座谈的学生可对所有任课教师的优缺点逐一指出，并提出要求和建议。教学管理部门要将座谈会内容及时反映给相应的教师，以便教师发扬优点，改进不足，提高教学质量。

4. 学生成绩测验

学生成绩测验就是通过学生的考试成绩来检验和评价教师的教学效果。学生的成绩从某种意义上来说是教学效果的测量标准，但只能作为评价教师教学能力的重要信息之一，不能作为唯一标准。因为学生的学习成绩受到多种因素的影响，单凭学生考试成绩来评价教师的教学效果是不科学的。

5. 网上教学评价

网上教学评价是近年来在高等院校出现的一种新的评价方式。校园网的开通，为学生参与网上教学评价提供了先决条件。网上教学评价需要一个教学评价系统，学生登录这个系统就可对教师进行教学评价。因此，这个教学评价系统的设计就一定要科学、合理、便于操作，否则就不能激发学生的参与兴趣。网上教学评价的优点：一是能够消除学生的种种顾虑，获得比较真实的评价效果；二是网上教学评价时间比较灵活，学生可以根据自己的实际情况在学校规定的时间段内完成评价即可；三是显示出高校办公自动化和节约化。不足之处就是评价的随意性强，评价信息的整理工作量大。

（二）拓宽评价内容、体现高校教学特点

如前所述，学生教学评估一般从几个方面进行评价，与中学的教学评估内容相差无几，不能体现高师地理的教学特点。那么，教学评价内容应反映哪些基本特征呢？

1. 学术性

高师地理教育和中学教育不同。学术性主要体现在三个方面：一是向学生介绍本学科的发展趋势和前沿；二是向学生介绍相关领域的不同理论和观点，并进行点评表明自己的观点和看法；三是向学生介绍自己所教课程相关领域的最新研究成果；四是课程要讲出问题性。问题性包括两方面：一方面就是教师根据教学内容提出一些前人没有或很少研究的学术性问题，师生共同研究探讨，以培养学生的创新能力；另一方面就是鼓励学生提出问题。高等学校的教学不能满足于学生对教材知识的掌握，要鼓励学生对教材内容提出问题，要有教材问题意识。在教学中，教师和学生都提不出问题，这是不成功的课。问题性要求：一是教师要深钻教材，具有提出学术性问题的能力；二是提出的问题要有深入研究的价值，能够激发学生的兴趣，引起学生讨论和思考；三是问题的设置要结合教学内容；四是教师要介绍相关的参考书和资料，并对问题的解决途径、方法、手段给予指导。

2. 民主性

学术民主和学术自由是高师地理教学的基本观念和精髓。教学民主性的要求：一是营造宽松、民主、和谐的课堂教学氛围，鼓励学生质疑问难；二是教师要鼓励学生持有不同的观点和发现，开放学生的思维，提倡发现多样化；三是教师要尊重学生的人格和独特的感受、理解及思考；四是教师是学习活动的参与者，与学生平等地参与教学，在教学过程中，强调交流互动，进行师生之间、生生之间的动态信息交流，师生成为学习共同体；五是教师能激发学生的学习兴趣和课堂教学参与意识。

3. 自学性

高等教育的基本要求之一就是培养学生的自学能力，使学生学会学习。自学是学生在学习过程中自我决定、自我选择、自我调控、自我评价，发展自身主体性的过程，其特点是能动性、独立性和异步性。自学性的要求：一是教师是自学活动的组织者，即组织学生在自学中发现、寻找、搜集和利用学习资源，组织学生营造积极心理氛围，给学生提供自学的空间和时间；二是教师是自学活动的引导者，即引导学生设计恰当的学习活动，教给学生学习方法，培养学生的自学能力，引导学生在自学中真正理解和掌握基本知识及基本技能，引导学生对学科知识的感觉和体验，引导学生提出有研究价值的学术性问题；三是教师是自学活动的参与者，即在观察、倾听和交流中成为学生的参与者，教师与学生一起分享感情和认识，教师要与学生一起寻找真理。

（三）评价指标的统一性和多样性相结合

针对学生教学评价指标绝对统一性的问题，可以组织有丰富教学经验的教师，根据学科的特点，制定教学评价表，每种评价表既有共性指标，也有个性要求，对不同类型的课各有侧重点。对于小班教学，重点强调师生、生生的交流互动和信息传递的质量；对于大班讲授教学，强调课堂教学的组织和信息传递的清晰；对于研讨课，强调学术性、讨论质量和学生提出问题的能力；对于启发性为目的的课程，强调问题的难度和学生的思维程度；对于实习课，强调"做中学"及联系实际解决问题的能力；对于实验课，强调教师帮助学生处理异常情况的能力。这种多样化的分类评价方式，较好地处理了统一性和个性发展的关系。

（四）正确认识评价结果，及时研究反思

发挥学生教学评估的功能，实现教学评估的价值，是高师地理教学的一个重要问题。可采取两方面措施：一是正确认识学生教学评估，教学管理机构和教师要转变教育观念，承认大学生具有较强的评价能力，对教师的教学态度、敬业精神、思想境界、学术水平、知识渊博、课堂组织、教学方法、媒体运用、评分公正等方面，能够做出客观评价。二是组织教师反思，提出改进措施。对于评价结果，教学管理机构要及时反馈给教师，同教师一起分析、研究、反思，并商讨改进措施。

（五）评价主体多元化

对教师的教学评估，仅靠学生评价是片面的，应该通过多种渠道，按照不同的权重来确定多元的评价主体。评价宜采用四元模式，即学生评价、同行评价、教师自评和领导评价，

评价权重分别为学生 50%、同行 20%、自评 20% 和领导 10%。这种模式既保护了学生参与教学评价的权利，又维护了教师积极进行教学改革和追求独特教学风格的精神；既反映出教学评价的客观、公正，又能促进教师的发展。

五、学生教学评估应注意的问题

（一）做好评估前的准备

教学管理人员在学生教学评估前一定要做好精心准备。首先要做好宣传工作，让学生了解学生教学评估的重要意义，学生教学评估是为了帮助教学管理机构和教师收集客观信息，以帮助教师改进教学，提高教学质量。其次是让学生做好心理准备，要实事求是，按照评价指标，客观公正地进行评价。最后是根据采用的评价方式准备好所需的材料。

（二）做好评价结果的分析和整理

评价结果要在教师自我评价的基础上进行。评价的目的在于促进教师发展，因此，教学管理人员要以激励性和发展性的评价理念为指导，认真做好评价结果的分析和整理。评价结果的内容应包括三部分：一是充分肯定教学的优点；二是指出教学的不足并分析其原因；三是提出改进教学的措施。评价结果要及时反馈给任课教师，以利于教师对教学进行反思和改革。

（三）正确对待评价结果

教学管理机构要正确对待学生的评价结果，用一分为二的观点和态度分析学生的评价；要除去感情色彩，理解并包容学生评价信息中的不实成分，客观公正地反馈评价信息，以利于教师和学生在和谐、友好的互动氛围中共同成长。教师如何对待学生的反馈信息，是学生教学评估是否有效的重要体现。教师也要正确对待学生评价，真正做到虚心听取、认真反思、努力改进、不断完善。通过学生参与教学评估这个师生之间的沟通、交流活动，建立起和谐的师生关系，让教师总结经验教训，发扬优点，克服不足，进一步提高教学质量。

学生参与教学评估的制度值得肯定，要大力推行。对于推行中出现的问题应该重视，并认真研究，提出切实可行的对策，使学生教学评估制度不断完善并发挥巨大作用。

第三节　改革监控与评价体系，确保教学质量提升

提高教学质量是高等院校的核心任务，而建立行之有效的教学质量监控与评价体系是提高教学质量的保证。为了保证教学质量，各高等院校都构建了教学质量监控与评价体系，对提高教学质量起到了一定的积极作用。但是，随着时代的发展和课程改革的要求，现行的教学质量监控与评价体系还不够完善，在设计理念、指标体系、反馈制度、评价主体、教学督导和学生评价等方面还有诸多不足。鉴于此，资环学院在地理科学专业综合改革试点建设中，针对现行的教学质量监控与评价体系存在的问题提出了改革举措，以促进各有关部门转变观念，树立现代教学观、质量观、评价观，实现教学质量监控与评价的科学化、规范化和现代化，确保专业综合改革试点建设教学质量的真正稳定提高。

一、教学质量监控与评价体系中存在的问题

（一）设计理念滞后

构建教学质量监控与评价体系的目的就是提高整体教学质量，内容包括两方面：一是提高教师的教育教学能力和促进教师自我价值的实现；二是激发学生学习的积极性，主动进行知识建构，促进学生的可持续发展。但是，长期以来，教学质量监控与评价体系发挥的效果并不突出，其主要原因就是教学质量监控与评价体系的设计理念比较滞后，缺乏以人为本的观念，质量监控与评价的重点往往放在那些表面的形式方面，忽视对教师和学生内在的成就、动机和自我价值的实现。对教师的监控与评价体系常常以奖惩为目的，忽视促进发展和教学改革的目的。对学生的监控与评价主要关注知识技能的掌握、考试成绩，忽视学生的发展和综合素质的提高。主要表现：一是重教学效能鉴定性评价，轻教师发展性评价。二是重监控轻评价。在监控中重监督、检查，轻指导、帮助。在评价中重对教师教的评价，轻对学生学的评价。三是重定量评价，轻定性评价。四是重诊断性评价和终结性评价，轻形成性评价。五是重他评，轻自评。六是重单项评价，即重内容和方法评价，轻综合评价。

（二）设置教学质量评价指标体系不完善

为了做到评价的公正和准确，高师院校都制定了课堂教学质量评价指标体系。教学质量评价指标体系虽然在提高教学质量上起到了一定的作用，但是也存在着很多问题，如评价指标表面化，没有比较规范统一的评价标准，评价指标体系不完善。一是偏重于教师教的方面，忽视学生学的方面；二是偏重于课堂教学，忽视实践教学；三是偏重于知识的结论，忽视知识的获取过程；四是偏重于学生对知识的掌握，忽视学生的探究、生成、创新和实践能力。这不利于全面公正地评价教师和促进学生创新精神和实践能力的培养。

（三）缺乏科学有效的教学监控与评价的反馈制度

目前，教学质量监控与评价，只重视监控和评价指标的研究，不重视反馈信息的落实和问题的解决。在整个反馈过程中，不能准确地处理反馈信息，从而使教师和学生对自己当前教学水平和学生学习情况存在的问题不能及时了解。有的对监控与评价结果缺乏科学地理性分析与处理方式，往往只将结果和评价分数汇报领导和教学管理部门，并不向教师本人公布；有的反馈信息滞后，教师要到下一学期才能知道自己的评价结果，而且可能只是一个分数，教师仍无法知道自己教学中存在的问题和薄弱环节，无法做到有针对性的教学改革。这不仅不利于促进教师发展，反而挫伤了他们的积极性，使被评价者远离了评价，甚至激化了教师与评价者和管理者之间的矛盾，很难发挥监控与评价的诊断、指导和激励作用。

（四）教学质量监控与评价的主体比较单一

目前，在教学质量监控与评价过程中，评价的主体仅仅是领导、教学督导和学生，评价主体比较单一。这种评价对教师的教和学生的学比较重视，但对教师所传授的知识、内容、方法与学生的学习水平和实践能力是否与学生毕业后从事的行业和学校发展现状相适应，并不能有效地进行评价。因此，这种评价主体的单一性，很难对教学质量做出全面、公正和科学的结论。

（五）教学督导工作形式化，重督轻导

目前，教学督导工作形式、方法单一，即所有的督导内容和方法千篇一律，无非是听课、记录、填表、检查纪律、课后和教师简短交流，有的因时间紧迫没有进行交流。这种重督轻导，监督有佳、指导无力的工作方法，督导效果可想而知，甚至引起被督导教师的反感。

产生这些问题的原因，主要是这些督导人员大多是本校退休老教师，这些老教师虽然有丰富的教学经验，责任心也很强，但他们缺乏鲜活的现代教学经验和教育教学理论知识，更缺乏现代教育教学理念和现代教学方法。因此，在教学督导中监督教学的表面现象轻车熟路，而在指导上却显得苍白无力。

（六）学生评价形式单一，内容面窄

目前，高校教学质量监控与评价中，学生教学评价的形式主要采用等级评价表。它是由教学评价机构预先设计出具有一些评价指标的评价表，然后由学生对这些指标逐一打分。这种评价方式的优点是便于进行统计分析和保存，并能快速有效地收集大量信息。但其缺点也很突出：一是学生在短时间内对大量指标进行打分，因此，无法获得学生更深刻的看法；二是无法实现学生与被评价教师之间的直接交流；三是不能鼓励学生认真思考，提出改进意见，甚至有的让别的同学代评打分。这些都对教师改革教学造成了不利的影响。

评价内容基本上都是从教学内容、教学方法、教学技能、教学效果、教学态度等方面进行评价。这些指标着重检查教师是否完成了既定的教学任务、是否遵守了教学纪律和程序，而对现代高等学校应具有的教学品性却涉及很少，不能反映高等学校的教学特点。

二、教学质量监督与评价的改革举措

（一）树立现代监控与评价观念

1. 确立评价在教学质量监控与评价体系中占主导地位的思想

教学质量监控与评价是促进教学质量提高的既相互独立又相互联系的两种手段。一方面，监控主要关注教学过程中的表象，不涉及教学结果的最终评价，而评价则要对教学结果做出重要的鉴定性结论；另一方面，监控也要以评价标准为依据，而且评价又可能扩大到教学质量监控的过程中。因此，评价在教学质量监控与评价体系中占主导地位。在教学质量监控与评价体系中要改变重监控、轻评价的思想，确立评价在教学质量监控与评价体系中的主导地位，这样才能促进教师的专业发展。

2. 树立监控与评价的本质功能在于促进发展的观念

教学质量监控与评价要以人为本，强调要充分发挥监控与评价的教育功能。监控的根本目的不只是抓教学问题，而是指导帮助教师改进教学和提高教学水平，促进教师发展。因此，要把监控的职能由监督、检查、控制为主，转变为指导、帮助、服务为主。要加强指导力度，要寓指导于监控之中，指导、监控相结合，以指导促监控。

评价的根本目的不只是指出优点和不足，而是提高教师的教育教学能力和教育理论水平，促进教师专业发展和自我价值的实现。通过评价全面了解学生的学习状况，激发学生的学习热情，促进学生可持续发展。评价时要关注个体之间的差异性和发展的不同需求，促进教师和学生在原有水平上的提高和发展的独特性。

3. 定量评价与定性评价相结合，注重定性评价，关注发展

定量评价就是把复杂的教育现象和教学活动简单化为数量，进而从数量的分析与比较，推断某一评价对象的成效。定量评价有优点，但是容易把复杂事情表面化、简单化，导致人们热切地关注表象和结果，而忽略事实过程本身的性质、特点及其教育价值。而且有些内容，如职业道德、态度、情感、价值观等也不可能量化。定性评价就是通过对教学活动过程中所表现出来的各种现象和因素进行调查和研究，充分地揭示和描述评价对象的各种特质。这种评价不追求数量，而是关注评价对象在教学活动中的行为表现，重视对行为表现进行"质"的鉴定。定性评价可以弥补量化评价的不足，对教师和学生个体发展十分有利。因此，在评价中要定性评价与定量评价相结合，并以定性评价为主。

4. 诊断性评价、终结性评价和形成性评价相结合，以形成性评价为主

诊断性评价是指在教学过程中对教师和学生的行为进行优劣、对错的评价。终结性评价是指学期末对教师和学生的行为进行总体水平性评价。这两种评价都是面向过去的评价，都有一定的积极作用，但对判断结果的成因、特点、趋势缺乏具体的分析，不易起到调控、发展与完善的作用。

形成性评价是指在教学活动过程中，对教师和学生的态度、行为和问题及时地进行评价，用以调节教学活动过程，指出其优点、发展趋势、问题和解决问题的方法，帮助教师和学生进行自我反思、调控和完善。形成性评价是面向未来、重在发展的评价，是注重教学过程的评价，能及时获取反馈信息，利用评价结果来调控教学过程。同时，教师通过形成性评价，反思教学过程，总结教学经验教训，及时改进教学，从而促进教师和学生的发展。因此，在评价中，要使诊断性评价、终结性评价和形成性评价紧密结合，并以形成性评价为主。

5. 评价主体要多元化，自评与他评相结合，以自评为主

他评是相对于自评而言的，即由领导、教师、学生等对自己的评价。传统评价一般都注重他评，这种评价方式评价主体单向、单一，评价缺乏交流、整合，很难做到客观公正，评价效果不理想。强调自评，就是强调教师和学生对自己行为进行反思、调控。因此，教师和学生都是评价者，都要掌握评价的标准和方法，抓住特点，从不同角度来评价自己、反思自己、体验自己，促进自我发展和自我教育。自评是一个奋发向上、发展自己的法宝。因此，在评价中要做到他评与自评相结合，以自评为主。

6. 单项评价与综合评价相结合，以综合评价为主

单项评价侧重于某一方面的评价，如对教师侧重于知识与教学能力，对学生侧重于分数。当然，某一方面的评价很重要，不能求全责备。但这种评价内容、方法单一，不能突出特点，易以偏概全。综合性评价，强调评价内容多元、方法多样。对教师评价的内容，不仅要关注教学效果，更要关注职业道德、专业知识、教学能力、教学过程、创新能力和实践能力。评价方式有过程性评价、终结性评价，教师自评、同行评价、社会评价、学生评价、领导评价和教学管理者评价等。对学生的评价要确立开放性评价内容，除关注学生

的学习成绩和水平外，更要关注学生的学习动机、学习态度、学习能力、创新精神和实践能力等。评价方法有书面测验法、观察法、谈话法、问卷调查法、作业法，以及学生自评、同学互评和家长评价等。

（二）制定科学、全面的教学质量评价指标体系

课堂教学质量评价指标体系是统一评课标准、规范评课行为、保证评课结果客观公正的重要手段，是衡量教学的尺子。然而，现代教学质量评价主体多元化，有督导、领导、教师、学生、社会等，这些不同的群体专业知识、利益关系、表达水平等都有很大的差别，制定和使用规范科学的教学质量评价标准，才能防止和克服认识与操作中的种种偏差，真正发挥教学质量评价的价值。因此，评价者和被评价者都要努力学习和掌握评价标准。所以，根据现代教学理念和地理科学专业综合改革教学实际，特制订了升级版的高师地理课堂教学评价指标体系（表 12-2）。

表 12-2　课堂教学质量评价指标体系表

评课方面	评课维度	评课指标	分值	优	良	中	差	负面对比指标
教师教的方面	教学态度 9分	教态自然、大方、亲切	3					教态呆板、面无表情
		关注、热爱学生，要求严格	3					只看屏幕讲，无视学生，要求不严
		责任心强，充分备课，脱稿讲授	3					内容不熟，看着字幕讲，照屏宣课
	教学目的 6分	掌握知识和技能，思想素养提高	3					没掌握知识技能，只教书不育人
		掌握学习过程，获得学习方法	3					只讲理论，不讲知识获得的过程和方法
	教学内容 15分	突出重点，解决难点，把握关键	3					重点不突出，难点没解决，关键没抓住
		开发课程资源，联系社会生活实际	3					照本宣科，不联系实际
		有问题意识，提出问题，激发思维	3					提不出有思考价值的挑战性问题
		学术性强、联系学科前沿和科研	3					没有一定的深度和广度，不联系科研
		知识正确、适量，有创新和独到见解	3					知识有误、不适量，无创新和独到见解
	教学过程 9分	教学环节、课堂结构合理	3					一讲到底，没有教学环节
		教学活动有利于学生参与和思维	3					教师中心，没有设置教学活动
		教学节奏、密度适当，时间分配合理	3					教学节奏、密度不当，时间分配不合理
	教学技能 21分	语言生动、形象，有激情，有感染力	3					语言平淡、呆板、无感染力
		教学方法恰当，体现生本课堂	3					教学方法不当，以教师为中心
		媒体运用得当，课件制作科学	3					媒体运用不当，课件制作不科学
		情境创设恰当，激发学生兴趣	3					知识没有情境化，学生无兴趣
		演示操作规范	3					演示操作不规范
		板书设计科学、工整、美观	3					没有板书，正副板书不分，太乱
		调动学生积极性，学习情趣高	3					学生学习积极性不高

续表

评课方面	评课维度	评课指标	分值	评课等级				负面对比指标
				优	良	中	差	
学生学的方面	情绪状态 12分	精神饱满，专心听，有愉悦感	4					学习精神萎靡，不专心听讲，觉得累
		入境生情，情感共鸣	4					师生没有情感交流
		能自我控制，调节学习情绪	4					自主学习能力差，学习受情绪影响大
	思维状态 8分	积极思维，敢于提出问题，发表见解	4					只听不思，不提问题，不发表见解
		能联系实际，见解独到，有创新精神	4					不联系实际，无创新精神
	交往状态 8分	积极参与教学，参与面广	4					不积极参与课堂教学活动
		多边、多样信息联系，人际交往，合作氛围好	4					获取知识渠道单一，不进行合作学习
教学效果 12分		学生学习情趣高涨，积极参与教学	6					课堂沉闷，学生学习情趣低落
		学生欢迎，教学目的达到	6					学生不欢迎，教学目的没有达到
总分								
总评								

实践教学强调"做中学"，是培养学生创新精神和实践能力最重要的课程。然而，对实践教学质量的评价却被忽视，为了提高实践教学质量，特制订了实践教学质量评价标准体系（表12-3）。

表12-3　实践教学质量评价指标体系表

评课方面	评课维度	评课指标	分值
教师指导方面	实践方案设计 12分	制定实践教学方案	4
		讲述实践教学方案的内容和对学生的要求	4
		指导帮助各小组长和个人制定实践教学方案，并进行预测	4
	实践教学过程 32分	协助小组长，掌握全局，明确教师的定位	4
		指导学生学会操作，提高技能，指导学生做中学	4
		及时了解学生实践中的问题和困难，指导而不代替学生解决问题	4
		注重培养学生的创新精神和实践能力	4
		在合作学习中认真进行指导，进行差异教学	4
		要有应对突发事件的准备和措施，保证安全	4
		实践教学技能熟练，操作规范	4
		进行差异教学，改进教学方法，实行官教兵，兵教兵，发现闪光点	4
	反馈与评价 16分	指导学生写实践教学报告或小论文	4
		组织召开实践教学汇报会，听取小组和个人汇报并做及时点评	4
		做好总结和点评，着重从实践教学价值、典型人事、创新成果等方面进行点评	4
		根据学生实践教学中的表现、汇报、小论文等综合给以评价	4

续表

评课方面	评课维度	评课指标	分值
学生实践方面	实践教学态度 8分	有积极参与、自觉行动、主动思考的良好态度，认真制定个人实践教学方案	4
		实践教学方案的目标、程序、措施、分工、要求等都很明确	4
	能力培养状态 20分	学生在做中学，既掌握知识，又学会操作，技能提高，实践能力增强	4
		能够独立或合作解决实践教学中遇到的问题和困难	4
		学会了多渠道收集信息、分析研究信息，提高了收集、处理信息的能力	4
		学会了交往合作，从大局出发，团结协作，搞好实践教学	4
		创新精神、实践能力增强	4
	总结反思 12分	按要求写出实践教学报告或小论文	4
		积极参与实践教学活动成果展示和汇报交流体验	4
		对实践教学活动进行反思，通过自评和互评，进行自我完善	4
总分			
总评			

（三）重视监控与评价信息的反馈

教学质量监控与评价的根本目的是发现问题、解决问题，促进教师和学生发展，最终保证和提高教学质量。教学质量监控与评价是否收到预期成效，关键在于教师和学生有没有发自内心地重视监控与评价，并积极参与其中，对整个监控与评价结果心悦诚服。无论是制定监控与评价标准，还是在监控与评价过程中，都应充分考虑怎样使教师和学生在监控与评价中受益。因此，要充分重视对监控与评价信息的理性分析和反馈；要建立科学有效的信息反馈制度；要让被评价者知道自己的优势和不足，以及产生优势和不足的原因，使之上升到教育理论的认识。这比简单地公布分数和结果，或者把结果运用到某种奖惩上会更有成效。

（四）确立多元化的教学质量监控与评价主体

教学质量监控与评价是一种社会活动，因此，参与评价的主体应该体现社会性和多元化，即除了领导、教学督导和学生外，还应包括教学实施者、教师、毕业生和相关学校和企业等。不同的评价主体代表各自的价值取向，其中学生毕业后从事工作的学校和企业是教学质量监控与评价的重要主体。因为随着社会竞争的压力和市场经济的形成，用人单位开始用一种战略的目光来看待人才聘用，他们对人才的质量、规格、能力、态度和综合素质更加关注，他们对教学质量的优势和不足更加清楚。因此，教学质量监控与评价必须重视以上各评价主体，发挥他们在监控与评价中的积极作用，对各种评价主体的意见进行综合分析与整理，从而导出科学的结论。

（五）教学督导要转变职能，把重心放在导上

教学督导要转变督导职能，由传统的监督、检查、控制转变为指导、帮助、服务；要树

立以人为本的督导理念，正确处理"督"与"导"的关系，要由重"督"转为重"导"；要在导中进行督，在督中进行导。

充分发挥督导的效果，首先需要对督导人员进行培训，使他们学习现代教育理论和教学方式，树立现代教育观、教学观、课程观、知识观、学生观、质量观和评价观，站在教学改革的高度，用现代教育教学理念进行督导，否则，就会误导甚至阻碍教学改革，不利于大学生综合素质和自主创新人才的提高和培养。

其次，督导方法要多样化。随着学校教学工作的开展和改革的不断深入，教学形式不断发生变化，教学督导工作方法也应随着新形势、新任务的要求不断变革和创新。因此，教学督导除日常听课、评课和教学秩序的监控等常规督导外，还应重点进行说课指导、专题督导、专题调研或相互结合进行督导，可将评课变为研课，即课前或课后和教师对课进行研究和反思，研究教什么、怎么教、为什么这么教和教得怎么样，以使经验上升为理论并提出具体的改正措施，从而提高教师的教育理论水平和教学能力。

（六）学生教学质量评价形式要多样、内容要多维、态度要端正

学生教学质量评价除填写等级评价表，对每个任课教师的教学做出评价外，还要采取书面评价、召开座谈会、学生成绩测验和网上教学评价等形式。特别是开展网上教学评价，学生登录教学评价系统就可对教师进行教学评价。

学生教学质量评价的内容要拓宽，除常规评价指标外，还应评价体现高等学校教学特点的指标，如学术性、民主性、创新性、自学性等。

这些内容，领导、教学督导、同事不可能在一两节课能够听到和全面了解，而学生对教师的每一节课都比较了解，最有评价权，因此，学生是教学评价的主体。

学生对教师教学质量的评价，首先要端正态度，认真评价。这就要求主管领导在教学评价前一定让学生做好精心准备，这样才能充分发挥学生的评价作用。

第四节　新形势下高师地理教学督导新思维

教学督导是对教学工作实施监督与指导的一项制度，是高校内部教学质量监控与保证体系的重要组成部分。我国自 1986 年以来，重新恢复、健全了教学督导组织。虽然教学督导制度在我国的实施已有 30 多年的历史，但教学督导的理论研究还不完善，特别是在新形势下，在教学改革不断深入发展的今天，传统的教学督导理念已不适应现代教学改革发展的要求，高师地理教学督导必须创新，要用现代教育教学理念指导教学督导实践，以推动教学改革，促进教学质量和教师教学能力的提高。

一、高师地理教学督导的定位

教学质量是高校赖以生存的根本，提高教学质量是一个系统工程，涉及学校工作的各个方面和各职能部门。教学督导是高校教学管理制度中的重要环节。现代管理科学将一个完整的管理系统分为三个层次，即决策系统、决策支持系统和决策执行或控制系统。与此相适应，教学管理人员也分为三种类型，即决策人员、参谋人员和执行人员。高师地理教学督导在管理系统中属于决策支持系统，是学校教学管理系统中的参谋机构，它不直接组织教学，也不

直接参与教学管理，它的主要任务是以服务于教学和教学管理为宗旨，以促进教学质量提高为目标，以教学信息收集为手段，针对教与学双方和教学全过程，对整个教学实践活动进行监督、指导、检查和评估，及时客观地向学校教学行政管理部门及教学双方反馈教学现状、问题、质量等教学工作信息，并提出改进教学工作的建议。

二、教学督导原则新理念

1. 法制性原则

教学督导必须认真贯彻执行国家的教育方针、政策和有关教育法律、法规，同时还要积极宣传党的教育方针，宣传《中华人民共和国高等教育法》、《中华人民共和国教育法》和《中华人民共和国教师法》，促进教师和学生在享有自主权利的同时履行其职责。

2. 方向性原则

教学督导必须明确教学改革的方向，树立现代教育教学理念，掌握现代教育理论和教学方式方法，站在教学改革的高度，用现代教育教学理念去指导教学督导工作，以推动教学改革的健康发展。

3. 激励性原则

教学改革中，教师是发展中的教师，是有着独立价值和尊严的教师。教学督导要树立促进教师成长的教学督导观；要改变以往高高在上的姿态，从对教师冷冰冰的审视和裁判，转向对教师的关怀和激励；从指令性的要求转向协商和讨论式的沟通与交流；从教师被动接受督导转向主动要求听课和指导；改变以往非对即错的程式化督导，取而代之的是艺术性地指出不足和改进措施，以及充满热情的激励，引导教师始终处于积极的状态。

4. 服务性原测

教学督导必须牢固树立服务意识，与人为善，热心帮助教师提高教学水平，积极调动教师和学生的积极性。

5. 发展性原测

教学督导要从发展的角度看待教师，并让教师用发展的要求审视自己。教学督导要以服务意识帮助指导教师，以发现、帮助、提高为目的，重视培养教师的创新能力。要强调教学督导对教师的过去、现在作全面了解，根据教师过去和现在的表现，规划其未来发展目标，促进教师的发展。

6. 民主性原测

教学督导要相信、尊重和依靠教师、学生和教学管理部门的有关领导，要以教师为本，以学生为中心，发挥他们的支持、配合和参与作用，并虚心听取他们对教学督导工作的意见和建议。

7. 科学性原测

教学督导要从实际出发，理论与实际相结合。收集资料、教学评估要有合理的程序、途径和方法；分析问题要定量分析与定性分析相结合，静态分析和动态分析相结合，确保督导结论的客观性、准确性和公正性；要根据有关教育科学的理论去指导教学督导工作。

三、高师地理教学督导职能的变革与转变

1. 树立以人为本的督导理念

教学督导与被督导教师是一对矛盾的统一体，怎样在统一方面多做文章，拉近教学督导与被督导教师之间的距离，是影响教学督导效果的关键因素。因此，教学督导要树立以人为本的督导理念，从教师的角度出发，提倡换位思考；要从思想上充分认识到教师那种渴望被社会肯定、被人尊重、被学生爱戴，从而实现自我价值的心理。教学督导的根本目的不是抓教师的教学问题，而是指导、帮助教师改进教学和提高教学水平。因此，要把督导的职能从监督、检查为主转变为指导、帮助、服务为主；要抱着虚心向教师学习的态度，怀着去发现教师的亮点和总结成功经验的愿望，了解教学改革中教师的好经验、好方法、好典型；听取师生对教学工作的意见和要求，诚心地去发现、总结和推广优秀教师的教学经验，与教师一起探讨教学中存在的问题和原因，并提出改进措施；要摒弃对教师监督、检查和评价的心态，在教学评价中，要实施发展性评价，尊重教师，平等待人，与人为善，以研讨的方法、切磋的精神，做到启发点化、激励引导，使教师心悦诚服地接受意见。必要时教学督导还要进行示范教学，把督导者自己的教学经验毫不保留地传授给青年教师，这有利于更好地和教师进行交流和沟通。

2. 正确处理"督"与"导"的关系，由重"督"转为重"导"

督导，顾名思义即监督、指导。教学督导的"督"具有监督、督促、检查和评估的职能；"导"具有指导、帮助、服务和咨询的职能。目前高校的教学督导工作，大多存在着重"督"轻"导"现象，把督导的重点放在监督、检查和评估方面，很少针对教师教学中存在的问题提出根本性的解决方法，更谈不上加以具体指导和帮助，这种重"督"轻"导"现象，拉大了督导与教师的距离，削弱了督导的质量和效果。

在教学督导中，要加强"导"的力度，要寓导于督、导督结合、以导促督、以导为主，由重"督"转为重"导"，要在"导"上下功夫。从这个意义上讲，应把"督导"叫作"导督"。教学督导与教师之间应是和谐、宽容、平等、合作、信任的关系。要讲究督导方式、方法，在具体工作中做到督要严格、导要得法、帮要诚恳、评要中肯；要开展多种形式的帮教活动，如举办专题研讨、说课活动，还可根据听课与集体评估的结果，开展观摩教学，让优秀教师上示范课等，总结和推广优秀教师的教学经验和方式、方法。

3. 督导内容既重督教，又重督学和督管

传统教学督导的内容主要是督教，在实施素质教育和培养大学生自主创新能力的形势下，教学督导的内容应既重督教又重督学和督管。

督教，就是对学校的教学工作，从专业设置、人才培养方案到各个具体教学实施环节进行督促、检查和指导。因此，督教包括两方面：一是培养目标督导，重点是对教学计划进行评估、论证，并提出修改意见。教学督导首先要针对教学工作中具有全局性的问题进行调研，沟通教与学的联系，及时向学校领导和教学决策部门提供信息和提出建议。二是教学过程督导，重点是指导和帮助教师提高教学水平。教学督导要以课堂教学和教学实践为中心，对教学全过程的各个环节进行监督、指导、咨询和服务，对教师的教学理念、教学态度、教学内

容、教学手段、教学方法、课堂秩序及师生关系等进行指导和测评，并将结果及时反馈到教学管理部门和教师本人。通过对教学过程质量的动态监督和指导，规范课堂教学，促进教学改革，帮助教师树立良好师德和提高教学水平。

督学，就是对学生的学习活动过程，包括学生的自学、听课、复习、作业、考试、实验、实习、纪律和课堂参与、技能培养、课外活动及论文写作等进行多方位的督促、检查和指导。学生是学习活动的主体，是体现人才培养和教学质量的载体，因此是教学督导的对象。督学的主要任务包括两方面：一是通过加强与学生沟通，对学生学习的主动性、学习方法、学习效果、技能培训、职业能力和综合素质等方面进行检查和评估，并提出意见和建议。二是督促、指导学生学习，促进良好学风的形成，调动学生学习的积极性，提高学生的综合素质，培养学生的自主创新能力，从而达到教学督导的最终目的。

督管，就是对学校的教学管理，包括对教学管理队伍的建设、教学工作的管理、教学信息的管理、学籍管理、成绩管理等进行监督、检查和指导。督管的主要内容是，检查和评估教学管理工作的质量，根据督教和督学的反馈意见，分析总结后向有关部门提出改进管理工作的建议和具体改革措施。督管的重点应放在对教研室工作的督导上。教研室是学校教学工作的基层单位，是教学一线的直接组织者、实施者和管理者，在教学管理中起着重要的基础作用。教学督导应通过审查教研室学期工作计划、参加教研室活动、检查教研室活动、开设专题讲座等，对教研室活动的内容及其有效性提出具体意见和建议，引导教研室有效开展教研活动，从而促进教师的"教"和学生的"学"。

四、教学督导要树立现代课程观、教学观、知识观、学生观、质量观和评价观

教学督导要树立现代教学理念，站在教学改革的制高点，用现代教育、教学理念进行督导，否则，就会误导甚至阻碍教学改革，不利于大学生综合素质和自主创新人才的培养。现代教育、教学的基本理念主要包括现代课程观、教学观、知识观、学生观、学习观和评价观。

1. 现代课程观

传统的课程观认为，课程就是知识，教师是知识的传授者，教师是中心，学生是知识的被动接受者；教材是知识的载体，教材是中心；课程和教学是分离的，教师只有教材意识。现代课程观认为，课程不仅是知识，同时也是经验、活动；课程不仅是文本课程，更是体验课程；课程不仅是知识的载体，更是师生共同探求新知的过程，教师和学生都是课程资源的开发者，共创共生，形成学习共同体；课程是由教师、学生、教材和环境四个要素构成的生态系统；课程与教学是整合的。

2. 现代教学观

传统的教学观认为，教学就是师讲生听，是教师有目的、有计划、有组织地向学生传授知识、培养技能、发展智力和陶冶思想品德的过程；在教学中重结论，轻过程，是结论性的教学。朱慕菊主编的《走进新课程》中指出："教学是教师的教与学生的学的统一，这种统一的实质是交往、互动。没有交往、没有互动，就不存在或未发生教学。"因此，现代教学观认为，教学是以教师为主导、学生为主体对课程内容开发、生成、转化、建构与提升的创造过程；教学是师生交往互动共同发展的过程，交往互动是教学过程的本质；教学是在教师指导下，学生进行知识建构与创新的过程；教学既要重结论，又要重过程。因此，现代教学观

倡导自主学习、探究性学习、研究性学习和合作学习。

3. 现代知识观

传统的知识观过于注重书本上前人留下的静态结构性的死知识，注重陈述性知识和学科本位的基础知识、基本技能。现代知识观认为，书本知识具有重要价值，但不能把书本知识放在过于注重的位置，把全部时间和精力都倾注到课本知识的传授和学习之中。相对于书本知识来说，现实生活和社会实践中解决实际问题被活化了的知识、程序性知识、策略性知识，以及经过学生亲身实践、亲自经历、亲自体验、亲自领悟获得的知识，对学生更有意义、更有价值，是学生内化了的真正属于自己的知识，是对学生终身学习和终身发展有用的知识。

4. 现代学生观

什么是好学生，怎样衡量和看待学生？传统的学生观认为，学习好、分数高就是好学生，衡量学生的标准就是考试分数。现代学生观认为，要使每一位学生都能全面和谐地发展，个性都能得到充分发展，都能终身学习和终身发展，这是现代学生观的最高体现。

培养全面发展的学生，就是教学生学会做人、学会学习、学会健体、学会审美、学会生活、学会合作、学会生存。和谐发展是全面发展的主要标志，是指情感态度与价值观、过程与方法、知识和技能相关要素互相渗透、有机融合、协调促进、综合发展。

个性是由情感态度与价值观、过程与方法、知识和技能各功能要素构成的独特性格。教师要引导学生的个性向积极从善的方面发展，帮助学生抑制、克服个性中消极因素的滋长，促使学生形成健康的人格。教师要引导学生学会发现自己，学会肯定自己，学会展示自己，学会发展自己独特的个性优势。

终身学习和终身发展的学生，就是教师要帮助学生分辨哪些是学生终身发展所必需的知识和技能，从不同角度用不同方式培养学生终身学习的愿望和能力，使之更具有发展后劲。

5. 现代学习观

传统学习观认为，学生在课堂上听老师讲、啃教科书、完成作业和参加考试就是学习。现代学习观认为，学生不仅要在课堂上与师、与生、与教材的互动中进行"学中做"，更要在实践活动、问题情境的探究互动、合作互动、综合互动中进行"做中学"。成功和失败都是收获，都要认真去品味。学生在多元互动中调控自我、改变自我、提高自我和完善自我。因此，现代学习观倡导改善学生的学习方式，由被动接受的学习方式，改变为自主学习、探究性学习、研究性学习和合作学习。

6. 现代评价观

现代评价观强调发挥评价的激励功能和发展功能，通过评价激励调动教师和学生的内驱力，促进教师的提高和学生的发展，以实现自身的价值；通过评价优化教学过程，提高教学质量。现代评价观淡化评价的甄别、选拔功能，反对单纯用学业成绩来衡量评价教师，反对单纯用分数来衡量评价学生，倡导肯定性评价与否定性评价相结合，以肯定性评价为主；形成性评价与终结性评价相结合，以形成性评价为主；以学生的"学"评教师的"教"，改变传统教学评价中教师为中心、以教论教的状况。因此，教学督导对教师的评价应采用研究性评价，即教学督导与教师一起根据评价标准进行良性互动，就教学工作深入地探讨研究，进而形成高质量的、多元的、过程性的评价。

五、教学督导工作方式方法的创新

随着教学工作的发展和改革的不断深入，教学形式不断发展变化，新问题不断出现，新的任务不断提出，教学督导工作的思想理念和工作方式方法等也应随着新形势、新任务的要求而不断变革和创新。因此，教学督导除日常听课、评课和教学秩序的监控等常规督导外，还应重点进行说课督导、专题督导和专题调研。

1. 说课督导

说课督导就是在教师精心备课的基础上，教学督导让教师讲述某节课的教学设想及其理论依据，然后由教学督导进行评议，并和教师互相切磋，从而提高教师的教学素养，增强教学能力。

教师说课的内容：一是说教材，就是说教材的地位和作用，说教学目标，说教材的重点、难点和关键，说教材的分析和处理；二是说教法，即说教法选择的依据，说教学手段及其依据，说学法指导；三是说教学过程，即说教学思路，说教学环节，说板书设计等；四是说学情，即说学生已有的知识、经验和能力，说学生学习本节课可能出现的困难、心理问题及解决的对策。

说课督导具有检查功能、评价功能、培训功能和研究功能，体现了教学督导以导为主的功能。

说课督导简便易操作，使教学理论和教学实践紧密结合，使教学督导和教师的智慧互补，其优点：一是使教师的备课思维外化，即说课将教师备课时的隐性思维变成了显性思维；二是使教师的备课研究理论化，即说课使备课环节由重视操作变为既重视操作，又重视教育理论研究；三是使教师的备课行为研究化，即说课将教师的个体行为变成了与教学督导共同研究的行为，可有效地迅速提高教师的教学能力和教育理论水平；四是可使教师备课管理全程化，即说课使教学管理部门对教师备课工作从终结性管理变成了过程管理。

2. 专题督导

专题督导就是针对教学中某个突出问题进行深入系统地了解和深层次的剖析，通过集体研究和诊断，有针对性地提出指导意见。专题督导具有很强的针对性、系统性和计划性。例如，对计算机多媒体的运用问题，多媒体技术目前在各高校已得到广泛应用，但如何协调多媒体教学与传统教学的关系，如何有效地发挥多媒体的功能，教师运用多媒体有哪些误区，遇到什么困难，在教学中怎样合理利用多媒体等，都需要研讨。因此，对多媒体的应用现状、问题、教学效果和建议就可进行专题督导。这种专题督导，从解剖问题入手，追求问题的解决。

3. 专题调研

专题调研是指教学督导有计划地进行的专题调查研究，属于研究型发展式的督导工作范畴。教学督导为配合教学改革，深谋远虑，选择一些研究性的问题进行专题立项，有组织地开展调查研究发表咨询意见，提供给教学管理部门做决策参考。例如，对学校教学计划的修订、课程设置、教师开课的资格、某教师的课学生缺课率高等问题，进行专题调研，通过座谈、调查问卷等一系列的调查手段和途径，收集各种信息和资料，加以分析整理，以调查报告的形式提交给教学管理部门。专题调研是教学督导的一项基本任务，是教学督导工作的创新。

4. 常规督导与说课督导、专题督导、专题调研相结合

常规督导主要是日常的听课、评课、教学监控、教学检查、考试巡视、阅卷质量检查和毕业论文的审查等。它必须经常开展，以使督导工作具有可行性、连续性和时效性，并积累重要的教学信息，它是说课督导、专题督导和专题调研的基础。而说课督导、专题督导和专题调研是常规督导的升华，有利于解决实际问题。因此，常规督导应与说课督导、专题督导和专题调研相结合，以提高教学质量，促进教学督导工作的可持续发展。

5. 教、导，全体师生进行民主督导

教，即教学督导要教会学生进行评课。学生对教师的评课，对改进教学和教学质量的提高起到了积极作用，但也存在一些问题，如有的学生不认真评议，有的学生评议时有报复心理，管理严格的教师有时会被打低分等。针对这些问题，教学督导要教会学生评课，举办评课培训班，系统讲授评课的目的、意义及逐项讲解评价指标的内涵和标准。

导，即指导教师进行教学技能训练和教学方式、方法的选择，指导教师互相听课评课。教学督导要对新教师进行培训，使他们全面了解教学的基本要求，对个别教师进行辅导，强化教学技能的训练，指导教师正确运用多媒体。更重要的是，对教师进行爱岗敬业精神的培育，增强教师工作的责任心和荣誉感。

教学督导只有以学生为中心，以教师为本，实行民主督导，突出指导、服务、咨询功能，才能有更大的发展空间。学生是主体，教师是教学工作的主力军，要充分调动他们的积极性，发挥他们的支持、配合和参与作用。同时，要把教学督导工作置于师生监督之下，经常听取师生对督导工作的意见和建议，增加督导工作的透明度，提高督导质量和效益。教学督导还要不断总结经验，不断学习现代教育理论，加强自身建设，将教学督导工作不断推向更高水平。

第十三章　地理科学专业综合改革管理系统的构建

在地理科学专业综合改革建设中，为进一步加强管理，资环学院制订了地理科学专业综合改革管理办法。

第一节　地理科学专业综合改革管理办法

为进一步提高人才培养质量，形成我院地理科学专业综合改革试点建设与改革的特色，加快高素质、创新型人才的培养步伐，满足经济建设与社会发展对高级专门人才的需求，进一步提高我院毕业生的竞争力，特制定本管理办法。

第一章　总　　则

第一条　为进一步加强本科专业建设，按照优势突出、特色鲜明、社会急需的原则，建设专业综合改革试点建设要优化专业结构，深化专业改革，丰富专业内涵，提升专业整体水平，提高人才培养质量和国内外竞争力，根据学校专业综合改革试点建设管理办法，结合我院实际情况，特制定本办法。

第二条　本办法适用于河北师范大学资源与环境科学学院的专业综合改革试点建设项目。

第二章　指　导　思　想

第三条　坚持科学发展，按照"思想先进、目标明确、改革领先、师资优化、设备精良、教学优秀、科研先进"的要求，以区域经济社会发展需要为依据，立足于夯实专科基础、前瞻本科办学，更新教育思想，优化人才培养模式，构筑专业建设高地，打造专业建设精品，增强全面发展的竞争力。

第四条　积极推进专业综合改革试点建设，深化人才培养模式改革，深化教学内容、课程体系、教学方法和教学手段的改革，重视和加强对学生实践能力和创新创业精神的培养，加强教师队伍建设、课程建设、教材建设和实践基地建设等，使专业建设更具有针对性、适应性和前瞻性。

第五条　以专业综合改革试点建设为支撑，推动专业建设水平的整体提高，经过几年时间的努力，把我院的地理科学专业建成办学思想、专业建设、教学改革、科学研究、人才培养模式、人才培养质量等方面具有显著特色的全国一流优势专业。

第三章　建　设　原　则

第六条　思想领先原则。用现代教育思想和观点来建设专业，科学布局，优化结构，专业建设应有利于本科专业结构的调整，有利于创新型、应用型、复合型等各类人才的培养，充分调动广大师生员工的积极性。

第七条　创新原则。在专业综合改革试点建设过程中，力求注重建设机制创新、人才培养模式创新，教学方式创新，立足高起点，坚持高标准，加大建设和改革力度。

第四章　专业综合改革试点建设的管理

第八条　专业综合改革试点建设期一般为3~4年。

第九条　专业综合改革试点建设实行专业负责人制度。地理科学专业由学院院长负责。负责对专业建设项目的申报、建设方案的制定、建设任务的组织与落实、经费预算、经费支出审核及日常管理等，并定期向学校汇报专业建设进展情况，保证按期达到或超过专业建设预期目标。

第十条　学院负有配套支持和监督检查的职责。学院应加强对专业综合改革试点建设的指导、支持和督促，及时制定相关政策。在专业建设期间，学院应定期组织自评和督促检查，对专业建设中发现的问题要及时提出，并进行整改，确保建设质量。

第十一条　专业综合改革试点建设实行"项目"管理，分段检查，按期验收。

第五章　专业综合改革试点建设经费的使用与管理

第十二条　专业综合改革试点建设要根据教育部和财政部投入的建设经费标准，编制和执行经费总预算和年度预算。若确需调整预算项目，需经学院教学院长同意后报教务处备案。

第十三条　专业综合改革试点建设专项基金由专业建设负责人和学院教学院长签字报销。

第十四条　经费使用范围：

（1）建设专业综合改革试点建设调研、考察等业务费支出。

（2）专业综合改革试点建设、管理等方面的印刷费和办公费。

（3）专业综合改革试点建设、教学资源建设以及购置专业教学用书、刊登教学论文等必要开支等。

（4）项目验收所需费用。

第六章　总　结　检　查

第十五条　学院要阶段性地对专业综合改革试点建设和管理情况进行检查，发现问题及时指导解决。

第十六条　专业综合改革试点建设期满后，要根据教育部专业综合改革试点建设评估指标体系和要求，写出自评报告，提交相关材料准备验收。

第二节　加强师德师风建设，规范教师文明礼仪

在专业综合改革试点建设中，为加强师德师风建设，资环学院制定了教师文明礼仪规范，召开了加强师德师风建设动员大会，将争先创优活动引向深入。

资环学院教师文明礼仪规范

一、仪容仪表

1. 教师着装要符合 TOP 原则（时间、场合、地点），在校园教师服装符合职业特点，以得体、整洁、大方为总的要求。不能穿背心、短裤、拖鞋，也不能赤脚穿鞋。

2. 仪容端庄大方。保持面容、发型干净整洁。男教师不留过长头发，女教师不浓妆艳抹，可化淡妆。

二、言谈礼仪

1. 说话声调保持自然、清晰、柔和、亲切，在正式场合应保持安静，不高谈阔论，不嬉笑打闹。

2. 说话要用敬语，多讲"请"、"谢谢"、"对不起"、"麻烦您"等礼貌用语。

3. 接听电话时，应语气柔和，使用："您好！这里是××学院。""请问有什么事情？""××不在，我可以替您转告吗？""再见"等语言，切忌口气简单生硬："你是谁？"、"什么事？"、"我不知道，这不归我管"、"领导不在"等，不轻易将教职工的电话（特别是宅电）透漏给陌生人。记住不要对拨错电话的人大呼小叫，而应该礼貌地告知对方电话拨错了。

4. 同事之间互相尊重。在学生面前不要直呼同事的姓名、简称、昵称。对外接待，男士称"先生"，女性称"女士"；上级领导或专家，以职务职称相称。

5. 同事之间团结互助、和睦相处，不争吵，若有意见应当面诚心诚意提出来。

6. 应以普通话作为校园的规范用语。

三、课堂礼仪

1. 教师应规范着装，提前十分钟到达教室。

2. 维护教师的形象，课前不饮酒，教室内不吸烟。

3. 上课应关闭手机等移动通信工具，不在上课期间接打电话或收发短信。

4. 用普通话教学，请学生回答问题时，多用敬语"请"字和尊敬手势。目光专注于学生面部，面带真诚微笑，给予肯定与鼓励。

5. 课堂应注重师生互动，语言应清晰温和，有一定的亲和力。

6. 下课铃响，不拖堂也不匆忙离开教室，师生相互道别。

四、会场礼仪

1. 参加重要会议应着正装。

2. 参加会议时间观念强，守时守纪守礼，提前到达，有序就座。

3. 尊重讲话人，认真倾听，不交头接耳、窃窃私语。

4. 主动关闭手机等通信工具或设置静音，不在会场内接打电话，如有急事需接听电话，应到会场外。

5. 会场内禁止吸烟。

6. 不做与会议无关的事宜。

五、办公室礼仪

1. 办公室应保持干净整洁，物品摆放有序，不乱扔纸屑、烟头，尽量不在办公室里吸烟，提倡无烟办公室。

2. 坐姿规范文明，忌东倒西歪、睡觉。

3. 上班期间不从事与工作无关的事情，如网上聊天、炒股、玩游戏、看电影等，中餐非公务活动不饮酒。

4. 同事之间团结互助、和睦相处。不打探别人隐私，不散布谣言，不搬弄是非。

5. 爱护公共财物。节约水电，最后离开办公室的同志要把门窗、电器关好。

6. 接听电话时，忌当众大声接电话，可以压低声音或到外面接听。

7. 客人来访时热情迎接，微笑起立让座，礼貌回答客人的问题。谈话结束后，以礼相送至门口。客人来访而被访者不在时，要热情接待，主动帮助寻找被访者。对地形不熟悉的客人，应主动介绍附近路径和交通情况。

8. 去别的办公室拜访要注意礼貌，应先敲门经过许可方可进入；不要乱动别人的东西；当发现有其他人在时，不要贸然打断他人的谈话，可以说："您们先谈，我过会再来"。

参 考 文 献

艾述华. 2012. "教学学术"视域下大学教师专业发展新解读[J]. 重庆文理学院学报(社会科学版), 31(03): 93-96.

敖四. 2012. 就业竞争力导向的地方高校人才培养模式改革探索[J]. 教育与职业, (09): 31-32.

薄雪萍. 2013. 对基层广播电视大学教学督导工作的思考[J]. 北京教育学院学报, 27(05): 46-48.

边双燕. 2010. 地方高校法学教育特色人才培养模式探究[J]. 衡水学院学报, 12(06): 117-119.

卜福英. 2006. 高职英语教学中学生主体性的发挥[J]. 柳州职业技术学院学报, (01): 107-109.

卜再元, 陈颖. 2003. 大学生是高校教师教学工作的评价主体[J]. 当代教育论坛, (08): 47-48.

蔡世芳 2011. 初中地理教材应用优化的实践研究[D]. 北京: 首都师范大学硕士学位论文.

曹俊军. 2007. 理念与操作: 促进学生发展的教学评价[J]. 云梦学刊, (06): 127-129.

常会丽. 2011. 学校素质拓展训练课程评价方式初探[J]. 中国成人教育, (02): 137-139.

陈建芳. 2005. 高中"试比拼"英语口语教学模式研究[D]. 上海: 上海师范大学硕士学位论文.

陈静媛, 毕强. 2012. 建设教学服务型大学推行本科生导师制研究[J]. 黑龙江教育(高教研究与评估), (10): 47-49.

陈丽英. 2005. 高中政治课教学中学生问题意识培养的研究[D]. 福州: 福建师范大学硕士学位论文.

陈实. 2014. 我国中学生现代地理实践素养培养研究[D]. 武汉: 华中师范大学硕士学位论文.

陈淑艳. 2008. 语文教学中学生良好学习习惯的培养[J]. 安徽文学(下半月), (11): 229.

陈妍旻. 2013. 教学学术视角下的高校教学管理改革研究[D]. 济南: 山东财经大学硕士学位论文.

陈彦存, 郭世杰. 2004. 实施新课程教师需强化的几种意识[J]. 教书育人, (05): 6-7.

陈英蓉. 2012. 高水平教学型大学教学质量监控体系的构建研究[J]. 中国科教创新导刊, (23): 31, 33.

陈永跃. 2003. 对课堂教学质量评价结果的理性分析[J]. 内江师范学院学报, (04): 15-19.

陈岳芳. 2013. 改变地理学习方式的思考与探讨[J]. 中学课程辅导(教师通讯), (09): 8-10.

成翠. 2007. 创新型中学化学教师的职前培养研究[D]. 曲阜: 曲阜师范大学硕士学位论文.

程丹. 2016. 合作学习在高中历史教学中的应用研究[D]. 哈尔滨: 哈尔滨师范大学硕士学位论文.

程丽丽. 2010. 数据库实践课程考核标准及评价体系建设[J]. 职业教育研究, (10): 14-15.

程一军. 2010. 大学体育教师教学学术的缺失与回归[J]. 高校教育管理, 4(06): 63-66.

迟悦. 2017. 高校青年教师与学生的教与学冲突: 问题、形成因素与对策[J]. 教育现代化, 4(35): 70-72.

崔兵, 邱少春. 2012. 地方高等院校经济类本科人才培养标准探究[J]. 中国大学生就业, (16): 11-15.

崔哲洙. 2008. 论网络课程存在的问题及优化策略[J]. 湖北广播电视大学学报, (09): 15.

邓鸠洲. 2007. 新课程理念下信息技术与高中物理课程整合的研究[D]. 长春: 东北师范大学硕士学位论文.

邓克英. 2008. 研究型大学农科重点学科建设研究[D]. 武汉: 华中农业大学硕士学位论文.

邓琴. 2008. 从教师专业化视角看农村语文教师专业发展[J]. 教育探索, (03): 91-93.

邓庆国. 2005. 高中物理"问题-互动"教学模式探究[D]. 大连: 辽宁师范大学硕士学位论文.

邓世臻. 2009. 高校实践教学质量评估体系的案例研究[D]. 南昌: 南昌大学硕士学位论文.

邓晓宇, 袁志明. 2009. 基于主体教育思想的英语课堂教学模式探讨[J]. 赣南医学院学报, 29(05): 739-740.

丁鲜平. 2011. 新版本《中级财务会计》课程网络课程建设之研究[J]. 湖北广播电视大学学报, 31(02): 16-17.

董伟武, 罗宗火. 2012. 高校优秀教学团队孵化论析[J]. 中国成人教育, (07): 15-19.

董志峰. 2006. 建立健全高校教学质量监控体系的构想[J]. 教育探索, (07): 40-42.

范琳. 2017. 双创背景下高校创新创业教育教学改革研究[J]. 广东第二师范学院学报, 37(02): 24-28.

方贵荣. 2003. 《新课程理念与初中课堂教学行动策略》学习提要[J]. 云南教育, (Z3): 12-16.

方兰然. 2007. 教师教育的反思及教师的自我教育[J]. 天中学刊, (04): 134-136.

方平. 2008. 武术课中培养学生兴趣的方法探讨[J]. 浙江体育科学, (05): 47-48, 65.

封其毅. 2009. "我"的课堂"我"做主——构建高效的生物评卷课[J]. 中学生物学, 25(10): 14-16.

冯林, 朱泓, 刘志军, 等. 2011. 构筑创新教育平台提升大学生创新实践能力[J]. 化工高等教育, 28(02): 5-10, 62.

冯善斌. 2002. 创新型教师的知识结构[J]. 河南教育, (07): 22-23.

冯善斌. 2006. 新课程理念下教师专业发展的知识结构[J]. 河北教育(教学版), (Z1): 3-5.

冯忠江, 葛京凤, 张军海. 2014. 浅析高等学校地理教师专业发展的内容和途径[J]. 读与写(教育教学刊), 11(04): 74-76.

付江. 2011. 关于对外汉语教学网络课程系统结构设计的思考[J]. 文教资料, (25): 61-62.

傅丽娜. 2010. 幼师舞蹈教学创新对提升学生综合素质作用的研究[D]. 石家庄: 河北师范大学硕士学位论文.

傅远佳. 2012. 试论新建本科院校教学质量监控的制度化建设[J]. 中国民族教育, (06): 11-13.

高海燕. 2011. 浅议数学教师的专业化与专业素质培养[J]. 黑龙江科技信息, (33): 185, 92.

高会彬. 2012. 师生互动的实施与成效[J]. 教育实践与研究(B), (09): 12-14.

高乃尧, 刘倩情. 2009. 探析中职院校教学督导的创新发展[J]. 当代护士(专科版), (09): 99-100.

部立春, 陈良清. 2004. 加强行动研究, 深化体育课程教学改革[J]. 中国学校体育, (04): 62-63.

葛京凤, 张军海. 2013. 基于特色专业建设的高校院级教学创新团队建设研究[J]. 河北师范大学学报(教育科学版), 15(10): 72-76.

葛京凤, 张军海. 2014. 高等学校自探共研课堂教学模式研究[J]. 现代教育科学, (05): 162-167.

葛京凤, 梁彦庆, 黄志英. 2010. 网络课程与课堂教学整合教学模式研究[J]. 河北师范大学学报(教育科学版), 12(08): 73-78.

葛庆庆. 2013. 民办本科院校学科建设研究[D]. 济南: 山东师范大学硕士学位论文.

耿秀芳. 2011. 新课标下初中地理教学[J]. 中国教育技术装备, (25): 68.

龚莉. 2013. 外语教师的职业发展问题[J]. 华夏教师, (09): 72.

郭德侠, 楚江亭. 2003. 教育科研能力是新世纪教师的角色要求[J]. 当代教育论坛, (05): 40-42.

郭平. 2012. 新建地方本科院校服务地方的理念与践行[J]. 国家教育行政学院学报, (09): 20-23.

郭睿, 谢美蓉, 欧阳洁慧. 2009. 高等教育大众化时代地方公安院校应用型创新人才的培养[J]. 四川警察学院学报, 21(04): 66-71.

郭文兵, 石显怡. 2012. 采矿工程专业本科教学工作中的问题及对策[J]. 河北联合大学学报(社会科学版), 12(04): 119-121, 124.

郭小川. 2012-05-21. 什么专业是值得追捧的"热门"[N]. 中国教育报, 8 版.

韩飞. 2009. 研究型大学学习型基层学术组织建设途径研究[D]. 沈阳: 东北大学硕士学位论文.

韩建华. 2009. 教学学术观念及其对大学教师专业发展的启示[J]. 江西社会科学, (08): 236-239.

韩严和, 陈家庆. 2017. 工程教育认证下环境工程专业建设改革探索[J]. 中国现代教育装备, (09): 48-50.

韩艳华. 2004. 中学物理教学中学习策略的研究[D]. 长春: 东北师范大学硕士学位论文.

韩阳, 安江英, 于喜海. 2001. 教师课堂教学质量学生评价的研究与实践[J]. 中国电力教育, (02): 56-60.

何钢, 陆晓梅. 2015. 医卫类高职院校青年教师校本培养模式探究[J]. 科技视界, (13): 205.

何火娇, 王映龙. 2011. 地方性院校软件工程专业人才培养方案设计研究——以江西农业大学为例[J]. 计算机工程与科学, 33(S1): 100-103.

何锦华. 2017. 运用评价杠杆, 让数学综合与实践课更加精彩[J]. 中国高新区, (05): 92-93.

何丽华, 林思祖, 吴承祯, 等. 2009. 6西格玛质量管理理念与方法在高校教学质量管理中的应用[J]. 福建农林大学学报(哲学社会科学版), 12(05): 85-89.

何文静. 2007. 网络课程评价的问题与对策研究[D]. 桂林: 广西师范大学硕士学位论文.

何小荣. 2017. 论地域文化与地方高校"创新强校工程"建设——以嘉应学院为例[J]. 教书育人(高教论坛), (03): 34-35.

何沂屏. 2005. 新课程标准下的中学历史教学理念和教学方法研究[D]. 昆明: 云南师范大学硕士学位论文.

何云峰, 丁三青. 2012. 大学教学的品性、发展困惑及改革路径选择[J]. 中国高教研究, (04): 104-107.

洪晓军, 肖刚, 周国君. 2005. 教学研究型大学创新团队建设的目标与策略[J]. 浙江工业大学学报(社会科学版), (02): 162-165.

侯学军, 徐春碧, 王力, 等. 2011. 试谈我国高校课堂教学存在的问题及对策[J]. 重庆科技学院学报(社会科学版), (15): 182-184.

侯云海, 姜长泓, 卢秀和. 2011. 电气工程及其自动化特色专业建设的研究与实践[J]. 实验室研究与探索, 30(10): 334-337.

胡晓玲. 2012. 大学教师信息化教学能力结构分析[J]. 现代远距离教育, (06): 67-72.

胡学军. 2009. 以科学发展观为指导正确把握教学督导工作中的几个基本关系[J]. 当代教育论坛(上半月刊), (05): 56-58.

胡长城. 2009. 浅谈如何完善高校教学督导工作[J]. 现代经济信息, (24): 273-274.

华道金. 2009. 地方公安院校应用型创新人才培养模式探讨[J]. 湖南公安高等专科学校学报, 21(02): 139-142.

黄帝荣. 2003a. 论哲学教学中学生的主体性[J]. 湖南商学院学报, (04): 104-105.

黄帝荣. 2003b. 全球化背景下哲学教学及其改革的思考[J]. 广西社会科学, (03): 184-186.

黄家庆, 徐书业. 2010. 教师教育模式创新的构想——"顶岗实习置换培训"的启示[J]. 高教论坛, (04): 3-6.

黄秋明, 王正, 龚蓓. 2003. 高等学校教学质量监控与评价体系研究[J]. 职业技术教育, 24(01): 19-23.

黄先开, 杨鹏, 冯爱秋. 2012. 地方普通高校深化"质量工程"的思考与对策[J]. 中国高教研究, (08): 75-79.

黄祥武. 2010. 崇高师德——教育发展的动力[J]. 教书育人, (34): 16-17.

黄小伟, 吴岚. 2014. 浅析教学督导活动对课堂教学质量的促进作用[J]. 经营管理者, (05): 365.

黄永刚. 2001. 教师职前培养与职后培训的一体化建设[J]. 天津师范大学学报(社会科学版), (03): 76-80.

黄智鸿, 韩福生, 刘丕峰, 等. 2010. 学分制下教学质量保障机制探析[J]. 河北北方学院学报(社会科学版), 26(06): 90-92.

纪多多. 2009. 普通高校构建内部教学质量监控体系的探析[J]. 成都中医药大学学报(教育科学版), 11(02): 4-6.

贾永春. 2015. 认知灵活性理论对班主任校本教研的启示[J]. 现代教学, (12): 36-38.

贾永生. 2012. 论铁道警察院校办学特色[J]. 铁道警官高等专科学校学报, 22(01): 103-108.

简红华. 2011. 和谐社会高校图书馆与读者的互动探究[J]. 河北科技图苑, 24(01): 58-60.

江全. 2008. 促进教师专业发展的教师基本能力探讨[J]. 贵州教育学院学报, 19(12): 65-68.

江兴林, 李湘君, 金玲. 2011. 新形势下高职院校教学督导作用的几个重要环节[J]. 中国医药指南, 9(14): 169-170.

姜睿馨. 2014. 新时期高等院校青年教师培养路径分析及理想模式[J]. 长春工业大学学报(社会科学版), 26(06): 172-174, 187.

姜文. 2011. 教学督导: 高校教学质量的有效保障[J]. 当代教育论坛(综合研究), (09): 39-41.

蒋国艳. 2003. 现行课堂教学存在的问题及原因、对策分析[J]. 广西财政高等专科学校学报, (S2): 27-28.

蒋馨岚. 2007. 新课程标准下化学教与学方式转变的研究[D]. 长春: 东北师范大学硕士学位论文.

靖若陶. 2009. 小学语文自主学习教学模式初探[J]. 文教资料, (33): 52-54.

康东生. 2011. 教学督导职责探讨[J]. 现代商贸工业, 23(08): 214.

康强. 2012. 高职学生职业道德教育的实施途径[J]. 纺织服装教育, 27(03): 236-238.

孔德华. 2012. 中小学教师教育技术能力培养的沃土——IT教育共同体[J]. 中国现代教育装备, (02): 71-73.

孔丽霞. 2014. 中学地理探究教学模式的研究与实践[J]. 教育教学论坛, (12): 181-182.

兰素文. 2016. 中小学英语课堂教学要素差异对比研究[D]. 福州: 福建师范大学硕士学位论文.

蓝海. 1996. 大学生评价教师的目标转移现象及克服的途径[J]. 黑龙江高教研究, (06): 48-49.

蓝江桥, 冷余生, 李小平, 等. 2003. 中美两国大学课程教学质量评价的比较与思考[J]. 高等教育研究, (02): 96-100.

雷湘竹. 2004. 高师课堂呼唤探究性教学[J]. 广西师范大学学报(哲学社会科学版), (02): 109-113.

李春梅. 2010. 我国高校教师专业发展: 问题与对策[J]. 黑龙江教育(高教研究与评估), (07): 13-15.

李纯青, 冯江红. 2004. 非重点院校研究生教育学科建设的思考[J]. 河南职业技术师范学院学报(职业教育版), (01): 83-84.

李峰, 高鹏飞, 李洁. 2011. 模糊评价法在教学质量评价中的运用[J]. 成功(教育), (09): 183-184.

李宏明, 陆亚. 2012. "先学后导问题引领"模式的地理教学实践——以"水资源"一节为例[J]. 地理教学, (08): 48-50.

李建华. 2012. 谈地方大学的内涵发展[J]. 中国高等教育, (11): 60-63, 2.

李建鹏. 2011. 网络课程评价标准的现状及其问题对策研究[J]. 经营管理者, (23): 398, 391.

李金云. 2003. 语文学习评价研究[D]. 兰州: 西北师范大学.

李俊龙, 林江辉, 胡锋. 2008. 对高校如何开展特色专业建设的认识和思考[J]. 中国大学教学, (04): 59-61.

李力. 2011. 创建高校教学质量管理督导模式的研究[J]. 北京宣武红旗业余大学学报, (03): 11-14, 21.

李敏. 2013. 信息管理与信息系统特色专业建设研究[J]. 现代计算机(专业版), (22): 34-37.

李明成, 陈建平, 童明波. 2013. 着力实践提升青年教师教学能力[J]. 中国高等教育, (01): 29-32.

李鸣华, 李欣. 2008. 高校实验教学的现状与改进策略研究[J]. 实验室科学, (03): 8-10.

李胜新. 2009-10-26. 创新教育模式培养"三能"人才[N]. 中国教育报, 7 版.

李铁钢. 2014. 实现课堂教学中的师生互动[J]. 河南教育(基教版), (Z1): 47.

李彤彤. 2011. 教师虚拟学习社区中知识建构研究[D]. 曲阜: 曲阜师范大学硕士学位论文.

李威达. 2009. 探究性学习在物理课堂中的应用[J]. 科技信息, (12): 387.

李文君. 2012. 高校教师职业道德规范解读[J]. 教育与职业, (07): 42-43.

李文忠. 2012. 消费者行为学教学模式的构建——基于"学习"概念内涵的研究[J]. 全国商情(理论研究), (23): 61-63.

李雯. 2005. 高校学科梯队建设研究[D]. 长沙: 湖南大学硕士学位论文.

李武英. 2006. 创新教学探析[J]. 沧桑, (03): 93-94.

李艳红, 张根寿, 李海亭. 2011. 庐山地理野外创新实践教学研究[J]. 高等理科教育, (04): 143-145.

李燕子. 2016. 初中地理教材"活动"栏目的教学应用研究[D]. 兰州: 西北师范大学硕士学位论文.

李佑稷, 欧阳玉祝, 石爱华. 2011. 浅谈基础化学实验教学体系的改革[J]. 实验科学与技术, 9(01): 88-90.

李元元. 2008. 加强特色专业建设提高人才培养质量[J]. 中国高等教育, (17): 25-27.

李月娟. 2009. 浅谈新课程教学改革模式下的高校体育教学[J]. 黑龙江科技信息, (18): 147.

连晓洁. 2014. 教师语言暴力探析[D]. 西宁: 青海师范大学硕士学位论文.

梁淑君, 谭英杰. 2011. 加强特色专业建设切实提高人才培养质量——以太原工业学院高分子材料与工程特色专业建设为例[J]. 教育理论与实践, 31(03): 9-11.

梁彦庆, 黄志英, 葛京凤. 2011. 高师地理导学研教学模式的研究与实践——地理科学国家特色专业建设创新教学模式[J]. 河北师范大学学报(教育科学版), 13(06): 34-39.

廖刚. 2008. 网络课程建设现状分析与建议[J]. 化工高等教育, (02): 14-16, 59.

廖建新. 2005. 新课程改革: 高中思想政治课探究式教学模式研究[D]. 南昌: 江西师范大学硕士学位论文.

林洪. 2012. 高职院校教学督导的新思路[J]. 中国成人教育, (16): 71-73.

林健清. 2016. 机械专业技能型人才培养的教育教学实践研究[J]. 教育评论, (12): 130-133.

林丽香. 2010. 即时性评价在体育课堂教学中的点滴经验[J]. 甘肃科技, 26(22): 191-195.

林沁. 2011. 终身体育思想视野下职业学校体育教学的改革与发展[J]. 中国校外教育, (19): 161, 140.

林婷. 2004. 探索让学生增长才干创新使课堂焕发活力——学校教改总课题"自探互研"课堂教学模式的探索与实践[J]. 福建教育学院学报, (12): 15-17.

凌广略. 2015. 浅谈新形势下高校教学督导工作理念创新[J]. 科学咨询(科技·管理), (02): 31-32.

刘磊. 2010a. 教学学术简议[J]. 教书育人, (12): 65-67.

刘磊. 2010b. 论教学学术的内涵及其发展策略[J]. 纺织教育, 25(03): 6-9.

刘继伦, 韩忠军, 窦艳红. 2011 浅谈经管类应用型创新人才培养与实验教学[J]. 大众科技, (06): 188, 187.

刘江萍. 2011. 关于加强高校师资队伍建设的探讨[J]. 价值工程, 30(23): 205-206.

刘婧文. 2017. 关系本体论视角下的师幼关系审思[J]. 江苏教育研究, (Z1): 57-61.

刘立功, 李景生, 朱立坤. 2011. 大学生创业教育体系建设的探索与实践[J]. 河北科技大学学报(社会科学版), 11(04): 108-111.

刘梁华. 2003. 高中数学教学中培养学生自主学习能力的研究[D]. 济南: 山东师范大学硕士学位论文.

刘宁. 2011. 高校青年教师培养问题的研究[J]. 理论界, (05): 214-215.

刘强. 2005. 信息技术与高中数学课程整合的理论及实践[D]. 济南: 山东师范大学硕士学位论文.

刘圣. 2011. 高中人文地理教学的理论与实践[D]. 武汉: 华中师范大学硕士学位论文.

刘卫东, 周萃. 2008. 浅析网络课程中存在的问题及其建议[J]. 忻州师范学院学报, (02): 40-41.

刘湘溶. 2005. 以教师教育专业化推进教师专业化[J]. 中国高等教育, (01): 33-34.

刘枭, 程均丽. 2012. 论公司治理视阈下我国公办高校董事会制度的建立[J]. 教育探索, (08): 11-13.

刘晓霞. 1994. 高师实习生语文教学评估的意义、依据与方法[J]. 昭乌达蒙族师专学报(汉文哲学社会科学版), (04): 59-63, 70.

刘岩. 2014. 基于职业能力养成的学前教育专业硕士培养模式探析[J]. 理论界, (04): 160-162.

刘旸. 2005. 在历史探究学习中培养学生主体性的实践研究[D]. 长春: 东北师范大学硕士学位论文.

刘毅, 王邦勇. 2012. "以学生为中心"的人才培养模式的更新与超越[J]. 教育探索, (06): 14-15.

刘英, 高广君. 2011. 高校人才培养模式的改革及其策略[J]. 黑龙江高教研究, (01): 127-129.

刘玉. 2010. 论我国应用型院校教学督导理念[J]. 河南科技, (04): 60-61.

刘振洪. 2004. 确立新的办学理念深化教育教学改革(上)[J]. 阴山学刊, (02): 98-103.

刘志选, 武建虎. 2008. 关于远程教育网络课程建设的几点思考[J]. 陕西广播电视大学学报, (03): 14-16.

刘致. 2010. 对我国中小学体育教学评价改革的探讨[J]. 三峡大学学报(人文社会科学版), 32(S2): 291-293.

柳杨. 2010. 新课标下中学英语教师自我发展的内容与策略[J]. 通化师范学院学报, 31(07): 108-110.

娄国栋. 2006. 关于高校科学发展的思考[J]. 江苏高教, (04): 72-73.

路书红, 魏薇, 许士国. 2012. 基于共同体的模式: 全日制教育硕士实践教学的探索[J]. 学位与研究生教育, (12): 15-19.

罗滨. 2012. 网络教学和传统课堂教学优势互补设计研究[J]. 科技创新与应用, (03): 237-238.

罗鸿斌. 2008a. 高校网络课程建设若干问题的思考[J]. 成功(教育), (09): 14-15.

罗鸿斌. 2008b. 高校网络课程建设现状与思考[J]. 甘肃科技, (18): 191-193.

罗琳, 程敏, 李燕. 2011. 特色专业建设探索——以红河学院国际经济与贸易专业为例[J]. 文教资料, (14): 206-208.

罗祥海, 朱光良. 2004. 从 2004 年高考文综地理试题谈学生地理信息加工能力的培养[J]. 教学月刊(中学版), (10): 23-25.

吕改玲. 2008. 我国高校教学团队建设研究[D]. 武汉: 中南民族大学硕士学位论文.

马广芹, 姜山. 2011. 增设实用专业培养新型学员——论中国高校培养人才渠道的拓展[J]. 继续教育研究, (03): 78-79.

马国平, 牟英君. 2012. 质量工程建设中的基础护理学课程整体设计[J]. 中华护理教育, 9(06): 287-288.

马海涛, 李文兰. 2012. 我国体育类国家精品课程建设状况及对策[J]. 首都体育学院学报, 24(05): 449-452, 467.

马洪儒. 2007. 高等学校内部教学质量监控体系的研究与实践[J]. 安阳工学院学报, (02): 148-151.

马凯华. 2009. 澳门乡土地理教学之有效策略[D]. 天津: 天津师范大学硕士学位论文.

马立国. 2011. 浅析当前体育教学方法的改革[J]. 佳木斯教育学院学报, (03): 433.

马陆亭. 2017. 迈向高等教育普及化的理论要点[J]. 现代教育管理, (01): 1-14.

马强. 2011. 机械工程类学生的创新素质、知识与能力结构[J]. 成功(教育), (01): 19.

马强. 2012. 高校青年教师教学能力提升机制探析[J]. 中国高等教育, (09): 57-58.

马瑞民, 赵继锋, 孙浩. 2013. 地方高校本科专业特色化建设的相关问题[J]. 价值工程, 32(02): 262-264.

马廷奇. 2007. 高校教学团队建设的目标定位与策略探析[J]. 中国高等教育, (11): 40-42.

马雪飞. 2006. 中学生英语学习情感障碍的研究[D]. 长春: 东北师范大学硕士学位论文.

马跃, 刘喜涛. 2017. 地方高校青年教师专业发展路径探析[J]. 通化师范学院学报, 38(09): 112-116.

蒙丽珍, 莫光政. 2008. 论高校学科与专业及其建设的基本理论[J]. 广西财经学院学报, (03): 106-112.

米梅. 2007. 成人教育网络课程建设及评价研究[D]. 西安: 陕西师范大学硕士学位论文.

聂会宇. 2010. 地方高校校园网辅助教学现状分析及对策[J]. 中国成人教育, (17): 146-147.

牛国庆, 王海娟. 2009. 对高校特色专业建设的思考[J]. 河南理工大学学报(社会科学版), 10(02): 329-332.

欧阳俊. 2013. 高校教师评价的现状、存在问题及对策[J]. 佳木斯教育学院学报, (07): 221-222.

潘景峰. 1999. 关于"主动发展教育"的理性思考[J]. 教育艺术, (04): 38-40.

潘景峰. 2000. 主动发展教育——来自吉林省珲春市素质教育的报告[J]. 教育研究, (01): 27-32.

潘静. 2011. 探究教学法在大学语文教学中的应用[J]. 教育探索, (12): 60-61.

潘晓红. 2009. 高三物理复习"自主导学"课堂教学模式研究[D]. 长春: 东北师范大学硕士学位论文.

彭虹斌, 袁慧芳. 2011. 大学与中小学合作的困境、原因与对策[J]. 集美大学学报(教育科学版), 12(02): 60-64.

彭虹斌. 2012. U-S 合作的困境、原因与对策[J]. 教育科学研究, (02): 70-74.

彭连洲. 2011. 关于反思性教学的深层思考[J]. 职业时空, 7(04): 88-90.

彭涌. 2005. 科学探究与合作学习在高中物理教学中的应用研究[D]. 南昌: 江西师范大学硕士学位论文.

邱文平. 2007. 《自然资源总量丰富人均不足》一课教学方略[J]. 教育实践与研究(中学版), (10): 62-63.

漆新贵, 李才俊. 2010. 基于教师专业化的教师教育服务体系的建构[J]. 教育导刊, (03): 62-66.

祁东方, 侯怀银. 2010. 高校师资队伍建设的"五个位"[J]. 中国高等教育, (24): 52-53.

钱志. 2008. 基础教育课程改革中物理学习方式转变的误区及对策研究[D]. 兰州: 西北师范大学硕士学位论文.

乔进全. 2015. 信息技术在教学中的作用[J]. 教育, (35): 71.

秦葱. 2013. 第六届全国中小学优质音乐课获奖案例研究[D]. 北京: 首都师范大学硕士学位论文.

饶敏, 童锋. 2010. 高校青年教师职业生涯设计和培养的路径研究[J]. 未来与发展, 31(06): 70-74.

任建兰, 程钰, 刘雷, 等. 2012. 关于高校地理专业实践能力的几点思考[J]. 地理教学, (20): 8-11.

单嵩麟, 潘立本. 2006. 以人为本建立健全高职院校教学督导制度[J]. 职教论坛, (14): 22-24.

尚忠民. 2010. 谈新课程下的语文教学[J]. 新课程(教研), (05): 21.

邵伟, 葛蔚颖, 赵桂森, 等. 2009. 药学专业在推进特色专业点项目建设中的举措[J]. 药学教育, 25(03): 24-27.

邵振宇. 2012. 新课程标准下农村中学生实施终身体育基础教育的研究[D]. 济南: 山东体育学院硕士学位论文.

佘双好. 2004. 现代德育课程评价探析[J]. 学校党建与思想教育, (02): 13-17, 27.

佘远富, 刘超, 胡效亚. 2011. 三全一化、四位一体: 创新高校内部教学质量监控与评价长效机制[J]. 现代教育管理, (04): 86-90.

石光乾. 2011. 权利文化与秩序建构: 高校学生权利保障的多维反思[J]. 广西政法管理干部学院学报, 26(04): 51-54, 99.

史瑞芳. 2011. 乐亭皮影进入新课程课堂教学评价[J]. 中国科教创新导刊, (03): 194.

寿文华. 2002. 运用心理学原理构建健美操教学模式[J]. 浙江广播电视高等专科学校学报, (01): 71-73.

舒振春. 2004. 生命因科研而精彩——一位教育工作者直抵内心的言说[J]. 中小学教师培训, (09): 57-60.

司佑全. 2012. 省级实验教学示范中心在科技创新人才培养中的作用[J]. 实验技术与管理, 29(03): 123-126.

宋慧. 2011. 试析高职院校学生评教工作的现状、问题与对策[J]. 当代教育论坛(综合研究), (09): 100-102.

宋良玉. 2005. 中等职业教育网络教学资源建设的研究[D]. 南京: 南京师范大学硕士学位论文.

宋艳梅. 2012. 示范高中规范问题研究[D]. 西安: 陕西师范大学硕士学位论文.

宋玉宇, 刘静萍. 2007. 高师英语专业《综合英语》探究式教学模式的研究与实践[J]. 通化师范学院学报, (05): 65-68.

苏波, 王莉, 王福忠. 2009. 电气工程及其自动化专业人才培养质量保障体系的构建与实践[J]. 中国电力教育, (15): 42-44.

苏欣. 2012. 论新课程中高中思想政治课学习方式的研究[D]. 长春: 东北师范大学硕士学位论文.

隋芳莉. 2011. 当前高校思想政治教育供求论[J]. 世纪桥, (13): 118-119.

孙宏安. 2010. 研训教师的知识结构[J]. 大连教育学院学报, 26(01): 6-11.

孙菁. 2012. 科教融合: 创新人才培养的新路径[J]. 中国高等教育, (17): 32-34.

孙娟, 司晓宏. 2003. 怎样构建创新型课堂教学[J]. 教学与管理, (28): 48-50.

孙万银. 2007. 网络课程的开发与应用研究[D]. 兰州: 西北师范大学硕士学位论文.

覃遵跃, 王晓波, 郭鑫, 等. 2014. 基于校企合作的软件工程专业综合改革研究[J]. 计算机教育, (18): 27-29, 49.

唐甲三, 陈占万. 2011. 和谐动态课堂的构建[J]. 学苑教育, (19): 11.

陶文中. 1998. "建构式互动教学模式"的理念[J]. 教育科学研究, (06): 14-17.

陶文中. 1999. "建构式互动教学模式"的教学理念与实践[J]. 教育科学研究, (02): 62-70.

陶影. 2013. 高职院校网络课程建设存在的问题及推进对策[J]. 广西教育学院学报, (03): 164-166.

田宝富. 2017. 让课堂教学丰盈起来——以《经济生活》教学为例[J]. 中学政治教学参考, (22): 28-29.

田秀梅, 王建栋, 刘丽芳, 等. 2009. 适应新课程要求, 构建高师院校教师教育"5+3"培养模式[J]. 河北师范大学学报(教育科学版), 11(04): 85-88.

汪明义. 2011. 关于加快教育理念和人才培养模式转变的探索[J]. 中国高等教育, (08): 9-11.

汪上, 刘朝臣. 2008. 论高校特色专业建设[J]. 高等农业教育, (11): 52-55.

汪世清, 董茂芸, 杜和平, 等. 2005. 教学中心地位的实践与理论探讨[J]. 内蒙古财经学院学报(综合版), (04): 1-5.

王大军. 2011. 浅谈新课程物理教师角色的转变[J]. 学周刊, (21): 67.

王丹丹. 2012. 西南民族地区师范生多元文化素养培养策略研究[D]. 重庆: 西南大学硕士学位论文.

王冬菊, 张持建. 2011. 师范类本科院校电子信息类特色专业建设研究与探索[J]. 出国与就业(就业版), (22): 196.

王弘, 余承海. 2017. "媒体一代"对高校青年思政教师教学能力的挑战与应对[J]. 合肥学院学报(综合版), 34(03): 113-117.

王红岩. 2012. 课程改革推进中的学校组织变革研究[D]. 长春: 东北师范大学硕士学位论文.

王华女. 2009. 促进学生发展的教学评价观及其实现策略[J]. 江苏技术师范学院学报(职教通讯), 24(11): 10-13.

王焕芝. 2008. 关于课堂教学评价问题的省思[J]. 河北农业大学学报(农林教育版), (02): 142-145.

王晖. 2010. 工商管理特色专业课程体系改革与创新探讨[J]. 中国管理信息化, 13(20): 79-81.

王继忠, 贾双林, 王营, 等. 2016. 地方高等学校本科生创新能力教育的思考与定位[J]. 中国校外教育, (36): 43-44.

王菁. 2013. 论新课标下数学课堂改革和教学的创新教育[J]. 学周刊, (10): 133.

王磊. 2005. 高职网络课程的现状及开发策略[J]. 安徽电子信息职业技术学院学报, (06): 21-23.

王林毅, 于巧娥. 2013. 新时期高职教师知识结构构建研究[J]. 现代教育科学, (09): 81-83.

王淑芳, 薛娇, 马海泉. 2012. 科教融合协同创新以开放的思维迎接新的教育革新——对话中国海洋大学校长吴德星[J]. 中国高校科技, (11): 6-10.

王爽. 2012. 对高等教育教学督导的探讨[J]. 吉林省教育学院学报(上旬), 28(11): 67-68.

王小宁. 2011. 中小学青年教师的职业道德危机及其对策[J]. 科教导刊(上旬刊), (07): 101, 111.

王晓东. 2002. 基础教育课程改革探微[J]. 辽宁教育学院学报, (10): 15, 30.

王雪弟. 2002. 高校创新人才培养理念与教育改革[J]. 连云港化工高等专科学校学报, (03): 59-60.

王雪弟, 焦明连, 蔡群. 2005. 构建创新教学体系培养创新人才[J]. 教育探索, (07): 12-13.

王亚辉. 2007. 教师教育应对基础教育课程改革的对策[J]. 江西科学, (03): 346-350.

王艳丽, 程云. 2007. 网络课程中学生自主学习环境的创设[J]. 现代远程教育研究, (02): 35-38, 71-72.

王营. 2003. 构建发展性教师评价机制的思考和实践[J]. 当代教育科学, (06): 46-47, 56.

王勇鹏, 金丽娜. 2011. 实施教学督导完善质量评估——对民警培训评估机制完善与创新的一点思考[J]. 学理论, (12): 319-320.

王玉霞. 2009. 高校品牌特色专业建设研究[D]. 扬州: 扬州大学硕士学位论文.

王悦. 2005. 浅析现代远程开放教育中的网络课程设计[J]. 北京广播电视大学学报, (02): 9-12, 19.

王悦. 2007. 基于现代远程开放教育的网络课程设计与实践[J]. 北京广播电视大学学报, (03): 15-18.

韦冬余, 张良. 2012. 我国探究教学研究综述[J]. 现代教育管理, (08): 90-95.

韦艳艳. 2007. 新课程背景下高师生物学教师教育改革研究[D]. 桂林: 广西师范大学硕士学位论文.

魏银霞, 磨玉峰. 2011. 谈教学学术理论在高校教学团队建设中的应用[J]. 教育探索, (2): 26-27.

文春杰, 王宝强, 于成江. 2008. 网络课程在教学中存在的问题及改进[J]. 现代农业科学, (08): 108-109.

文星跃, 董廷旭, 刘鹏. 2006. 高师地理科学专业实践能力培养改革研究[J]. 绵阳师范学院学报, (02): 85-90.

乌拉乎. 2004. 研究性学习研究[D]. 呼和浩特: 内蒙古师范大学硕士学位论文.

吴锋, 熊克仁. 2009. 浅谈模型资源在解剖学教学中的利用[J]. 四川解剖学杂志, 17(04): 60-61.

吴海燕. 2009. 基于教学学术的大学教师专业发展研究[J]. 黑龙江教育(高教研究与评估), (Z2): 124-125.

吴晗清. 2013. "道""器"融通: 师范生培养新范式——以首都师范大学为例[J]. 现代教育科学, (01): 63-66.

吴绍芬. 2012. 大学"教学学术"内涵与路径求索[J]. 江苏高教, (06): 74-77.

吴小波. 2011. 科学教育特色专业建设研究[D]. 上海: 上海师范大学硕士学位论文.

吴晓鸣. 2001. 构建教学质量监控体系的研究与实践[J]. 中国地质教育, (04): 66-68, 71.

吴中平. 2004. 谈高等学校的定位[J]. 浙江海洋学院学报(人文科学版), (02): 73-75.

伍顺比, 江玲. 2007. 网络课程设计缺失与应对策略[J]. 现代教育技术, (12): 62-65.

武娟. 2015. 高中数学教学语言艺术性的探究与实践[D]. 武汉: 华中师范大学硕士学位论文.

夏莉. 2012. 以提高质量为核心的高校内涵式发展之路的思考[J]. 长沙铁道学院学报(社会科学版), 13(02): 266-268.

夏秀芳, 孔保华. 2013. 食品科学与工程重点专业建设思路和方案[J]. 林区教学, (02): 1-3.

向永知. 2006. 中学政治课探究式教学模式研究[D]. 上海: 华东师范大学硕士学位论文.

项敏, 曹亚楠. 2017. 基于应用型人才培养目标下的独立学院教学督导工作探讨[J]. 文教资料, (04): 181-182.

肖琼琼. 2008. 新形势下高校教学督导管窥[J]. 湖南科技学院学报, (10): 184-186.

谢红英, 曾昭慨. 2006. 高校网络课程开发的几点思考[J]. 江西农业大学学报(社会科学版), (01): 163-164.

谢水清, 向银华. 2012. 新形势下高校内部教学督导存在的问题及对策研究[J]. 中国科教创新导刊, (35): 219-220.

谢欣. 2013. 高职教学督导工作的问题与对策[J]. 职业教育(下旬刊), (08): 18-22.

谢延明. 2007. 西部高师院校服务基础教育绩效指标初探[J]. 时代教育, (26): 44-45.

邢爱平. 2006. 化学课堂教学评价要促进学生发展[J]. 福建论坛(社科教育版), (11): 14-16.

邢巨奎. 2013. 语文教师如何促进自身的专业成长[J]. 黑河教育, (05): 42.

邢晓凯. 2011. 油气储运工程专业多元化实践教学的改革与探索[J]. 中国电力教育, (22): 123-124.

徐超. 2012. 民办高校独立学院特色专业建设调研[J]. 教育与教学研究, 26(08): 34-37, 50.

徐玲, 冯皓. 2011. 从技术到文化的高校教学督导工作创新研究[J]. 现代教育科学, (07): 121-123.

徐美玲. 2005. 运用模仿、巩固、提高原理构建武术教学模式[J]. 浙江体育科学, (06): 78-80.

徐宁, 孙厚谦, 史友进. 2011. 大学物理教学中学生创新性思维的培养[J]. 淮海工学院学报(社会科学版), 9(10): 74-76.

徐晓艳. 2007. 我国教师教育模式的改革与发展研究[D]. 兰州: 兰州大学硕士学位论文.

徐永东, 王小聪. 2010. 西部地区地方本科院校人才培养模式的困境及构建对策[J]. 铜仁学院学报, 12(06): 106-109.

许凤琴. 2002. 简析教师教育专业化[J]. 大连教育学院学报, (03): 78-79.

许凤琴. 2003. 教师教育与教师专业化[J]. 高等师范教育研究, (03): 7-11.

许华春. 2012. 论高职院校教学督导工作[J]. 新乡学院学报(社会科学版), 26(01): 197-200.

许建国. 2010. 构建中职教学质量监控体系的探讨与思考[J]. 职业教育研究, (03): 63-64.

许莉莎. 2011. 高等学校多媒体辅助英语教学的现状与对策[J]. 长春教育学院学报, 27(02): 87-88.

许新海. 2010. 区域推进公民教育行动策略研究[J]. 中国德育, 5(12): 50-54.

薛桂琴. 2008. 论两种教学价值观念的差别及其表现[J]. 重庆科技学院学报(社会科学版), (04): 183-184.

薛留成. 2010. 地方院校实施发展性教学督导评价的策略[J]. 韶关学院学报, 31(08): 114-117.

严秋萍. 2013. 小学综合实践活动的实施[J]. 吉林教育, (14): 51.

颜平. 2012. 关于音乐课堂教学评价的研究[J]. 儿童音乐, (02): 47-51.

杨超, 徐凤. 2012. 教学学术视野下的大学教师专业发展及其路径[J]. 现代教育科学, (01): 1-4.

杨春桃. 2011. 比较法视阈下高校隐性侵权归责研究[J]. 北京青年政治学院学报, 20(02): 88-94.

杨华杰. 2011. 关于语文课堂教学新思路的探索[J]. 考试周刊, (65): 46-47.

杨玲. 2007. 高校学生参与教学评价的理念及其运作[J]. 教书育人, (15): 11-13.

杨强. 2012. 基于建构主义的网络课程的设计研究[J]. 科技信息, (02): 251.

杨荣翰. 2013. 构建地方经济社会发展与区域高校互动双赢模式研究[J]. 广西青年干部学院学报, 23(02): 76-78, 83.

杨莎. 2014. 声乐学习中"高原现象"的探究及对策[D]. 昆明: 云南师范大学硕士学位论文.

杨婉秋. 2015. 在初中历史教学中渗透青春期心理教育[J]. 成才, (10): 59-61.

杨巍. 2010. 冰雕与艺术教育的融合[J]. 艺术研究, (02): 86-87.

杨孝如. 2012. 点线结合, 教给学生最基本、最重要的史事——专访义务教育历史课程标准修订工作组[J]. 江苏教育研究, (21): 4-7.

杨学清. 2005. 科学探究教学模式在中学物理教学中的实践[D]. 南京: 南京师范大学硕士学位论文.

杨勇军, 苏俊清, 王平. 2016. 因导引生以生为本——高中"导引——生成"课堂教学改革探究[J]. 新课程研究(下旬刊), (12): 4-6.

杨长奎. 2003. 提高质量办出特色——对发展高职教育的思考[J]. 重庆教育学院学报, (02): 28-31.

杨哲. 2015, 新建本科高校青年教师信息化教学能力发展现状与对策探讨——以陕西高校为例[J]. 中国教育信息化, (14): 61-64.

姚承智, 范永岁. 2001. "自探共研"课堂教学模式探索[J]. 教育研究, (02): 76-78.

姚江林. 2012. 科教融合提高高校办学质量[J]. 中国高等教育, (05): 44-45.

叶洪涛, 罗文广, 曾文波. 2012. 基于专业认证的地方高校人才培养模式探索[J]. 高教论坛, (10): 34-35, 43.

叶晓玲. 2008. 基于建构主义的网络课程设计探讨[J]. 内蒙古民族大学学报, (04): 36-37.

叶信治. 2012. 走出大学教学盲点提高人才培养质量[J]. 中国高等教育, (19): 45-47.

尹凤英. 2012. 高校在国家助学贷款中的责任和对策研究[J]. 辽宁行政学院学报, 14(07): 5-7.

于亚军. 2011. 高校自然地理学野外实习内容设计与效果评价[J]. 地理教育, (Z1): 123-124.

余建星, 赵伟, 李辉, 等. 2012. 深化实践教学改革形成实践育人氛围[J]. 中国高等教育, (Z2): 18-20.

余胜泉. 2002. 信息技术与课程整合的目标与策略[J]. 人民教育, (02): 53-55.

余胜泉, 马宁, 何克抗. 2002. 信息技术与语文教学整合的具体方式[J]. 语文建设, (11): 44-46.

袁慧芬. 2007. 地理教学中运用网络技术实施差异教学的理论与实践研究[D]. 石家庄: 河北师范大学硕士学位论文.

曾磊, 黄文雄, 颜学俊, 等. 2016. 基于实际工程的土建类专业体验式教学实践[J]. 湖北科技学院学报, 36(12): 133-135.

曾玮. 2004. 基础教育新地理课程中的教师角色[D]. 上海: 华东师范大学.

曾亚丽, 赵志强, 杨琼, 等. 2012. 民办高校教学质量监控与评价体系的构建[J]. 新课程(中旬), (12): 10-11.

查晓明, 华小梅, 孙元章. 2011. 高校院级教学团队建设初探[J]. 电气电子教学学报, 33(S1): 25-27.

翟细春. 2006. 试论高校教师评价在高校教师聘任制中的运用[J]. 科技信息(学术研究), (08): 344, 346.

张多来. 2011. 关于教学督导和谐性原则的理性思考——以 NH 大学为例[J]. 湖南财政经济学院学报, 27(02): 136-138.

张广萍, 张文智. 2011. 以"学"为中心的教学督导改革初探[J]. 中国科教创新导刊, (09): 43, 45.

张华君. 2010. 硕士研究生英语考核评价标准(试用)研究[J]. 首都医科大学学报(社会科学版), (00): 317-318, 322.

张坚, 郑开玲. 2010. 抓研究, 重实践, 提升特色专业建设质量——广西师范大学国家特色专业建设经验总结[J]. 高教论坛, (04): 50-55, 80.

张建梅. 2012. 关于我国高等职业教育质量管理的现状及对策分析的思考[J]. 经济师, (11): 108-109.

张军海, 魏立涛. 2006. 中学地理新课程对高师地理教学的挑战及应对策略[J]. 河北师范大学学报(自然科学版), 30(06): 731-736.

张军海, 李仁杰, 孙铁柱, 等. 2008a. 高师地理实施探究教学模式的研究与实践[J]. 河北师范大学学报(自然科学版), 32(02): 257-262.

张军海, 王晨燕, 王建栋. 2008b. 新形势下高校教学督导新思维[J]. 河北师范大学学报(教育科学版), 10(10): 99-103.

张军海, 李仁杰, 王建栋. 2009. 高等学校学生评教的问题及对策[J]. 河北师范大学学报(教育科学版), 11(02): 82-85.

张力. 2011-05-03. 促进人的全面发展适应社会需要[N]. 中国教育报, 2 版.

张立宪. 2012. 新信息技术课程标准与教师的新定位[J]. 课程教育研究, (26): 180.

张丽. 2004. 更新评价理念改革评价方法——《新课程理念与小学课堂教学行动策略》学习辅导[J]. 云南教育,
　　(14): 23-24.

张莉莉. 2009. 高等职业院校教学质量监控体系研究[D]. 石家庄: 河北师范大学硕士学位论文.

张琳. 2011. 小学生英语学习创新性评价的思考[J]. 新课程学习(下), (07): 188.

张玲霞. 2009. 面向新课程的高中物理教师知识结构及发展问题研究[D]. 长沙: 湖南师范大学硕士学位论文.

张睦楚, 汪明. 2017. 困境与路径: 关于地方高等师范院校教学的理性思考与深层追问[J]. 当代教育与文化,
　　9(05): 89-94.

张培. 2011. 地方本科院校教学团队建设对策研究[D]. 烟台: 鲁东大学.

张万茂. 2013. 切实提升大学生党员的发展质量[J]. 安庆师范学院学报(社会科学版), 32(04): 128-130, 168.

张文敏. 2012. 如何打造英语高效课堂[J]. 学周刊, (03): 134-135.

张文艺. 2004. 用知识竞赛激活地理课堂[J]. 地理教学, (06): 36-37.

张霞. 2010. 高职院校教学改革——关于网络课程的引入[J]. 科技资讯, (35): 183.

张祥兰. 2016. 高职院校辅导员的成长规律及培养途径[J]. 黑龙江高教研究, (12): 87-89.

张兴斌. 2006. 浅谈青年教师的培养途径和方法[J]. 玉溪师范学院学报, (04): 23.

张艳. 2013. 高校教师思想政治教育研究[D]. 重庆: 西南大学硕士学位论文.

张燕. 2013. 问题导向的高中信息技术学习活动设计研究[D]. 芜湖: 安徽师范大学硕士学位论文.

张烨. 2014a. "开放式实验室"教学模式探究[J]. 轻工科技, 30(02): 153-154.

张烨. 2014b. 食品生物技术专业开放式实验室教学模式探究[J]. 内蒙古教育(职教版), (05): 45-46.

张治银. 2017. 提升思想政治理论课青年教师科研能力的思考[J]. 北京教育(德育), (06): 66-69.

张忠华. 2012. 教学学术研究的实施方式[J]. 中国高等教育, (17): 35-36.

赵传昌, 周军. 2012. 医学实验教学质量监控模式的研究与实施[J]. 基础医学教育, 14(08): 604-607.

赵华, 牛欣欣. 2015. 论网络教学与课堂教学模式的整合策略[J]. 现代交际, (06): 239, 238.

赵立群. 2006. 师生课堂互动教学模式的探究与实践[D]. 大连: 辽宁师范大学硕士学位论文.

赵明仁, 王嘉毅. 2001. 促进学生发展的课堂教学评价[J]. 教育理论与实践, (10): 41-44.

赵伟平. 2012. 物理教学要重视学生实验与研究[J]. 才智, (12): 113.

赵欣. 2013. 网络课程评比中模糊综合评价法应用实证研究[J]. 辽宁农业职业技术学院学报, 15(05): 55-57.

赵延亮. 2006. 如何在大学英语教学中体现主体教育思想[J]. 教书育人, (02): 68-69.

郑光远, 蒋逢春. 2005. 谈网络课程建设中存在的问题及建议[J]. 教育与职业, (01): 76-77.

郑军宁. 2017. 初中生物课堂情景教学研究[J]. 学周刊, (25): 34-35.

郑祎峰. 2013. 基于民办高职院校艺术设计类教师专业发展的研究[J]. 艺术科技, 26(02): 256, 245.

郑泳. 2010. 浅谈网络课程对现代教育的影响[J]. 科技资讯, (14): 205.

郅芬然. 2015. 高职院校实践性教学问题与对策研究[D]. 保定: 河北大学硕士学位论文.

钟新文. 2012. 对新建公安本科院校特色专业建设的思考[J]. 净月学刊, (06): 119-122.

钟燕辉, 刘军辉, 陈绍军. 2008. 高职网络课程建设的策略研究[J]. 创新, (05): 110-111.

周波, 任登波. 2012. 教学学术视角下大学初任教师专业发展研究的审视[J]. 首都师范大学学报(社会科学版),
　　(02): 76-82.

周光礼, 马海泉. 2012. 科教融合: 高等教育理念的变革与创新[J]. 中国高教研究, (08): 15-23.

周茂东, 张福堂. 2009. 高职院校特色专业建设探析[J]. 广东技术师范学院学报, (02): 57-60, 120.

周倩. 2011. 高等教育改革中不同利益主体间的博弈[J]. 国家教育行政学院学报, (03): 22-26.

周秀娇, 朱建成. 2003. 对学科建设的原则和实践问题的思考[J]. 佛山科学技术学院学报(社会科学版), (01):
　　80-83.

周秀苗, 罗建敏. 2008. 新升本科院校大学英语精读探究式教学模式的研究与实践[J]. 百色学院学报, (02):
　　125-129.

朱九思, 文辅相. 1993. 论学科建设[J]. 高等教育研究, (02): 14-21.

朱玲, 张钊. 2012. 新时期加强高校教师职业道德建设的几点思考[J]. 科技信息, (28): 66.

朱新民. 2016. 构建基于转教风促学风的新型教学关系的思考[J]. 广东交通职业技术学院学报, 15(04): 109-112.

朱新燕. 2009. 参与式教学方法初探[J]. 考试周刊, (22): 67-68.

朱雪波, 周健民, 孔瑜瑜. 2011. 高校教师考核的现状分析与对策研究[J]. 高等教育研究, 32(04): 54-58.

朱一心, 王赫楠, 何朋, 等. 2016. 国内部分师范大学数学教育研究生培养方案调研[J]. 数学教育学报, 25(06): 66-75.

禚军. 2013. 高校教学质量监控和评价应把握好几个关键问题[J]. 现代交际, (09): 232.

宗少华. 2010. 思想政治新课程理念下的探究性学习研究[D]. 长春: 东北师范大学硕士学位论文.

邹家生, 朱松, 郭甜. 2011. 以特色专业建设为契机全面提高我国高校人才培养质量——以江苏科技大学焊接技术与工程专业为例[J]. 江苏科技大学学报(社会科学版), 11(01): 102-107.

邹永松, 陈金江. 2012. 问责制与大学内部教学质量保障体系构建[J]. 高教发展与评估, 28(04): 42-48.

左安笑. 2010. 高中思想政治"自主—合作—探究"型教学模式的构建[D]. 苏州: 苏州大学硕士学位论文.